Anne Otto

Für immer Kind?

Anne Otto

FÜR IMMER KIND?

Wie unsere Beziehung zu den Eltern erwachsen wird

Edition Körber

Bibliografische Information der Deutschen Nationalbibliothek

Die Deutsche Nationalbibliothek verzeichnet diese Publikation in der Deutschen Nationalbibliografie; detaillierte bibliografische Daten sind im Internet über http://dnb.d-nb.de abrufbar.

Umschlag: Groothuis. www.groothuis.de
Covergestaltung und Illustration: Ralf Nietmann |
www.ralfnietmann.de
Herstellung: Das Herstellungsbüro, Hamburg |
www.buch-herstellungsbuero.de
Druck und Bindung: CPI – Clausen & Bosse, Leck
Printed in Germany

ISBN 978-3-89684-294-7

www.edition-koerber.de

Inhalt

Für immer Kind?

Neulich im Supermarkt: In der Schlange an der Fleischtheke steht eine Greisin mit Rollator, neben ihr zwei gestylte Endfünfziger. Während die alte Dame mit der Verkäuferin tratscht, weist sie mit großer Geste auf ihre Begleitung: »Kennen Sie eigentlich meine Kinder? Sie besuchen mich heute aus München.« Ein verlegenes Hallo auf Seiten der Erwachsenen in Kostüm und Anzug, beide schauen auf ihre Schuhspitzen. Doch die Verkäuferin strahlt: »Ja, so was. Wie schön. Wie reizend.« Fehlt nur noch, dass sie den Kindern eine Scheibe Fleischwurst über die Theke reicht.

Die Szene ist ebenso alltäglich wie seltsam. Denn wir sind alle die Kinder unserer Eltern, bleiben es lebenslang. Vierzigjährige Familienväter, fünfzigjährige Topmanagerinnen oder sechzigjährige Umweltaktivisten werden selbstverständlich als Kinder bezeichnet, sobald sie sich in der Nähe ihrer Eltern aufhalten. Da können sie in anderen Zusammenhängen noch so erwachsen sein. Auch die Verbindungen und Verstrickungen aus Kindheit und Jugend werden dann oft wieder lebendig. Manchmal scheint es, als sei man durch einen Zeittunnel gefallen, hinein in eine Phase, in der die Gartenzäune höher waren und man an der Fleischtheke tatsächlich noch nicht über den Rand schauen konnte.

Dass es in den letzten Jahrzehnten immer häufiger Gelegenheiten gibt, über »erwachsene Kinder und ihre alten Eltern« zu sprechen, hat aber nichts damit zu tun, dass Erwachsene zu Beginn des 21. Jahrhunderts infantiler wären als früher. Nur brauchen wir dringend Worte, um die langjährigen familiären Beziehungen zwischen den verschiedenen Generationen in all ihren Facetten zu beschreiben. Denn in den letzten Dekaden hat sich in Familien etwas Entscheidendes verändert: Eltern und Kinder erleben heute mehr gemeinsame Jahrzehnte. Waren zu Beginn des 20. Jahrhunderts Mütter und ihre Kinder etwa 40 Jahre (und Väter und ihre Kinder im Schnitt 15 bis 20 Jahre) gemeinsam auf der Welt, sind es seit einigen Jahrzehnten 50 bis 60 gemeinsame Jahre, so eine Einschätzung des Berliner Sozialwissenschaftlers Hans Bertram.[1] Eigentlich eine gute Nachricht. Denn sie zeigt, dass wir alle immer älter werden, in einer »Gesellschaft des langen Lebens«[2] angekommen sind. Noch ein weiterer Früher-heute-Vergleich: Die Lebenserwartung von Neugeborenen hat sich seit Beginn des 20. Jahrhunderts fast verdoppelt: Lebten Jungen um 1910 geboren etwa 44 Jahre und Mädchen 48 Jahre, so waren es 2021 78,6 Jahre bei Jungen und 83,4 Jahre bei Mädchen.[3]

Wenn Sie diese Zahlen ein bisschen in Kopf und Herz bewegen, wird deutlich, wie viel sie mit uns und unseren Familien zu tun haben: Wir alle haben es nicht nur unter politischen oder wirtschaftlichen Aspekten mit der Veränderung der Bevölkerungsstruktur zu tun. Der demografische Wandel hat auch eine persönliche, psychologische, familiendynamische Dimension. Doch während wir die gesellschaftspolitische Tragweite der Langlebigkeit – von Altersarmut bis Pflegenotstand – bereits seit Jahrzehnten diskutieren, bleiben die psychosozialen Konsequenzen für Einzelne und Familien oft außen vor.

In familiären Beziehungen stehen wir vor einer neuen Entwicklung. Es gibt wenig Vorbilder, Erfahrungen, Best-Practice-Beispiele. Vor allem fehlt ein Bewusstsein darüber, dass Menschen heute viel älter werden und sich dadurch die Struktur und die Dynamik in Familien grundlegend ändert. Bisher unbekannte Fragen auftauchen. Neue Routinen fehlen bisher. Wie so oft bei gesellschaftlichen Umwälzungen haben viele das Gefühl, einsam vor bestimmten Schwierigkeiten zu stehen, für die sie keine sicheren Lösungen finden. Mittelalte und ältere Menschen überlegen dann im kleinen Kreis der Familie, wie sie damit umgehen könnten, dass ihre betagten Eltern sehr lange Begleitung und Pflege brauchen. Und das in einer Phase, in der sie selbst berufstätig sind, sich oft auch noch um ihre Kinder kümmern. Andere fragen sich, wie sie mit ihren sehr aktiven alten Eltern umgehen sollen, die den Staffelstab in keinem Lebensbereich an die nächste Generation weitergeben wollen. Und wieder andere realisieren, dass sich belastende Familienverhältnisse nicht dadurch auflösen, dass alte Eltern irgendwann sterben – sondern alter Zoff und Zweifel eine feste Größe im eigenen Leben bleiben.

Natürlich wird über diese Themen zum Teil auch in Freundeskreisen gesprochen. Vor allem bei Menschen zwischen 45 und 65 Jahren. Manchmal wird der Umgang mit den alten Eltern bei Abendeinladungen beinahe zum Top-Thema. Gespräche über Urlaub, Job, Trends oder die Schoten der pubertären Kinder treten in den Hintergrund. Aufmerksam lauscht man den anderen, wenn sie erzählen, wie es deren Eltern gesundheitlich geht, was für Probleme es gibt und was das alles an Stress mit sich bringt. Auch wenn in solchen Runden manchmal Lösungsansätze greifbar werden und zum Teil witzige oder versöhnliche Anekdoten erzählt werden – Ratlosigkeit und Unsicherheit bleiben. Es fehlt eine Landkarte, eine Zeitkarte, ein Überblick, wie man alte Eltern begleiten kann, wie man sich abgrenzt und für sich selbst sorgt, welche Unterstützung angeboten wird und welche praktischen Ideen und Tricks es geben könnte, mit den vielen gemeinsamen Jahren umzugehen.

Dieses Buch kann Ihnen Orientierung geben. Es schlägt die Brücke zwischen den demografischen Entwicklungen und den psychologischen Fragen, die auf viele Familien zukommen. Es ist ausdrücklich für all die halbjungen, mittelalten und älteren Söhne und Töchter gedacht, die mit ihren alten oder sehr alten Eltern einen passenden Umgang finden wollen – praktisch, persönlich und seelisch. Falls Sie sich davon angesprochen fühlen: Willkommen im Club.

Um das Thema umfassend greifbar zu machen, habe ich zum einen Interviews mit erwachsenen Söhnen und Töchtern geführt, die mir überraschend offen erzählten, wie sie die Verbindung zu ihren immer älter werdenden Eltern erleben. Dazu ordne ich das Erzählte psychologisch ein, beleuchte häufig auftretende familiäre Muster, prototypische Entwicklungen, Wendungen und Schwierigkeiten. Außerdem gibt es konkrete Anregungen für den Umgang mit alten Eltern bei Konflikten, in der Pflege und Begleitung im Alter: Im ersten Kapitel erzählt die 54-jährige Elke, wie sich die Beziehung zu ihrer Mutter lebenslang immer wieder verändert hat und warum es für sie wichtig ist, ihre Mutter gelegentlich zu enttäuschen. Im zweiten Kapitel beschreibt eine Tochter, wie sie ihre demente Mutter über zehn Jahre lang begleitet hat und wie erschöpft sie dabei selbst oft gewesen ist. Das dritte Kapitel dreht sich um alte Eltern, die aktiv bis dominant sind, und wie man ihnen als erwachsenes Kind dennoch auf Augenhöhe begegnen kann. Das schwierige Thema belasteter Eltern-Kind-Beziehungen ist Gegenstand des vierten Kapitels. Hier erzählt Michael vom stets unterkühlten Verhältnis zu seinen Eltern. Ein Happy End gibt es nicht. Nur ein paar Vorschläge für eine angemessene Art, mit alten Eltern umzugehen, denen man sich entfremdet fühlt. Das oft idealisierte Wohnen einer Mehrgenerationenfamilie unter einem Dach ist Thema des fünften Kapitels. Und im sechsten Kapitel geht es um die Frage, wie Mütter und Väter aus der ersten Generation der sogenannten Arbeitsmigranten hierzulande gut alt werden können. In einem letzten, siebten Kapitel gibt Ihnen die eher alltägliche Geschichte von Jens und seiner Mutter Luise Impulse, wie Sie alte Eltern gut begleiten können, wenn diese irgendwann mehr Hilfe brauchen.

Am Schluss eines jeden Kapitels weitet sich der Blick auf die gesellschaftliche Perspektive. Der Fokus wird von der rein familiären Situation auf das größere Ganze gelenkt. Gesellschaftliche und zum Teil auch sozialpolitische Entwicklungen werden schlaglichtartig hervorgehoben. Denn es gibt immer auch Grenzen des eigenen Einflussbereichs. Es kann uns nicht reichen, dass jede und jeder sich den Schwierigkeiten der alternden Gesellschaft ausschließlich in der eigenen Familie stellt. Alles, was wir mit unseren Eltern erleben, findet in einem bestimmten Rahmen statt. Politik und Gesellschaft könnten diesen erweitern und uns so einen anderen Umgang mit dem Alter der Eltern ermöglichen. Außerdem bekommen Sie am Ende jedes Kapitels unter »Was kann ich selbst tun?« einige praktische Tipps und Anregungen zum Umgang mit Ihren Eltern und mit Ihren eigenen Fragen und Emotionen.

Vielleicht fragen Sie sich nun, was es Ihnen nützt, sich all diese Familienkonstellationen vor Augen zu führen? Was es Ihnen bringen könnte, die psychologischen Mechanismen in alternden Familien zu kennen und zu verstehen? Als Psychologin und Wissenschaftsjournalistin bin ich davon überzeugt, dass es sich für Sie lohnen kann, sich bestimmte gesellschaftliche Lagen bewusst zu machen und klar zu sehen, was all das mit Ihnen und Ihrem Leben zu tun hat. In Untersuchungen über die Wirkung von Coaching- und Beratungsprozessen wird beispielsweise immer wieder belegt, dass die Möglichkeit zur Selbstreflexion und zur Bewusstwerdung der eigenen Situation dabei hilft, anstehende Entwicklungen im Berufs- oder Privatleben mit mehr Zuversicht und Geschick zu meistern.[4] Die hier geschilderten Beispiele regen diese Art von

Reflexion konkret an und helfen Ihnen bei der Standortbestimmung und der Planung zukünftiger Schritte im Zusammenhang mit Ihren alten Eltern. Und für Ihr eigenes Leben in den nächsten Jahren.

Dabei gebe ich zu: Die Themen dieses Buches sind immer nur in einem bestimmten Zeitfenster des Lebens interessant. Sie betreffen die meisten Menschen etwa ein bis zwei Jahrzehnte lang – dann aber umso dringlicher. Davor und danach ist das Fenster geschlossen. Niemand hat Lust, sich bevor die Zeit reif ist, mit Vorsorgevollmachten, Treppenliften oder schwelenden Konflikten in der Familie zu beschäftigen. Und das ist auch verständlich. Wie phasengetrieben familiäre Themen sind, weiß jede und jeder, der eine Zeit mit Kleinkindern erlebt hat. Frischgebackene Eltern schlagen sich ständig mit Spezialproblemen herum. Egal, ob Säuglinge Zähne kriegen, Beikost ausspucken oder sich in Spielplatzraufereien stürzen, Kleinkind-Eltern finden das alles wichtig und hoch spannend. Außenstehenden Zuhörerinnen und Zuhörern, die gerade in anderen Lebensphasen stecken, entlocken diese Gespräche dagegen oft nur ein herzhaftes Gähnen. Doch für Eltern sind diese Fragen geradezu existenziell – sie suchen händeringend nach einem Schlüssel für einen passenden Umgang mit den vielen Neuerungen in ihrem Leben.

Es darf verraten werden, dass es für alternde Familien psychologisch gesehen eine Art Generalschlüssel gibt: Es ist ratsam, sich darum zu kümmern, selbst immer reifer und erwachsener zu werden. Phase für Phase. Und so auch die Beziehung zu den alten Eltern stabil und auf Augenhöhe zu gestalten. So wird es leichter, die Eltern als das zu sehen, was sie heute sind: Menschen, die schwächer werden und oft Unterstützung brauchen.

Für alle Ungeduldigen, die sich vor allem dafür interessieren, wie es praktisch gelingen kann, aus dem Fürimmer-Kind-Modus herauszukommen und das Erwachsensein zu stärken, gibt es einen kompakten Praxisteil am Ende des Buches, ein Coaching in acht Schritten, das Ihnen hilft, die Beziehung zu den Eltern erwachsen werden zu lassen. Sie lernen dort nicht nur, alte Verstrickungen zu erkennen und zum Teil zu entwirren. Sie bekommen auch Anregungen, wie Sie mit Ihren alten Eltern lebendiger und klarer kommunizieren können als bisher. Und Sie reflektieren, wie Sie mit Phasen der Pflege- und Hilfebedürftigkeit umgehen können und wollen. Zwar ist dieses Buch kein Pflegeratgeber. Es schafft aber die psychischen Voraussetzungen, die oft belastenden letzten Phasen mit den eigenen Eltern gut zu gestalten.

Dass es sich lohnt, die Beziehung zu den Eltern immer wieder neu auszurichten, habe ich in den letzten Jahren selbst erfahren. Während ich für dieses Buch recherchierte, starb mein Vater, er wurde 80 Jahre alt. In den letzten fünf Jahren vor seinem Tod haben wir mehrmals in der Woche telefoniert. Er ließ sich von mir fernmündlich kleine Computerlektionen geben – »Wie verschicke ich ein PDF?« –, wir besprachen Themen aus seinem Fachbereich, der Psychiatrie, oder lästerten über entfernte Bekannte, Prominente oder Politiker – »Gestern ›Hart aber fair‹ war wieder nur furchtbar!« Die selbstverständliche Vertrautheit, die in dieser Zeit entstand, war schön. Geschenkt wurde sie uns nicht. Mein Vater und ich haben beide aktiv versucht, ein Verhältnis auf Augenhöhe aufzubauen. Wer damit angefangen hat, weiß ich nicht mehr. Jedenfalls haben wir nach einer jahrzehntelangen Phase, in der jeder seiner Wege ging, wir eher ein Mal pro Monat als drei Mal pro Woche miteinander sprachen, bewusst neue Routinen aufgenommen, verlässliche Zeiten, passende Themen gefunden. Und das Telefon als Medium entdeckt, obwohl mein Vater telefonieren hasste. In der Rückschau würde ich sagen: Als wir beide merkten, dass es ihm gesundheitlich schlechter ging, haben wir diesen Wendepunkt angenommen und genutzt, um unsere Beziehung zu intensivieren. Ich bin dankbar dafür, dass wir hier ein gutes Timing hinbekommen haben. Nicht immer ist mir das in engen Beziehungen gelungen.

Dass sich Familienmitglieder besonders in den letzten Lebensphasen wieder ein bisschen annähern, zeigen auch einige der Beispiele in diesem Buch. Allerdings bleiben in allen Familien Fragen offen und manche Probleme unlösbar. Allein deshalb liegt es mir fern, traditionelle Familienideale anzupreisen oder mich auf Blut-ist-dicker-als-Wasser-Schwärmereien einzulassen. Denn so bedeutsam Familienbeziehungen sind, so halte ich es dennoch für wichtig, innige Verbindungen immer auch über die Verwandtschaft hinaus zu suchen und zu pflegen. Auch Wahlverwandtschaften haben Kraft. Oft geben sie uns erst die Inspiration, bestimmte Probleme mit den Eltern anders zu sehen und zu lösen als bisher. Nachbarinnen, Partnerinnen und Best Friends Forever stärken uns, sehen in uns vielleicht die Seiten, die unsere Eltern an uns nie entdecken wollten. Eine Öffnung der Beziehungswelten über die eigene Familie hinaus empfinde ich jedenfalls als eine gesellschaftliche Errungenschaft der letzten Jahrzehnte. Für alle Generationen.

Und dennoch bleiben wir die Kinder unserer Eltern. Dieses Band zu fühlen und die Beziehung immer wieder stimmig zu gestalten kann uns heute vielleicht sogar leichter gelingen als in anderen Dekaden. Schließlich haben wir dafür ein paar Jahrzehnte mehr Zeit.

Anne Otto
Hamburg, im März 2022

1. Kapitel

»Sie ist so, ich bin anders.«

Oder: Alle Phasen der Eltern-Kind-Beziehung gestalten

In der Beziehung zu den Eltern werden Nähe und Distanz ständig neu justiert. Einige Schlüsselfähigkeiten tragen aus Sicht der Psychologie dazu dabei, dass wir diese Beziehung konstruktiver gestalten können: Indem wir persönlich reifen, uns von kindlichen Sehnsüchten verabschieden und verstehen, dass die Eltern auch nur Menschen sind.

Die unterschiedlichen Phasen, die Eltern und erwachsene Kinder auf ihrem gemeinsamen Weg durchleben, reflektiert die 54-jährige Elke Ludwig[5]. Sie erzählt vom Verhältnis zu ihrer heute 82-jährigen Mutter Marianne. Da Mutter und Tochter nach eigenen Angaben »einen halbwegs guten Kontakt« pflegen, zeigt Elkes Schilderung die ebenso beiläufigen wie zwangsläufigen Entwicklungen, Abgrenzungen und Annäherungen zwischen den Generationen. Es wird deutlich, wie viele psychologischen Aspekte dabei eine Rolle spielen.

»Das Leben kann nur in der Schau nach rückwärts verstanden, aber nur in der Schau nach vorwärts gelebt werden.«

SØREN KIERKEGAARD,
DÄNISCHER PHILOSOPH UND SCHRIFTSTELLER

Drei Kilometer Luftlinie – das ist der Abstand, den Elke Ludwig und ihre Mutter Marianne mindestens brauchen, um gut miteinander umgehen zu können. Ihr ganzes Leben lang wohnen beide Frauen schon in Düsseldorf, beide sind in der Stadt mehrfach umgezogen, beide sprechen sich ungefähr einmal in der Woche, seit Jahren und Jahrzehnten. Elke Ludwigs Kinder, mittlerweile beide erwachsen, hatten früher ebenfalls regelmäßig Kontakt zur Großmutter – Mittwoch war Marianne-Tag. So weit, so alltäglich. Doch auch wenn die Mutter-Tochter-Konstellation äußerlich harmonisch und gleichförmig wie ein langer, ruhiger Fluss wirkt, so ist die Beziehung doch von vielen Aufs und Abs geprägt. »Wenn ich mir mein Verhältnis zu meiner Mutter vor Augen führe, dann sehe ich ganz unterschiedliche Phasen«, sagt Elke Ludwig. Sie habe lange damit gerungen, der Beziehung einen guten Platz in ihrem Leben zu geben, habe eher Jahrzehnte als Jahre gebraucht, um sich von der Mutter zu emanzipieren, sich als eigenständiger Mensch zu fühlen. »Es ist vor allem ein Reflexionsprozess gewesen, in dem mir immer deutlicher wurde, wo Marianne und ich stehen, was ich im Leben brauche und in welchen Bereichen ich komplett anders bin als meine Mutter«, erzählt sie im Rückblick. Die Abgrenzungsphase war schwer, mit Schuldgefühlen und

Zaudern verbunden. Wie ihre Mutter diese Zeit erlebte, kann Elke nicht genau sagen.

Nach dem Abitur und während ihrer Studienzeit sei die Beziehung jedenfalls noch eng gewesen. Anders als bei den Familien ihrer Freundinnen habe Elke ihre Mutter immer noch um Rat gefragt, habe diese auch in einem wilden Auslandsjahr in den USA während des Studiums stets angerufen, wenn sie Sorgen oder Liebeskummer hatte – und das zu einer Zeit, in der Telefonieren über Kontinente hinweg teuer war. »Meine Mutter war für mich in meinen Zwanzigern noch eine wichtige Vertraute. Vielleicht auch, weil sie alleinerziehend war, haben wir uns beide lange Zeit sehr stark aufeinander bezogen«, sagt die 54-Jährige. Die Idee einer »Mutter als beste Freundin« habe sie dennoch immer abgelehnt. »Wenn ich das nur höre, dann schaudert es mich. Das finde ich ungesund«, sagt Elke Ludwig und rutscht dabei aufgebracht auf ihrem Stuhl herum. Vielleicht vertritt sie diese Ansicht heute auch deshalb so vehement, weil sie selbst erfahren hat, wie schwer sein kann, eine gleichermaßen zugewandte wie harmoniebedürftige Mutter auch einmal abzuweisen.

Erst als Elke selbst Kinder bekam, mit einem Partner zusammenlebte, gab es konsequente Veränderungen: Plötzlich merkte sie, dass ihr Mariannes Interesse an ihr und ihrem Leben zu viel wurde. »Ich habe fast körperlich gespürt, dass meine Mutter mir zu nahekam, hatte keine Lust mehr, Zeit mit ihr zu verbringen, wollte die ewig gleichen Gespräche über das Wetter oder die Müllabfuhr nicht mehr führen. Wenn sie anrief, mich was fragte,

Privates wissen wollte, habe ich auf stur geschaltet, blieb kurz angebunden«, sagt sie. In der Zeit, als die Kinder im Vorschulalter waren, trennte sich Elke von deren Vater, lebte allein und entwickelte ein starkes Bedürfnis, generell unabhängiger zu werden und herauszufinden, wer sie selbst ist und was sie ausmacht. Obwohl sie damals schon Mitte dreißig gewesen sei, habe sie sich ihrer Mutter gegenüber wie ein Teenager verhalten, habe sie regelrecht abblitzen lassen. »Ich habe kindische Sachen gemacht«, erinnert sich Elke. »Zum Beispiel versuchte meine Mutter oft, mit mir ein Gespräch über Mode zu führen und dadurch in einen vertrauten Kontakt zu kommen. Wenn sie zu mir sagte ›Ach, dieser Schal ist ja schön, wo hast du denn den her?‹ habe ich nur ganz knapp gesagt ›H&M‹, obwohl das gar nicht stimmte, und dann sofort geschwiegen. Um ihr zu verstehen zu geben, dass es mir vollkommen egal ist, was sie zu meinen Sachen sagt. Solche kleinen, bissigen Ablehnungen habe ich immer wieder eingestreut. Irgendwann hat Marianne verstanden, dass sich etwas in unserer Beziehung ändert, dass ich mich verändere.« Ihre Mutter habe sich dann zurückgezogen, habe nicht mehr so oft angerufen, sei auch nicht mehr spontan vorbeigekommen. Nur die Kinder waren weiterhin mittwochs bei der Oma. »Wenn der Bezug zu Juri und Karla in der Zeit nicht gewesen wäre, vielleicht hätten wir den Kontakt zeitweise ganz verloren«, sagt Elke. So hatten Mutter und Tochter wenigstens einmal in der Woche kurz miteinander zu tun, besprachen Formalitäten, tranken einen Tee. Auch Feste wie Weihnachten und Ostern hat die Familie alle Jahre wieder gemeinsam gefeiert. Es gab keinen Bruch. Doch es war ein bisschen so, als sei die Beziehung in einen Winterschlaf gefallen.

Jedes Jahr mehr Distanz

Abblitzen lassen. Nichts mehr erzählen. Nicht mehr zuhören. Was ein bisschen nach »Fifty ways to leave your mother« klingt, ist laut Untersuchungen aus der Entwicklungspsychologie eine typische Erscheinung im frühen Erwachsenenalter. Die Psychologieprofessorin Heike M. Buhl von der Universität Paderborn hat mehrere umfangreiche Forschungsprojekte zur Beziehung zwischen Eltern und ihren erwachsenen Kindern durchgeführt. Nach der Auswertung verschiedener Fragebögen und Tagebucheinträge von 200 Familien mit erwachsenen Kindern zwischen 20 bis 45 Jahren fand sie heraus, dass die Ablösung vom Elternhaus ein Prozess ist, der sich oftmals über mehrere Jahrzehnte erstreckt. So deuten die Forschungsergebnisse von Heike Buhl und ihrem Team durchweg darauf hin, dass die Vorstellung, Kinder zögen um die zwanzig aus dem Elternhaus aus und würden durch diese Zäsur ad hoc unabhängig, veraltet ist bzw. ohnehin nie gestimmt hat. Das Verhältnis zwischen Eltern und Kindern verändert sich in kleinen Schritten, nach und nach entwickeln erwachsene Kinder mehr Eigenständigkeit und Eigensinn, werden autonomer. Dieser Prozess geht auch in späteren Lebensphasen des mittleren Erwachsenenalters weiter, wenn auch nicht mehr mit der gleichen Dringlichkeit.[6] »Die Beziehung zwischen

Kindern und ihren Eltern erfährt über die Lebensspanne hinweg wesentliche Veränderungen, bleibt aber wichtig«, schreibt Heike M. Buhl. Es sei hilfreich, diese Phasen im Blick zu haben. Denn so könne man erkennen, wann es ansteht, aus dem Elternhaus auszuziehen, finanziell komplett unabhängig zu werden oder den Eltern zu sagen, in welchen Belangen man ab jetzt nach eigenen Vorstellungen vorgehen wird und Wünsche der Eltern nicht mehr berücksichtigen kann.[7]

Es lohnt sich also, darauf zu schauen, ob die Beziehung zu den Eltern im Alter von 30, 40 oder 50 Jahren stimmig erscheint, und sich klarzumachen, dass diese Verbindung auch dann wichtig ist, wenn sie zwischendurch für Jahre aus dem Fokus rückt. Denn Phasen, in denen die Beziehung zu den Eltern ruht oder sehr ritualisiert und distanziert verläuft, erleben viele erwachsene Kinder. Laut Heike M. Buhl verändert sich die Beziehung zwischen Kindern und Eltern in den Phasen nach dem Auszug aus dem Elternhaus Schritt für Schritt. »Eltern und Kinder begegnen sich oft erst mit etwa 45 Jahren vollständig auf Augenhöhe«, sagt Buhl.[8] Der Weg zur Selbstständigkeit dauert also länger als noch vor einigen Jahrzehnten. Die verlängerten Ausbildungszeiten, ein zugewandtes, wenig autoritäres Verhältnis zwischen Eltern und Kindern und auch die steigende Lebenserwartung spielen dabei eine Rolle.

Die Entwicklungspsychologin Heike M. Buhl ist jedenfalls sicher, dass der Begriff einer »Ablösung« von den Eltern heute grundsätzlich nicht mehr passt, denn die Beziehung wird nicht komplett gelöst. »Eher sprechen wir von Interdependenz, einer gegenseitigen Bezogenheit«, erklärt Heike M. Buhl. Natürlich verläuft diese nicht immer harmonisch. Laut entwicklungspsychologischen Studien gibt es in der Eltern-Kind-Beziehung im Erwachsenenalter letztlich zwei Tendenzen: Es geht darum, Verbundenheit und Nähe zu empfinden und aufrechtzuerhalten und gleichzeitig, die eigenen Ziele zu entwickeln und sich abzugrenzen. Buhl konnte auch messen, dass bei erwachsenen Kindern zwischen 20 und 45 die Abgrenzung immer stärker zunimmt, während die empfundene Nähe die ganze Zeit erhalten bleibt.[9] Interessant ist dabei, dass für Eltern die Beziehung zu ihren Kindern oft irgendwann bedeutsamer wird als für den Nachwuchs. In zahlreichen Befragungsstudien beschreiben sie diese als eng oder sehr gut, während sich erwachsene Kinder etwas verhaltener, kritischer oder distanzierter äußern. Laut Entwicklungspsychologen wie Frieder R. Lang ist das damit zu erklären, dass Eltern viel mehr Mühe und Aufwand in die Beziehung zu den Kindern investieren und ihr deshalb mehr Bedeutung beimessen. Manchmal beschönigen sie sogar die Qualität der Verbindung. Das Phänomen wird in der Wissenschaft unter dem Stichwort *intergenerational stake,* also »Einsatz zwischen den Generationen« diskutiert.[10]

Väter und Mütter bewerten hierzulande familiäre Beziehungen jedenfalls in hohem Maß positiv. In aktuellen Umfragen des Deutschen Alterssurveys gaben beispielsweise 88 Prozent der befragten Eltern an, eine enge Beziehung zu den eigenen Kindern zu haben. 78 Prozent der Befragten berichteten außerdem, dass sie mindestens einmal die Woche Kontakt mit ihren erwachsenen Kindern haben.[11] Doch auch die erwachsenen Kinder fühlen sich oft sehr verbunden. Heike Buhl berichtet: »Über die Innigkeit der Beziehung, die wir messen konnten, war ich überrascht.«[12] Die Entwicklungspsychologin stellt dabei auch fest, dass sich Eltern und Kinder bemühen, das gute Verhältnis nicht zu gefährden, indem sie offenen Streit vermeiden. Zoff und emotionale Szenen behält man sich eher für Partnerschaften vor oder wenn es mit Kindern Konflikte gibt, die noch im Elternhaus leben.

Unter der Oberfläche der Eltern-Kind-Beziehung können also trotzdem größere Konflikte und Kränkungen schlummern. Wie viel Wut auf die Eltern auch noch im Erwachsenenalter bestehen kann, weiß jeder, der mit Freundinnen oder Bekannten über Erlebnisse aus der Kindheit spricht. Sehr oft geht es dann sofort um Altlasten oder Zerwürfnisse, um Momente, in denen Eltern wenig unterstützend oder sehr hart waren. Und auch in durchaus liebevollen Schilderungen von schrulligen oder nervigen Eigenarten alter Eltern schwingen manchmal Gekränktheit und Unverständnis mit. Auch hier zeigt sich eine seltsame Ambivalenz. Eine Gleichzeitigkeit von Nähe und Abstand. Manchmal auch von Liebe und Abneigung.

Nicht alles teilen

Bleibt also der Eindruck, dass die Beziehung zwischen Eltern und erwachsenen Kindern am ehesten mit der Statusmeldung »Es ist kompliziert« zu beschreiben ist. Für viele Menschen, auch für Elke Ludwig, ist die zunehmende Abgrenzung von den Eltern bei gleichzeitiger Wertschätzung kein einfaches Unterfangen, denn Altlasten und emotionale Verstrickungen haben oft viel Macht. Nicht jeder braucht professionelle Hilfe, um sich über Muster und Prägungen aus der Kindheit bewusst zu werden. Doch ein gewisses Maß an Klärung hilft oft weiter, um sich den eigenen Eltern gegenüber in den verschiedenen Lebensphasen stimmiger zu positionieren. Für Elke Ludwig war es enorm wichtig, ihren eigenen Weg zu gehen und die Beziehung zu ihrer Mutter bewusst in Frage zu stellen. In der Phase der Distanzierung machte sie einige Jahre lang eine Psychotherapie, in der sie lernte, sich bewusster und auf erwachsene Art gegenüber der Mutter abzugrenzen. Gerade zu Beginn habe die Therapeutin ihr signalisiert, sie dürfe ihrer Mutter nicht mehr alles erzählen, was sie in der Therapie bespreche, sie müsse sich ein bisschen zurückhalten, die neuesten Erkenntnisse und Empfindungen nicht mehr mit Marianne teilen. »Anfangs, als wir noch mehr Kontakt hatten, musste ich mich wirklich immer wieder selbst ermahnen, meiner Mutter nicht zu viel von mir zu erzählen. Nach und nach lernte ich das aber«, erinnert sich Elke.

Den bewussten Abstand zum Elternhaus erlebte sie als regelrechten Entwicklungs-Booster. Es seien intensive Jahre gewesen: Sie fand einen neuen Partner, reiste viel, wurde mutiger. Sie bekam beruflich mehr Verantwortung, wurde in ihren Fähigkeiten bestärkt. All das sei letztlich aber nur möglich gewesen, weil sie sich getraut habe, bestimmte Schuldgefühle ihrer Mutter gegenüber zu überwinden und sich auf sich selbst zu konzentrieren. Elke betont in diesem Zusammenhang immer wieder, dass ihre Mutter allein für sie gesorgt habe. Dafür ist sie Marianne bis heute sehr dankbar. Lange habe sie Skrupel gehabt, den Kontakt zur Mutter zu reduzieren, denn Marianne wünschte sich ausdrücklich ein harmonisches Miteinander. Dennoch sei, Dankbarkeit hin oder her, irgendwann Abstand fällig gewesen. Marianne sei zwar bestimmt gekränkt gewesen, habe auf die Abgrenzung aber letztlich defensiv reagiert. »Meine Mutter ist eine Frau, die nicht gern streitet«, sagt Elke. »Das ist bis heute so: Wenn es einen Konflikt um irgendeine Kleinigkeit gibt und ich sie darauf anspreche, sagt sie meist ›Aber wir sind uns doch jetzt wieder gut, oder? Wenn wir uns jetzt verabschieden, sind wir doch nicht im Groll?‹ Das ist ihr sehr wichtig.« In der Distanzphase habe Marianne stumm gelitten, nicht viel gesagt, keine Vorwürfe gemacht. Das hat es Elke leichter gemacht: »Ich finde es mittlerweile ziemlich gut von meiner Mutter, dass sie nicht nachtragend ist, dass sie mir den Raum irgendwie gelassen hat, auch wenn ihr das wahrscheinlich schwergefallen ist«, sagt Elke. Sie selbst habe sich mit zunehmender Unabhängigkeit von ihrer Mutter immer stärker gefühlt. »Ich hatte schlicht etwas nachzuholen und habe diese distanzierte Phase später als andere durchlebt«, sagt Elke. »Es hat uns, glaube ich, beiden gutgetan.«

Raus aus Kindheitsgefühlen

Die persönliche Individuation und Autonomie-Entwicklung ist nicht nur eine wichtige Schlüsselkompetenz, um im eigenen Leben klarzukommen. Sie hilft auch, den Kontakt zu Vater und Mutter lebenslang konstruktiv zu gestalten. Darüber sind sich Psychologinnen und Familienforscher unterschiedlicher Fachrichtungen mittlerweile einig. In der Entwicklungspsychologie belegen zahlreiche Untersuchungen, dass erwachsene Kinder, die sich gut abgrenzen können, oft zufriedener sind. Corinne Nydegger und andere Entwicklungspsychologinnen vertreten die These, dass Eltern *und* Kinder einen Reifungsprozess durchlaufen müssen: Die sogenannte »filiale Reife« bestehe für die erwachsenen Kinder darin, sich emotional zu emanzipieren, die Eltern müssten dagegen loslassen, also »parentale Reife« beweisen.[13] Bestenfalls erfolgt diese Entwicklung als Beziehungsprozess, doch es hilft auch, wenn erwachsene Kinder sich selbst aktiv um diese Art der Reife bemühen.

Psychotherapeuten weisen darauf hin, dass zunehmende emotionale Reife oft auch einen Abschied von alten kindlichen Rollen bedeutet. So legt der Autor und Therapeut Heinz-Peter Röhr in seinen Büchern dar, dass man kindliche Sehnsüchte nach Halt und Bestätigung loslassen muss, um von den Eltern unabhängiger zu werden. Es geht darum, für sich selbst einzustehen. »Gelungenes Leben hat häufig damit zu tun, dass man bereit ist, die eigenen Eltern zu enttäuschen«, sagt Röhr.[14] »Das gilt für junge Erwachsene, aber auch in späteren Jahren spielt diese Bereitschaft immer wieder eine Rolle: Man entwickelt Lebensentwürfe, die anders sind, als es sich Mutter und Vater erhofft haben, entwickelt sich eigenständig weiter. Oder man enttäuscht elterliche Erwartungen nach Nähe, Hilfe oder Verbundenheit, die einfach nicht mehr passend sind.« Wer das Risiko eingeht, von den eigenen Eltern abgelehnt zu werden oder deren Wünsche nicht mehr unreflektiert zu erfüllen, ist also schon einen Schritt weiter auf seinem Weg zum Erwachsensein. Wer diesen Prozess durchlebt hat, kann sich den Eltern oft auch wieder annähern. Eine Garantie, dass die Beziehung dadurch besser wird, gibt es allerdings nicht.

Das Ausfüllen der Erwachsenenrolle erleichtert auch in späteren Lebensphasen die Beziehung zwischen Eltern und erwachsenen Kindern – etwa dann, wenn Vater oder Mutter pflegebedürftig werden. Das Konzept der filialen Reife wurde zunächst in der Gerontopsychologie mit Blick auf die Frage entwickelt, wie erwachsene Kinder lernen können, mit Demenz oder anderen ernsten Erkrankungen der Eltern zurechtzukommen. Es geht dabei letztlich um ein paar wenige konkrete Fähigkeiten, die erwachsenen Kindern den Umgang mit der letzten Lebensphase ihrer Eltern erleichtern. Wichtig ist die Haltung, von den eigenen Eltern emotional unabhängig zu sein und keine Versorgung mehr von ihnen zu fordern. Eine andere Kompetenz besteht darin, die Eltern mit Distanz zu betrachten, sie als die Menschen zu sehen, die sie heute sind und wer sie unabhängig von der Elternrolle noch sind. Und eine weitere wichtige Säule der Reife ist es, sich von den Eltern abgrenzen zu können, ohne dabei allzu große Schuldgefühle zu entwickeln. Es geht also um ein weitsichtiges, selbstbewusstes Standing als Erwachsener im eigenen Leben und im Kontakt mit anderen. Dass ein »Nach-Reifen« der erwachsenen Kinder die Kommunikation mit alten oder pflegebedürftigen Eltern erleichtert, zeigt etwa die Masterarbeit der Psychologin Anita Bisig-Theiler von der Züricher Hochschule für angewandte Wissenschaften.[15] In der Studie durchliefen Frauen zwischen 42 und 58 Jahren ein Training, in dem sie lernten, ihren alten Eltern gegenüber erwachsener zu agieren. So lernten sie unter anderem, besser Nein zu sagen, Konflikte auf ruhige Art zu regeln und unangemessene Schuldgefühle weniger wichtig zu nehmen. In einer Befragung nach dem Training gaben viele Frauen an, nun besser mit ihren alten Müttern umgehen zu können, die sie zum Teil täglich unterstützten, zum Teil in regelmäßigen Abständen besuchten. Der Prozess der Individuation, der in der Adoleszenz beginnt und im Erwachsenenalter weitergeht, wird also in der letzten gemeinsamen Beziehungsphase noch einmal besonders wichtig. Eigentlich klar: Die Fähigkeit, kindliche Rollen komplett über Bord zu werfen, wird spätestens dann essenziell, wenn man die eigenen Eltern während einer Krankheit und letztlich in den Tod begleitet. Diese Art erwachsener Haltung kann man zwar gezielt durch ein Training üben. Es bietet sich aber an, sie über die verschiedenen Phasen der Eltern-Kind-Beziehung immer mal wieder neu zu justieren – und so nach und nach mehr zu reifen.

Zurück zu mehr Nähe

Elke Ludwig kannte das Konzept der filialen Reife vorher nicht. Die Beschreibung passt allerdings gut zu ihren eigenen Erfahrungen. Sie habe sich nicht bewusst von der Mutter zurückgezogen, sondern intuitiv. Je länger die distanzierte Phase andauerte, umso souveräner fühlte sich Elke. In dieser Zeit lebte sie nicht nur in einer neuen Partnerschaft, sondern entwickelte auch enge, fast familiäre Freundschaften: »Menschen, die ich mir ausgesucht und mit denen ich bis heute viel Kontakt habe«, sagt Elke. Sie und ihre beiden Kinder sind mit einer Familie befreundet, die drei Kinder haben. Irgendwann erkrankte der Mann an Krebs. Elke stand der ganzen Familie während zweier Chemotherapien zur Seite, sie und ihre Kinder waren auch in die Gestaltung der letzten Lebensmonate des Freundes eingebunden. In dieser Zeit hat sich auch ihre Haltung gegenüber Krankheit, Tod und Sterben verändert. »Mir war vorher nicht klar, dass ich ein Mensch bin, der Krisen gut aushalten kann, sie machen mir nicht so viel Angst«, erzählt Elke. Wenn sie sich selbst beschreiben müsste, würde sie mittlerweile sagen, dass es eine ihrer Stärken ist, auch mit großem Leid gut umgehen zu können. An dieser Stelle sei kurz erwähnt, dass das auch für mich einer der Gründe war, Elke für ein Interview anzufragen: Wir kannten uns flüchtig aus einer Fortbildung und mir war aufgefallen, wie weise sie gelegentlich auf Unvorhergesehenes blickte und wie reflektiert und gelassen sie dabei wirkte.

Denn eins ist bedenkenswert: Auch wenn die Forschung schon seit einigen Jahren weiß, wie viele Phasen der Neupositionierung es in der Beziehung von Eltern und Kindern gibt – den meisten von uns sind diese Mechanismen nicht bewusst. Ein klarer und reflektierter Blick auf die Beziehung zu den Eltern findet oft nicht statt. Man kommt im Alltag schlicht nicht dazu, steckt in tausend Kleinigkeiten. In der medialen und terminlichen Reizüberflutung ist es kaum möglich, den Überblick zu bewahren. Erschwerend kommt hinzu, dass es meist Krisenzeiten sind, in denen die Beziehung zu den Eltern wieder in den Fokus rückt. »In Übergangsphasen wird für viele Erwachsene greifbar, wie wichtig die Beziehung zu den eigenen Eltern immer noch ist«, sagt Entwicklungspsychologin Heike M. Buhl.[16] Oft sind es Phasen, in denen Eltern fragiler oder krank werden, häufig stehen aber auch die erwachsenen Kinder vor Schwierigkeiten, erleben Arbeitslosigkeit oder stehen vor dem Scherbenhaufen einer Beziehung. Auch wenn es dann besonders schwer ist, besonnen und konzentriert zu bleiben – es lohnt sich. Oft ergeben sich für Familien dann Möglichkeiten, die Beziehungen zueinander stimmiger zu gestalten als bisher.

Auch bei Elke Ludwig zeichnete sich eine solche Entwicklung ab: Als Marianne nach vielen Jahren des sporadischen Kontakts schließlich mehr Hilfe brauchte, fiel es Elke nicht schwer, sich ihr erneut anzunähern. »Das war eine Zeit, in der meine Mutter schon deutlich über 70 und seit einigen Jahren pensioniert war, ich spürte bei ihr eine Unsicherheit, die es früher nicht gab«, sagt Elke. Diese hat sich in den letzten Jahren verstärkt, die Mutter ist mittlerweile 82 Jahre, gehört nun laut Definition von Demografinnen zur Gruppe der Hochaltrigen. In den letzten Jahren fühlte Marianne sich in dem gemieteten Reihenhaus überfordert, wurde fahrig, klagte über Einsamkeit und darüber, dass sie mit dem Haushalt nicht mehr allein klarkäme. Elke schaute nun häufiger im Haus der Mutter vorbei, half beim Aufräumen und Einkaufen. Vor zwei Jahren organisierten die beiden auf Wunsch der Mutter einen Umzug in ein Seniorenstift, nicht weit von ihrer bisherigen Adresse entfernt. Dieser Umzug war ein Prozess, bei dem Elke ihre Mutter über Wochen begleitete. »Ich habe mir bei der Arbeit vier Wochen frei genommen. Marianne und ich haben gemeinsam alles so organisiert, dass es für sie gut passte«, sagt Elke. Das sei schön gewesen, Mutter und Tochter hätten gemeinsam einen Modus gefunden, wie man mit den unzähligen Büchern und Zeitschriften, Kleidungsstücken, Möbeln und Bildern verfahren wolle. Man war sich rasch einig, was die Mutter mitnehmen konnte und was sie lieber weggab. Mehrfach fuhr Elke nur mit einer Kiste Bilder oder mit drei Stühlen in das Apartment im Seniorenstift, weil sie merkte, dass es ihre Mutter beruhigte, wenn sie die Kontrolle behielt und bestimmte Dinge, die ihr wichtig waren, schon in den neuen Räumen wusste. »Die Geduld und auch das Verständnis, das ich für Marianne aufbringen konnte, haben mich selbst überrascht«, sagt Elke, »vor zehn Jahren hätte ich das nicht geschafft.« Sie spürt heute selbst, dass die zunehmende eigene Reife ihr ein gutes Gefühl im Umgang mit ihrer Mutter gibt. Natürlich sei sie zwischendurch auch mal aus der Haut gefahren, etwa wenn die Mutter überall die großzügigsten Trinkgelder gab, die sich kaum mit ihrer Rente vereinbaren ließen, aber das seien nur kurze Irritationen gewesen.

»Für mich war es wichtig, dass ich meine Mutter mit der gleichen Freundlichkeit und dem gleichen Mitgefühl betrachten konnte wie eine Fremde«, sagt Elke. »Das heißt, ich musste nicht ständig grollen oder abwehren. Ich habe mich aber auch nicht überschlagen. Es war, als wäre eine gewisse gesunde Neutralität eingetreten.« Die Eltern als eigenständige Menschen zu sehen, sie nicht nur darauf zu reduzieren, dass sie Vater oder Mutter sind, ist auch in Psychotherapien ein wichtiger Schritt. Und oft ein Anzeichen dafür, dass die Eltern-Kind-Beziehung in ein gesundes Gleichgewicht kommt. Denn wenn man Eltern auch mit den Schwierigkeiten und Schwächen ihrer eigenen Biografie betrachten kann, verändert sich in belasteten Beziehungen manchmal etwas. In der Entwicklungspsychologie, die solche Prozesse nüchterner betrachtet, erklärt man die Annäherung von Eltern und erwachsenen Kindern oft mit dem Phänomen der *intergenerational similarity*.[17] Es bezeichnet den Prozess, in dem die älter werdenden Kinder im Laufe der Jahre die ebenfalls älter werdenden Eltern immer besser verstehen – denn man teilt nun mehr Lebenserfahrungen, kann sich eher aufeinander beziehen. Sätze wie »Seitdem ich selbst Kinder habe, verstehe ich dich besser« oder »Seitdem ich selbst berufstätig bin, erkenne ich, unter welchem Druck du gestanden haben musst« sind typischer Ausdruck dieser neuen Verbindung zu den Eltern.

Für Elke Ludwig war es jedenfalls bedeutsam, dass sie in den letzten Jahren für ihre Mutter da sein konnte und nach einem langen, emotional eher distanzierten Kontakt wieder mehr Verbundenheit spürte. »Jetzt kommt es mir vor, als sei die Verbindung immer da gewesen, sie hatte einfach nur einige Jahre geruht oder wurde nicht gebraucht«, sagt Elke.

Gegenseitige Gesten

Betrachtet man die Beziehung von Elke und Marianne, die sich über 55 Jahre erstreckt, scheint einiges gut gelaufen zu sein. Dabei stellt sich für jeden unwillkürlich die Frage: Wie kann der Kontakt zu den eigenen Eltern gelingen? Welche Faktoren sind wichtig, damit die lange Spanne der gemeinsamen Zeit auf der Welt gut gestaltet wird? Beim Abschreiten der verschiedenen Phasen im Leben von Marianne und Elke ist deutlich geworden, dass die eigenständige Entwicklung und die Fähigkeit, das Verhältnis zu den Eltern in seiner Ambivalenz auszuhalten – mal nah, mal distanziert –, dabei hilft, die unterschiedlichen Phasen besser zu meistern. Darüber hinaus gibt es aber noch einen zweiten, viel leichter erklärbaren Faktor, der Nähe und Verbundenheit stärkt: die sogenannte Gegenseitigkeit. Entwicklungspsychologin Heike M. Buhl fand beispielsweise in einer Befragung zur Pflegebereitschaft erwachsener Kinder heraus, dass diese immer dann bereit sind, ihren Eltern im Alter zu helfen, wenn sie das Gefühl haben, in Kindheit, Jugend und im frühen Erwachsenenalter viel Unterstützung, Wertschätzung und Hilfe von ihnen bekommen zu haben. Weitere wichtige Faktoren für diese Bereitschaft sind generelle Verbundenheit und Verpflichtungsgefühle.[18] Das Prinzip von Geben und Nehmen funktioniert laut Buhl aber nicht nur auf der Langstrecke und in Bezug auf grundsätzliche Entscheidungen wie Pflegebereitschaft. Schon über einen Zeitraum von vier Wochen macht sich dieser Faktor bemerkbar. Eine Tagebuchstudie, in der 100 erwachsene Kinder und ihre Eltern kleine Unterstützungssituationen, Unternehmungen, Konflikte und Telefonate festhielten, zeigte: Wer im Alltag von seinen Eltern unterstützt wurde und einen lebendigen Austausch aus Aktivitäten, Nachfragen und kleinen Gesten erlebte, der war später selbst auch bereit, viel für die Eltern zu geben und sie zu unterstützen.[19] So kann die Beziehung, unter Umständen auch für bevorstehende Krisen- und Übergangszeiten, gestärkt werden. Diese Erkenntnis ermutigt, denn sie zeigt, dass es auch im Erwachsenenalter noch eine realistische Chance gibt, die Gegenseitigkeit zwischen Eltern und Kindern auszubauen. Zugewandte Gesten können ein erster Schritt für alle sein, ohne gleich in die psychologischen Tiefen der Kindheit oder bestehende Konflikte einzutauchen. Salopp gesagt: Ruf deine Mutter ab und zu an, geh mit deinem Vater spazieren, das kann viel verändern. Falls Sie innerlich Abwehr spüren, auf Ihre Eltern zuzugehen, ist das jedoch Ihr gutes Recht. Eine Verpflichtung, sich den Eltern anzunähern, gibt es nicht.

In der Beziehung zwischen Elke Ludwig und ihrer Mutter hat es eine gewisse Gegenseitigkeit letztlich immer gegeben. Auf einer grundlegenden Ebene kümmerte Marianne sich in Kindheit und Jugend um Elke, interessierte sich für ihre Enkel, Juri und Karla haben einen Draht zur Oma: In der kleinen Mehrgenerationenfamilie, weitgehend ohne erwachsene Männer, funktionierte das Verhältnis von Geben und Nehmen. Die Basis stimmt. Im Alltag kommt es allerdings immer wieder zu kleineren Konflikten, etwa wenn Marianne zu viel und zu häufig anruft oder im Stift mehr Geld ausgibt, als sie hat. »Ich bin froh, dass ich kleinere Schwierigkeiten heute besser aushalten kann«, sagt Elke Ludwig. »Oft sage ich mir dann: Sie ist so. Und ich bin anders.«

Den Blick weiten: Die Vielfalt von Familien

Erinnern Sie sich an das »Spiel des Lebens«, das in den 1980er-Jahren eine Weile in Mode war? Mit Plastikspielsteinen in Form von Autos fuhr man dort durch verschiedene Phasen eines Menschenlebens – mit Schulabschluss und Ausbildung, Heirat und Geburt der Kinder, mit mehreren Stationen im Beruf, mit Hausbau und Aufbau von Vermögen, mit Scheidungen und schließlich auch mit der Rente, dort »Tag der Abrechnung« genannt. Es ist kein Wunder, dass dieses Gesellschaftsspiel heute nicht mehr attraktiv ist: Abgesehen davon, dass die dort aufgestellten Lebensregeln rein kapitalistisch geprägt waren und es letztlich nur um das Anhäufen von Geld ging, wäre ein so prototypischer Lebenslauf, wie er auf dem Spielbrett vorgezeichnet war, heute weder wünschenswert noch zeitgemäß. Wir leben mittlerweile mit einer Fülle von individualisierten Lebensläufen. Vermeintlich einheitliche und chronologisch verlaufende Lebens- und Entwicklungsphasen sind fast nicht mehr anzutreffen, einen gesellschaftlichen Konsens über allgemeingültige Lebensentwürfe gibt es ebenfalls nicht. Während die einen früh heiraten, Kinder bekommen, sich wieder scheiden lassen, leben andere mit mehrfach wechselnden Partnerschaften ohne Nachwuchs. Andere bleiben bewusst allein. Wieder andere investieren in eine Karriere und gründen erst um die vierzig eine Familie. Zur Individualisierung des Lebenslaufs gehört auch, dass es heute sehr diverse Erwerbsbiografien gibt und dass Menschen im gleichen Alter komplett unterschiedliche Positionen im Familiengefüge haben können. Manche sind mit 42 schon Großväter oder Großmütter, andere werden in diesem Alter zum ersten Mal Eltern. Lebensläufe verzweigen sich, sind kaum mehr vergleichbar.

Dieses Phänomen beschreibt Toni Faltermeier in seinem Buch »Entwicklungspsychologie des Erwachsenenalters«.[20] Seit den 1970er-Jahren mehren sich die empirischen Anzeichen, dass die Chronologisierung von Lebensentwicklungen zum Stillstand gekommen ist, sich sogar umgekehrt hat. Der Entwicklungspsychologe verweist auf verschiedene Gründe für die Individualisierung der Gesellschaft: Zum einen haben sich durch die Langlebigkeit der Menschen deren Spielräume und Planungsmöglichkeiten vergrößert. Zum anderen veränderten sich die Beziehungsformen. Und die hohe Bildung der Frauen, die Aufteilung der Care-Arbeit zwischen den Geschlechtern und nicht zuletzt eine massive Flexibilisierung und Diskontinuität in der Arbeitswelt führen dazu, dass alle immer wieder nach neuen Wegen und Antworten für sich suchen wollen und auch müssen.

Diese Gemengelage wirkt sich auf Familien in besonderem Maße aus. Es wird unübersichtlich. Auf der einen Seite gibt es in Partnerschaften Patchwork-Konstellationen mit Halbgeschwistern und neuen Bezugspersonen. Auf der anderen Seite werden durch die zunehmende Langlebigkeit die Beziehungen über die Generationen hinweg wesentlich wichtiger. So beschreibt der Soziologe Hans Bertram, dass heute die vertikalen Beziehungen bedeutsamer und die horizontalen Beziehungen immer weniger werden: Innerhalb einer Generation gibt es weniger Verbindungen als früher, dafür gibt es zwischen den Generationen mehr Kontakt und mehr Bedarf an Beziehung.[21] Oder, wie es im Deutschen Alterssurvey heißt: »Für Deutschland gilt: Wir werden weniger, älter und bunter.«[22]

Es ist also vieles im Wandel. Ständig. Und wie immer, wenn es um Diversität geht, liegt genau darin auch eine Chance: Heute können wir uns individueller und mit mehr Freiheit bewegen. Doch es gibt auch Unsicherheiten und Kontroversen, weil altbekannte Abläufe oder Annahmen darüber, was Familie ist oder nicht ist, ins Wanken geraten. Im schlimmsten Fall fühlt sich jede Familie für sich genommen seltsam, ungewöhnlich oder sogar mangelhaft, weil sie dem Stereotyp von Mutter-Vater-Kind nicht mehr entspricht. Die allgemeine Verunsicherung verwundert nicht, denn es fehlen klare und zeitgemäße Bilder von Familien, die gesellschaftlich breit geteilt werden. Googelt man zum Beispiel »Eltern und Kinder«, »Familien« oder »Eltern und erwachsene Kinder«, präsentiert die Bildersuche nach wie vor häufig Kleinfamilien am Strand, Eltern, die im Sonnenuntergang mit zwei Kindern »Engelchen flieg« spielen. Gelegentlich sitzen auch mehrere Generationen auf einem Sofa, man zeigt sich zuversichtlich und lehnt sich aneinander. Googelt man »Betreuung von alten Eltern«, erscheint eine Bilderwelt, in der Familienstrukturen ganz zu zerfallen drohen: Man sieht ausschließlich einzelne erwachsene Töchter, die runzelige Hände von sehr alten Angehörigen halten. Neue, verzweigte Patchworkfamilien, lebendige Beziehungen zwischen mehreren Generationen, Regenbogenfamilien, alleinerziehende Väter, pflegende Söhne und unterstützende Großväter, sehr alte Menschen im Kreis der Familie – zu alldem findet man fast keine Fotos, Bilder oder Beispiele. Mehr Rollenmodelle und eine größere Vielfalt an Familienbildern würden hier helfen. Bei Google. In unseren Köpfen. Und erst recht im Leben.

▶▶ Was kann ich selbst tun?

1. Reifer werden. Es gibt konkrete Schlüsselkompetenzen, die dazu beitragen, dass die Beziehung zu den eigenen Eltern auch im Erwachsenenalter gelingt und man ein Leben lang immer wieder tragfähige Verbindungen und stimmige Lösungen findet: Eine davon ist die eigene Reife und Selbstständigkeit. Zur filialen Reife gehört es, die Eltern als eigenständige Menschen zu sehen, sich emotional von deren Lob oder Ansichten unabhängig zu machen und einen angemessenen Umgang mit Schuldgefühlen zu finden. Das Schöne daran ist: Diese Fähigkeiten kann man in trainieren.

2. Geben und Nehmen koordinieren. Ein weiterer wichtiger Schutzfaktor für die lebenslange Eltern-Kind-Beziehung ist die Gegenseitigkeit in der Beziehung: Kleine Gesten, die man dem anderen entgegenbringt, werden in der Regel erwidert. Wenn Geben und Nehmen sich in einem Gleichgewicht befinden, wird in der Beziehung mehr Nähe empfunden und die Verbindlichkeit ist höher. Das gelingt auch auf kurzer Strecke: Wenn man aufhört, Altlasten aufzurechnen, und den alten Eltern im Alltag kleine Gesten zukommen lässt, verändert sich in vielen Familien etwas. Die Regel hat aber Grenzen: Wer in der Kindheit von den Eltern vernachlässigt oder emotional sehr eingespannt oder ausgenutzt wurde, möchte möglicherweise nicht mehr geben und tut gut daran. (Dazu mehr in Kapitel 4)

3. Vogelperspektive einnehmen. Die Beziehung zwischen Eltern und Kindern verändert sich ein Leben lang. Wer den langen Weg mit seinen Veränderungen und Weggabelungen wahrnimmt, kann die bevorstehenden Phasen bewusster erleben oder sogar planen. Eine Art Landkarte dafür, was besonders im Umgang mit den Eltern in deren späten Lebensphasen ansteht, bekommen Sie nach und nach in diesem Buch. Ein Vorschlag: Überlegen Sie doch einmal, welche unterschiedlichen Phasen Sie mit Ihren Eltern bis zum heutigen Zeitpunkt erkennen und benennen können. Vielleicht sind Sie überrascht, wie verschieden diese waren.

4. Individualisierte Biografien. Einheitliche Gesetze für Familien gibt es nicht mehr. Familien verzweigen sich, die Lebensläufe Einzelner sind nicht mehr vergleichbar. Es gibt heute 40-jährige Säuglingsmütter und 40-jährige Großmütter, Menschen mit vielen Halbgeschwistern und Erwachsene, die drei Mal heiraten oder lieber allein bleiben. Die Flexibilisierung und Individualisierung der Lebensmodelle ist längst Realität. Eigene Lösungen zu finden, ohne sich dabei seltsam zu fühlen, ist ein wichtiger Schritt. Erinnern Sie sich daran, sobald Sie sich bei dem Gedanken ertappen: »Bei allen anderen läuft es normal, nur bei mir / nur bei uns nicht.«

2. Kapitel

»Ich werde sie nicht selbst pflegen.«

Oder: Eltern in der letzten Lebensphase begleiten

Was passiert, wenn betagte Eltern hilfe- oder pflegebedürftig werden? Im letzten Lebensabschnitt, den Eltern und Kinder gemeinsam gehen, wird die Lage unübersichtlich – Überforderung, Schuldgefühle und die Angst vorm eigenen Älterwerden stehen im Raum. Neben den emotionalen Herausforderungen stellen sich dabei den erwachsenen Kindern auch zahlreiche praktische und medizinische Fragen.

Auch wenn es für viele ein schweres, vielleicht sogar ein Tabuthema ist: Es lohnt sich, gelegentlich mit dem Szenario der letzten gemeinsamen Jahre auf Tuchfühlung zu gehen, selbst wenn diese noch weit weg stehen. Denn Angst wird handhabbar, wenn man sich ihr stellt. Außerdem können Sie so klarer entscheiden, wie Sie in einer möglichen Pflegesituation handeln wollen. Wie solche bewussten Entscheidungen gelingen können, erzählt hier Katrin Rothmann[23], die vor zehn Jahren, als 34-Jährige, die Betreuung ihrer dementen Mutter übernommen hat.

»Ich will nicht schockieren. Ich will genau sein.«
Louise Bourgeois, Künstlerin

Es ist ein herrlicher Sommertag. Katrin Rothmann hat ihre Mutter im Rollstuhl zur Elbe gebracht, sie sitzen in einem gut besuchten Ausflugslokal. Heidrun, die Mutter, lebt in einer Demenz-WG, kann aber noch sprechen, essen und trinken. Ihr Parkinsonleiden beeinträchtigt sie oft mehr als die Demenz. Sie hat sich für diesen Tag gewünscht, in die Sonne zu kommen. Katrin besorgt ihr ein Mineralwasser und ein Stück Käsekuchen, sich selbst einen Espresso. Als sie sich ihren Weg zurück zum Tisch bahnt, vorbei an Familien mit kleinen Kindern, Paaren und Gruppen, sieht sie, wie die Hände ihrer Mutter stark zittern, ohne dass sie es kontrollieren kann. Katrin setzt sich zu ihr, beruhigt sie, redet mit ihr. Erst nach einer Weile registriert sie, dass sie von allen Seiten angestarrt wird, an manchen Tischen wird getuschelt. Auch als sich Heidrun längst beruhigt hat und langsam ihren Kuchen isst, fängt Katrin fragende, neugierige und tadelnde Blicke auf. Zunächst hat sich Katrin geschämt, doch dann wurde sie wütend: »Ich saß da, an diesem Bilderbuch-Sommertag am Fluss, und sah mich um. Überall Menschen. Und dachte plötzlich: Das kann doch nicht sein, dass meine Mutter die einzige Person auf der Welt ist, die in irgendeiner Weise krank oder eingeschränkt ist!« In diesem Moment habe sie die Erkenntnis wie ein Blitz getroffen: »Nehmen die Leute ihre schwachen oder älteren Verwandten oder Freunde nicht mit, wenn sie ins Café gehen oder einen Ausflug machen? Es gibt doch so viele Menschen mit Einschränkungen: Wo sind die denn alle?«

Im Rückblick ist diese Situation für Katrin Rothmann ein Tiefpunkt in der Betreuung ihrer Mutter gewesen. An diesem Tag ist ihr besonders deutlich geworden, wie schwierig die Pflege eines Elternteils auch deshalb ist, weil sie ein Tabu berührt. Weil niemand wirklich wissen will, wie es Betroffenen und Angehörigen damit geht. Natürlich hat Katrin recht: Die Pflege alter Verwandter, Demenz oder Parkinson sind Themen, um die viele Menschen eher einen Bogen machen. Katrin, die seit zehn Jahren ihre kranke Mutter betreut, alle organisatorischen, gesundheitlichen und persönlichen Belange regelt, wundert das manchmal. Denn aus den Medien weiß man: Es gibt in Deutschland aktuell mehr als 4,1 Millionen Menschen, die pflegebedürftig sind, vier von fünf werden von Angehörigen gepflegt, viele von ihnen im eigenen Haushalt.[24] Der demografische Wandel mit seiner immer älter werdenden Gesellschaft trug dazu bei, dass sich die Zahl der Pflegebedürftigen in den letzten zwanzig Jahren verdoppelt hat. Dieser Trend wird sich in den nächsten Jahren fortsetzen und weiter verstärken.[25] Hinzu kommt, dass sich auch der Anteil der Alterserkrankungen verändert hat, besonders Demenzleiden treten häufiger auf und werden laut Prognosen der Deutschen Alzheimer Gesellschaft weiter zunehmen, wenn auch nicht so drastisch, wie bislang vorhergesagt.[26] Diese Zahlen kennen wir alle – zumindest aus dem Augenwinkel – und jeder ahnt auch, dass es eine verborgene Wahrheit gibt: Irgendwo sind die vielen alten, kranken und bedürftigen älteren

Menschen. Auch wenn wir es im Alltag oft nicht sehen – sehr viele Familien haben gegenwärtig mit Pflegethemen zu tun.

»Wenn ich erzähle, dass ich meine Mutter mehrmals in der Woche im Pflegeheim besuche, sämtliche medizinischen Belange mitbetreue und natürlich auch noch versuche, einen Kontakt zu ihr zu bekommen, obwohl sie mittlerweile kaum noch sprechen kann, wollen das viele nicht hören«, sagt Katrin. »Ich kann das verstehen und lasse es auch weitgehend sein. Inzwischen weiß ich ziemlich genau, ob eine Person bereits die Erfahrung gemacht hat, einen hilfebedürftigen, kranken Menschen zu begleiten. Es entsteht dann eine größere Selbstverständlichkeit, über das Thema zu sprechen und dabei nicht gleich alle Lebensfreude zu verlieren. Und es gibt ein geteiltes Wissen darüber, wie kräftezehrend es ist, diese Betreuung angemessen zu bewältigen«, sagt Katrin.

Immer mal wieder einen Blick wagen

Psychologinnen, die sich mit dem Älterwerden beschäftigen, empfehlen, sich von Zeit zu Zeit auf Themen wie Pflegebedürftigkeit, Krankheit oder den nahenden Tod von betagten Eltern einzulassen. In ihrem Buch »Nicht mehr wie immer« beschreibt beispielsweise die Neuropsychologin Katja Werheid, Professorin an der Universität Bielefeld, wie wichtig es ist, dass sich erwachsene Kinder mit den Eltern immer mal wieder über die letzten Lebensjahre unterhalten, auch wenn diese noch ein Jahrzehnt entfernt scheinen oder eine Pflegesituation möglicherweise auch nie eintritt.[27] Dazu muss man keine formellen Familienkonferenzen einzuberufen. Oft reicht es, mit den Eltern beiläufig beim Spazieren oder beim Abwasch über die wichtigen Themen zu sprechen und die drei, vier zentralen Fragen zu stellen: Wie stellst du dir deine letzten Lebensjahre vor? Was passiert im Pflegefall? Unter welchen Bedingungen könntest du dir Hilfe von außerhalb der Familie vorstellen? Was erwartest du von uns Kindern? Das Gespräch zu suchen macht zum einen aus rein praktischen Gründen Sinn: Schließlich wollen die meisten erwachsenen Kinder für Notfälle wissen, welche Vorstellungen und Wünsche die Eltern haben. Und sie wollen ohne Druck besprechen, welche der elterlichen Anliegen sie erfüllen können – und wo es Differenzen gibt.

Zum anderen ist es auch aus psychologischen Gründen ratsam, sich mit den allerletzten Lebensphasen auseinanderzusetzen, um sich an das Thema zu gewöhnen, um nicht aus purer Angst zu versäumen, gute Absprachen und Lösungen mit Geschwistern und Eltern zu finden.

Um einen Zugang zum Thema zu bekommen, kann es heilsam sein, beherzt dahin zu gehen, wo es weh tut. Aus der psychotherapeutischen Praxis ist bekannt, dass bestehende Furcht sich eher verstärkt, wenn man bestimmte Angstszenarien nie zu Ende denkt, sondern jede aufkommende Sorge sofort wieder verdrängt. Die Verhaltenstherapeuten und Psychotherapieforscher Eni Becker und Jürgen Margraf raten beispielsweise bei generalisierten Angststörungen dazu, sich den eigenen Katastrophengedanken und Befürchtungen zu stellen und diese ganz bewusst »zu Ende zu denken«.[28] Wenn Menschen immer wieder diffuse Sorgen plagen, etwa dass die eigenen Kinder im Straßenverkehr in einen Unfall verwickelt werden und dabei sterben könnten, raten die Psychologen, sich die sorgenvollen Gedanken in allen Konsequenzen auszumalen. Wenn man die bedrohlichen Bilder und die Angst, die damit einhergeht, einmal aufkommen lässt und aushält, kann man ihnen bewusst begegnen. Auf Dauer lindert diese Erfahrung die Angst. Die Idee, Sorgen »zu Ende zu denken«, passt auch in Bezug auf alle Befürchtungen, die Sie rund um die Pflegebedürftigkeit der alten Eltern haben. Und in Bezug auf deren Tod.

Psychologieprofessorin Katja Werheid, selbst Verhaltenstherapeutin, beschreibt wohl auch deshalb gleich zu Beginn ihres Buches mehrere mögliche Pflege- und Krankheitsszenarien und fordert ihre Leser auf, sich einmal mit den typischen Erkrankungen des Alters zu beschäftigen, die auf Angehörige oder einen selbst zukommen können. Ihre Einladung, sich auszusuchen, welches Ende einem am liebsten wäre, erinnert zwar ein bisschen an das Schulhofspiel, bei dem man sich gegenseitig fragte »Willst du lieber ertrinken oder verbrennen?« oder »Willst du lieber Würmer essen oder Spinnen?« – doch die Beschäftigung damit bringt Klärung. Zu den drei häufigsten Todesursachen im Alter gehören Herzkreislauferkrankungen mit Herzinfarkt und Schlaganfall, Krebs und Demenz. Katja Werheid versucht in ihrem Buch, ein paar klassische Stereotype zu diesen drei Erkrankungen zu hinterfragen: So haben beispielsweise sehr viele Menschen die Idee, dass es für sie selbst und auch für Angehörige am einfachsten sei, »einfach so umzufallen« oder »nicht mehr aufzuwachen«. Und natürlich ist ein Ende ohne körperliches Leiden und Schmerzen wünschenswert. Doch bei der vermeintlich besten Lösung, nach einem Herzinfarkt einfach »sofort weg« zu sein, fällt für die Angehörigen der Abschied weg. Oft verlängern und vertiefen sich dadurch Trauerprozesse. Und vieles bleibt ungeklärt. Wer selbst bei einem Elternteil oder anderen nahen Verwandten so einen plötzlichen, überraschenden Tod erlebt hat, wünscht sich für sich selbst vielleicht sogar ein anderes Ende mit etwas mehr Zeit. Eine weitere immer wieder geäußerte Einschätzung betrifft Krebserkrankungen: Sie sind besonders gefürchtet. Bei jüngeren Menschen natürlich, weil sie das Leben bedrohen. Bei sehr alten vor allem, weil sie schmerzhaft sind. Ohne die immense Belastung zu leugnen, die eine Krebsdiagnose mit sich bringt, erklärt Werheid, dass es heute schmerz- und palliativmedizinisch bessere Möglichkeiten gibt, die letzten Monate zu begleiten. Oft bleibt bei sehr alten Menschen, die Krebs bekommen, in der Familie noch ausreichend Zeit, gemeinsam die letzten Schritte zu gehen und sich voneinander zu verabschieden. Und über Demenzen, schreibt Werheid, ist es gut zu wissen, dass man nicht ursächlich an ihnen stirbt. Menschen mit Demenzerkrankungen können oft noch sehr lange leben. Auch das gilt es bei Planungen zu bedenken. Das alles soll nicht abgeklärt klingen, individuelles Leid nicht herunterspielen. Doch Psychologinnen wie Katja Werheid wissen, dass Reflexion und Realitätssinn eben auch wichtige Voraussetzungen sind, um die letzten gemeinsamen Jahre mit den alten Eltern angemessen zu gestalten.

Während es für Menschen, die aktuell mit pflegebedürftigen Eltern leben, wichtig ist, sich ausgiebig und konkret zu informieren und möglichst genau in das Thema einzusteigen, reicht es für alle, die sich davor fürchten, sich bewusst zu machen, was in fünf, in zehn oder in fünfzehn Jahren anstehen könnte – und was einen dann im Umgang mit den eigenen Eltern beschäftigen wird. So kann man sich wenigstens zum Teil vorbereiten. Es kann also für jeden und jede ein Gewinn sein, die Schilderungen von Katrin Rothmann bewusst auszuhalten und ruhig und besonnen zu lesen.

Klug entscheiden

Besonders wichtig ist es, sich dem Beginn der Pflegephase zu widmen: Irgendwann wurde klar, dass Katrins Mutter, damals Mitte sechzig, an beginnender Demenz litt. Als Heidrun immer häufiger verwirrte Phasen erlebte und noch ein Parkinsonleiden hinzukam, war von einem Tag auf den anderen klar, dass sie nicht mehr allein in ihrer Wohnung in Mannheim würde leben können.

Nun war es an der Zeit, dass Katrin und ihre beiden Geschwister sich darüber austauschten, was zu tun sei. Dieser Tag, der mittlerweile zehn Jahre her ist, erscheint Katrin im Nachhinein als zentral für die gesamte weitere Entwicklung: »Wir drei Geschwister waren uns plötzlich bewusst, dass ein neuer Prozess beginnt, dass jetzt wir die Verantwortlichen sind und das Verhältnis zu unserer Mutter, das lange auf Augenhöhe bestand, sich rapide verändern würde«, sagt Katrin. Darüber hinaus hatten alle drei Angst sowohl vor der Auseinandersetzung mit Krankheit und Verfall als auch vor der zeitlichen und psychischen Belastung, die entstehen würde, wenn sie sich um die alte Mutter kümmerten. Man habe sich dann aufgeteilt. Der Bruder ist Ingenieur und lebt in Oldenburg. Er habe finanzielle Hilfe zugesichert, wollte aber nichts mit der Pflege oder mit medizinischen Fragen zu tun haben. Die jüngere Schwester, die in Mannheim lebt, habe offen gesagt, dass sie sich die Betreuung nicht leisten kann, sie habe ein Kleinkind und sei mit dem zweiten Baby schwanger. Auch Katrin Rothmann hat zwei Kinder, damals fünf und sieben Jahre alt. Es gab ein paar Rangeleien unter den Geschwistern, aber im Grunde sei man sich bis heute wohlgesonnen, denn letztlich hat jeder immer einen Teil beigetragen. Schließlich habe man die Mutter gefragt, was sie sich vorstelle. Zu einem guten Zeitpunkt: Denn in der Phase konnte Heidrun ihre Meinung noch klar äußern, ihre Situation einschätzen. Heidrun entschied sich, zu ihrer ältesten Tochter nach Hamburg zu ziehen, sicher auch, weil Katrin in der Familie sehr häufig die Rolle der Belastbaren und Zuverlässigen innehatte. Und weil sich Heidrun auch mit Katrins Mann immer gut verstanden hatte. »Es gab einen Moment, da habe ich mich entscheiden müssen und mich gefragt: Katrin, willst du das wirklich für deine Mutter tun? Willst du dir das antun? – Die Antwort, die ich mir selbst gab, lautete: Ja.«

Wenn Katrin heute gefragt wird, warum sie diese Verantwortung übernommen hat, fasst sie sich kurz und sagt: »Sie ist meine Mutter und ich liebe sie. Und ich möchte, dass Menschen sich umeinander kümmern. Es ist meine Überzeugung, dass das einen Wert hat.« Dabei sei die Beziehung zwischen Katrin und Heidrun früher nicht einmal innig gewesen. Auf der Höhe ihrer Zeit sei die Mutter eine harte Frau gewesen, der sich die Tochter früh entzog. Nicht ganz zufällig sei Katrin früh zum Studieren nach Spanien gegangen, hatte sich dann zusammen mit ihrem Mann in Hamburg ein Haus gekauft, viele hundert Kilometer von der Mutter entfernt. Schwierig war es für Katrin auch, dass ihre Mutter sich oft rassistisch äußerte. »Es hat immer wieder Situationen gegeben, in denen ich gewünscht habe, dass sie aufhört, dieses fremdenfeindliche Zeug von sich zu geben.« Als junge Erwachsene habe sie sich oft mit der Mutter darüber gestritten, in den letzten Jahren habe sich das gelegt, obwohl Heidrun gelegentlich immer noch Kommentare machte, die Katrin erschütterten. Wiederholen will sie hier keinen dieser Sätze. Auch, weil sich eine Auseinandersetzung darüber heute nicht mehr richtig anfühlt: »Ich sehe es jetzt so: Seit Jahren begleite ich eine Frau, die immer schwächer wird, die auch ihre zarten Seiten gezeigt hat. Die mir, das spüre ich, sehr dankbar ist für das, was ich für sie tue. Das ist für mich ein neuer Abschnitt in unserer Beziehung.« Dies sei eine bereichernde Erfahrung. Verklären wolle sie die Situation jedoch nicht: »Das, worauf ich mich eingelassen habe, ist tatsächlich sehr zeitintensiv und anstrengend. Dennoch würde ich sagen, dass es richtig ist.« Was Katrin allerdings von Anfang an klar war: Sie wollte ihre Mutter keinen Tag lang bei sich zu Hause pflegen und besorgte Heidrun erst einen Platz in der Demenz-WG, später auf einer Pflegestation.

Nicht schuldig

Das klingt fast ein bisschen zu einfach. Denn innerlich sei es für Katrin schwer gewesen, die Pflege der Mutter anderen Menschen zu überlassen. Mit diesem Punkt hadern viele erwachsene Kinder. Immer wieder hört man Sätze wie »Meinen Vater werde ich nicht ins Heim abschieben« oder »Willst du, dass deine Eltern irgendwo in einem Pflegebett dahinvegetieren? Im Heim hat doch keiner Zeit«. Bis heute wird in Deutschland nur ein Fünftel der Pflegebedürftigen stationär in Heimen betreut.[29] Allerdings gibt es Veränderungen: Angehörige binden verstärkt ambulante Pflegekräfte in die Versorgung von alten Eltern ein und übernehmen häufiger Aufgaben wie Hilfe im Haushalt, beim Papierkram oder anderen Dingen. Unterstützungsaufgaben, die Angehörige im Schnitt pro Woche leisten, haben sich von über 20 Stunden auf ca. 10 Stunden reduziert. Allerdings kommt es immer häufiger vor, dass mittelalte Erwachsene mehr als eine Person versorgen, sich also zum Beispiel um mehrere Verwandte gleichzeitig kümmern.[30]

Hinter all diesen Arrangements stehen Gewissenskonflikte und schwere Entscheidungen. Denn für Kinder, deren Eltern pflegebedürftig werden, stellt sich innerlich oft die drängende Frage, ob sie ihren Eltern etwas schuldig sind. Vor allem wenn sie über weite Strecken gern an die eigene Kindheit zurückdenken und auch im Erwachsenenalter ein enges Verhältnis zu Vater und Mutter haben, fragen sich Menschen, ob sie das, was man früher den Generationenvertrag nannte – erst sorgen die Eltern für die Kinder, dann sorgen die Kinder für die Eltern –, nicht doch in seiner ursprünglichen, traditionellen Form umsetzen sollten. Expertinnen aus Politik, Pflege und Psychologie gehen allerdings davon aus, dass der ursprüngliche Generationenvertrag längst nicht mehr funktionieren kann. Die zunehmende Langlebigkeit der Menschen und immer länger werdende Pflegezeiten erschweren die Planbarkeit. Die Tatsache, dass Kinder, die ihre Eltern pflegen könnten, heute häufiger berufstätig sind und selbst noch Kinder haben[31], um die sie sich kümmern, ist ebenfalls ein Hindernis. Auch wenn uns das alles bewusst ist: Wir hinken den neuesten Entwicklungen der Demografie seelisch hinterher. Die Frage, ob wir unseren Eltern die Pflege schuldig sind, erleben viele weiterhin als eine hochemotionale Gewissensentscheidung. Dieses Spannungsfeld zwischen Wunsch und Wirklichkeit lässt sicher viele Töchter und Söhne davor zurückschrecken, sich die letzten Jahre mit den betagten Eltern auch nur vorzustellen.

Die massiven Schuldgefühle, die viele erwachsene Kinder haben, wenn es um Pflegethemen geht, gilt es im Vorfeld zu entkräften. »Wenn es um die Frage der Pflege geht, sind Schuldgefühle kein guter Wegweiser«, sagt Karl Stanjek, Sozialpädagoge und lange Zeit Lehrbeauftragter für Pflegethemen an der FH Kiel.[32] Seit seiner Pensionierung ist er im Kieler Seniorenbeirat tätig. Jahrelang leitete und unterstützte er Gruppen von pflegenden Angehörigen. Stanjek half ihnen dabei, ein gutes Gleichgewicht zwischen den eigenen Interessen und denen der Pflegebedürftigen zu finden und implizite oder explizite Erwartungen anderer Familienmitglieder gut zu prüfen. »Niemand muss diesen Part zwingend übernehmen, niemand sollte sich verpflichtet fühlen«, findet Stanjek. Wer Schwierigkeiten damit habe, Nein zu sagen, solle sich einmal vorstellen, was schlimmstenfalls passieren kann, wenn man ablehnt, die Pflege zu übernehmen. »Außer dass Eltern oder Geschwister kurzzeitig sauer wären, ist den meisten Seminarteilnehmern nichts eingefallen, was wirklich passieren könnte«, resümiert Stanjek. Darüber hinaus gehe es für fast kein erwachsenes Kind um ein kategorisches »Nein«. Vielmehr will man festlegen, zu welchen Bedingungen man welche Aufgaben übernehmen will. Dass die Realität der Entscheidungsfindung in Familien dennoch bis heute oft anders aussieht, räumt auch Karl Stanjek ein. Nach wie vor werden oft Töchter, Schwiegertöchter und andere weibliche Familienmitglieder von anderen für die Pflegeaufgaben vorgesehen oder darum gebeten. Umso wichtiger ist es, sich, besonders als Frau, klarzumachen, wozu man bereit ist. Gerade wenn es um die Pflege von Demenzpatienten geht, könnten die meisten Menschen im Vorfeld nicht einschätzen, worauf sie sich einlassen. »Der Tag-Nacht-Rhythmus der Patienten verschiebt sich oft, neben der Belastung durch die Pflege bekommen Pflegende viel zu wenig Schlaf. Darüber hinaus dauert die Pflegezeit bei Demenz oft viel mehr Jahre, als man vorher eingeplant hat«, sagt Stanjek. Die Idee, die Pflege und sonstige Betreuung stärker voneinander zu trennen, sei deshalb vor allem bei Demenz eine bedenkenswerte Lösung, findet Stanjek, der selbst einige Jahre die Organisation der Betreuung für seine alten Eltern übernommen hat, als seine Geschwister ihn darum baten. Als Experte weiß er außerdem, dass viele alte Eltern, die früher selbst Angehörige gepflegt haben, es ihren Kindern ersparen wollen, sie zu waschen, zu rasieren oder zu wickeln. Die Trennung von körperlicher Pflege und seelischer und organisatorischer Begleitung ist oft auch für alte Väter und Mütter eine Entlastung.

Was ist wesentlich?

Die Philosophin Barbara Bleisch vom Ethik-Zentrum der Universität Zürich hat vor einigen Jahren das scharfsinnige Buch »Warum wir unseren Eltern nichts schulden«[33] veröffentlicht. In ihrem Text erkundet sie aus philosophischer Perspektive, ob wir unseren betagten Eltern helfen müssen – denn sie haben uns ja ein ziemlich großes Geschenk gemacht: das Leben. Die Philosophin zieht Thesen aus der Ethik heran und kommt zu dem Schluss, dass wir unseren Eltern als erwachsene Kinder nichts schuldig sind. Bleisch schreibt, es gebe »keine speziellen Pflichten über das hinaus, was wir allen Menschen schulden«. Von jeder Zwangsläufigkeit dürften wir uns freimachen, eine Schuld sei nicht entstanden. Doch in Bleischs Essay bleibt es nicht bei dieser wichtigen, aber etwas zugespitzten Feststellung. Sie differenziert weiter, weist darauf hin, dass die Beziehung zu den Eltern dennoch nicht gänzlich »überwindbar« sei. Das sehe man allein daran, dass man beispielsweise nicht von Ex-Eltern sprechen könne, sondern immer in einer gewissen Weise mit den Eltern verbunden sei, egal wie gut oder schlecht das Verhältnis sein mag. Es handele sich also um eine besondere, um eine verletzliche Beziehung. Daran gilt es zu denken, wenn man seinen Eltern bestimmte Wünsche abschlägt oder gesellschaftlichen Konventionen nicht folgt. Wenn man etwa keine Lust habe, an der Geburtstagsfeier der Eltern teilzunehmen, müsse man sich darüber klar sein, dass man die Eltern damit kränke. Das ist kein Grund, sich dorthinzuquälen. Doch es ist hilfreich, in Anbetracht der besonderen Beziehung mehr Respekt und Vorsicht walten zu lassen, indem man beispielsweise eine sorgsame Absage vorbringt, die man gut begründet, oder eine andere kleine, wertschätzende Geste zeigt, zum Beispiel einen schönen Brief oder ein aufmerksames Telefonat. Dieses Prinzip lasse sich laut Bleisch auch auf die Situation von Pflege übertragen. Wenn es darum geht, was wir unseren Eltern an Hilfe zukommen lassen sollten, bezieht sich Bleisch auf den Philosophen Simon Keller, der sogenannte »generische Güter« und »spezifische Güter« unterscheidet. Generische Güter befriedigen Bedürfnisse, die für alle Menschen existenziell und zentral sind, wie etwa Essen zu bekommen, begleitet zu werden, ein sicheres Dach über dem Kopf zu haben. Für diese konkrete Hilfe bedarf es keiner besonderen oder einzigartigen Beziehung. Die Pflege alter Eltern kann demnach von Außenstehenden, also Alten- und Krankenpflegern, übernommen werden. Die »spezifischen Güter« sind dagegen solche, die einer tiefen und besonderen Beziehung bedürfen, wie zum Beispiel das Betrachten alter Familienfotos, das Schmücken des Weihnachtsbaums, das Singen bekannter Lieder, die Pflege eines bestimmten besonders sachlichen oder humorvollen Kommunikationsstils, der in der Familie üblich ist. Momente, in denen man die gemeinsame Geschichte aufleben lässt, liebgewonnene Rituale pflegt oder in vertrauter Weise miteinander spricht, können am besten nahe Verwandte übernehmen. Für die erwachsenen Kinder ist es daher wichtig, vor allem die spezifische Beziehung zu den Eltern aufrechtzuerhalten, zu gestalten und zu erweitern.

Was Bleisch hier beschreibt, trifft auch für Katrin Rothmanns Verhältnis zu ihrer Mutter zu. Es waren vor allem in den ersten Jahren, als Heidrun nach Hamburg gekommen war, diese spezifischen Güter, die ihre Beziehung ausmachte. Mutter und Tochter schauten sich gemeinsam Fotoalben an, vergewisserten sich noch einmal der eigenen Geschichte, haben viel gesprochen. Katrin konnte der Mutter noch viele Fragen stellen und verstand so deren Biografie besser. Vorher hatte es viele Leerstellen gegeben, Mutter und Tochter hatten über einige Stationen in Heidruns Leben nicht gesprochen. Dadurch fällt es Katrin heute leichter, das Leben der Mutter eher als eine stimmige Geschichte zu sehen, bei Nachfragen kann sie anderen Menschen gut Auskunft geben. Sie habe an vielen Nachmittagen einfach mit der Mutter zusammengesessen, ihr Zeit geschenkt, bis es vor dem Fenster dunkel wurde. Das alles gelang, obwohl Heidrun schon verwirrt, oft beunruhigt und körperlich sehr belastet war. »Hätte ich die körperliche Pflege meiner Mutter übernommen, wäre diese Nähe nicht möglich gewesen«, sagt Katrin.

Dem Prozess folgen

Es ist wichtig, sich für die Beantwortung solcher Fragen möglichst im Vorfeld oder zu Beginn der Pflegephase Zeit zu nehmen. Denn die tägliche Begleitung pflegebedürftiger Eltern fordert enorme Kraft und große Aufmerksamkeit. Katrin Rothmann schildert ihre Erfahrungen so: »Der Zustand meiner Mutter verändert sich ständig. Die Symptome der körperlichen Erkrankungen, die mentalen Fähigkeiten, die emotionalen Bedürfnisse wandeln sich im Abstand von Wochen und Monaten, die Abbauprozesse gehen mal rapide voran, mal stagnieren sie. Es ist ein sehr fragiles Gleichgewicht, das immer wieder kippt.« Sobald sich eine Kleinigkeit bei Heidrun ändert, sind damit für Katrin zahlreiche bürokratische und organisatorische Schritte verbunden: Arzttermine, neue Pflegestufen, Krankenhausaufenthalte, die Regelung finanzieller Fragen. Katrin hat Stufe für Stufe, Phase für Phase immer wieder ihr Engagement angepasst, praktisch und prozessorientiert gehandelt und sich für die Mutter eingesetzt.

»Meine Haltung zur Demenz meiner Mutter und zu ihrer Bedürftigkeit habe ich erst während des Tuns entwickelt«, sagt Katrin. Etwas, das sie vorher nicht hätte benennen können, sei ihr im Laufe der Betreuung immer wichtiger geworden: Sie wollte über ihre Mutter so wenig bestimmen wie möglich – und so viel wie nötig. Immer wieder habe sie geschaut, was Heidrun noch selbst konnte und ihr noch Freude bereitete. Bis es nicht mehr ging hat sie mit Heidrun Ausflüge gemacht, sie auf Feste und Familienfeiern begleitet und dafür gesorgt, dass es ein Sofa gab, auf das die Mutter sich legen konnte, wenn sie müde war. Als Heidrun in der Demenz-WG wohnte und noch selbstständig, aber schon vergesslich war, bestellte sie sehr viele Sachen aus einem Versandkatalog, Dinge, die sie im Grunde nicht mehr brauchte. Katrin habe verstanden, dass es der Mutter dabei um ein Stück Normalität ging. Heidrun wollte es machen wie immer, sich Hosen, Handtücher und Handschuhe aussuchen. Katrin hat nicht eingegriffen, 90 Prozent der Aufträge jedoch storniert und die Pakete zurückgeschickt. Ein Jahr später kam dann ein Punkt, wo das nicht mehr stimmig war. »Sich die Mühe zu machen und abzuwägen, was noch geht und was nicht mehr, das war manchmal mühsam«, sagt Katrin.

»Eine respektvolle Versorgung, die sich an Fähigkeiten und Ressourcen orientiert, ist ein hohes Gut«, meint Petra van Husen, Pädagogische Leiterin der Kolping-Bildungsstätte in Coesfeld und dort unter anderem zuständig für Senioren, Familien und Ehrenamtliche. In ihrer pädagogischen Kurspraxis hat van Husen oft erlebt, dass das Ernstnehmen der Bedürfnisse von Pflegebedürftigen ein Schlüssel für eine gelingende Beziehung ist. Gleichzeitig sei bei Demenzerkrankungen häufig schwer zu entscheiden, wann hilfebedürftige Angehörige selbstständig bleiben können und wann nicht mehr. Sich eine größtmögliche Offenheit für die neue Realität zu bewahren gelänge pflegenden Kindern immer dann gut, wenn sie sich nicht angegriffen fühlten, Missgeschicke und Probleme nicht persönlich nähmen. »Wer bewusst mitbekommt, dass ein bestimmtes Verhalten der Krankheit geschuldet ist und nichts mit der Beziehung zu tun hat, der kommt oft besser mit den Belastungen zurecht«, sagt Petra van Husen. Ein Beispiel: Demente Angehörige vergessen häufig, dass sie bereits etwas zu Essen und zu Trinken bekommen haben. Wenn dann beispielsweise Nachbarinnen oder Pfleger fragen, ob sie schon gegessen haben, antworten manche: »Nee, es gab nichts zu essen. Zu trinken auch nicht. Ich krieg hier nichts!« Manche Angehörigen reagieren in solchen Situationen verärgert, sie fühlen sich von den alten Eltern verschaukelt oder gekränkt. Erst wenn man versteht, dass solche Behauptungen durch die Abbau- und Veränderungsprozesse der Erkrankung entstehen, wird es einfacher. Die Fähigkeit, »es nicht persönlich zu nehmen«, leitet auch Katrin Rothmann, wenn sie ihre Mutter Dinge bestellen lässt, die sie nicht mehr braucht, und das nicht als Konsumsucht oder unnötigen Unfug abtut. Das hat die Lage etwas entspannt. Schwierig auszuhalten bleibt es dennoch. Schließlich heißt es auch, dass man die Erkrankung und die damit verbundene Isolation der Betroffenen ganz bewusst annimmt.

Ich kann nicht mehr

»Ich habe die Situation trotzdem unterschätzt«, sagt Katrin Rothmann. »Manchmal habe ich dagesessen und gedacht: Hilfe, wie soll ich das schaffen? Ich kann nicht mehr.« Irgendwie hat es dann aber doch geklappt. Heute sieht Rothmann diese zehrenden und schweren Zeiten mit etwas Abstand, denn die Phasen, in denen es der Mutter oft plötzlich emotional oder körperlich schlechter ging, sind vorbei. »Meine Mutter liegt seit etwa einem halben Jahr verstärkt im Bett, sie wird möglicherweise in nächster Zeit sterben«, sagt Katrin. Das sei traurig, sie entglitte ihr immer mehr. Andererseits sei ihr eigenes Leben wieder etwas planbarer geworden.

Hört man Katrin Rothmann bei ihren Erzählungen zu, stellt sich ein hohes Maß an Respekt ein. Fast möchte man fragen: Haben Sie vorher geübt, kranke Menschen zu begleiten? Woher nehmen Sie Ihre Geduld? Wie konnten Sie das alles so passend organisieren? Doch bevor man zu euphorisch wird, ist Vorsicht geboten. Denn bei der Pflege von Angehörigen geht es nicht nur darum, zu betonen, wie gut eine einzelne Person in der Familie losgelöst von allem anderen die alten Eltern versorgt. »Es ist immens wichtig, dass wir in unserem Umfeld und auch gesamtgesellschaftlich wahrnehmen, wie kräftezehrend und wichtig Pflege ist«, sagt Petra van Husen. »Pflege ist außerdem etwas, das alle Beteiligten angeht, das ein ganzes Familiensystem verändert, jeder muss sich mitbewegen.« In Seminaren hat van Husen häufig erlebt, dass diese Erkenntnis vielen pflegenden Angehörigen neu ist und weiterhilft. »Wenn alle in der Familie verstanden haben, dass auch sie verantwortlich sind, und etwas tun oder die Person, die pflegt, unterstützen müssen, dann klappt es oft ganz gut«, sagt van Husen. Nachteilig sei es, wenn man die Person, die sich kümmert, alleine lässt, oder ausblendet, wie hart die Belastung ist. Oder sogar – auch das kommt vor – der pflegenden Person Vorwürfe macht, dass sie sich zum Beispiel nicht um andere in der Familie kümmere und immer so gestresst wirke.

»Angehörige, die in der Betreuung alter und kranker Eltern tätig sind, sollten aber auch versuchen, sich immer wieder auf sich selbst zu besinnen, und, wenn sie können, nach Hilfe fragen«, sagt van Husen. »Es ist wichtig, Grenzen zu erkennen und deutlich zu machen.« Ein Garant für ein gutes Gelingen von Pflegejahren sei es daher, ein weit verzweigtes und sicheres soziales Netzwerk auch außerhalb der Familie aufzubauen und das bestehende öffentliche Hilfesystem zu nutzen. »In Kursen mit pflegenden Angehörigen oder auch mit ehrenamtlichen Helfern bin ich immer wieder erstaunt, wie wenig über die lokale Hilfsstruktur bekannt ist«, so die Pädagogin. Erzähle man davon, sei die Reaktion oft zunächst: »Nein, so etwas brauchen wir nicht.« Es scheint für viele eine Frage der Ehre zu sein, es allein innerhalb der Familie zu schaffen und keinesfalls hilfebedürftig zu wirken. Doch so würden sich Familien oft nur noch weiter überfordern.

Es braucht ein Dorf

Für uns alle könnte es sich lohnen, an der eigenen Haltung zum Thema Pflege zu arbeiten und eine Mitverantwortung aller zu erkennen, gibt auch Sozialpädagoge Karl Stanjek zu bedenken. Er betont, wie wichtig es ist, dass man als Familie frühzeitig erkennt, welche Aufgaben wann in der Begleitung alter Eltern anstehen und wer in welcher Weise in ein Hilfsnetzwerk einbezogen werden kann. Dabei sei das Ideal eine Art »sorgende Gemeinschaft«, also ein Modell, bei dem alle Kinder und Enkel, aber auch Nachbarn und langjährige Freundinnen in die Hilfe eingebunden werden. Gerade zu Beginn einer Begleitung älterer Menschen kann man ein solches Netz gut aufbauen und festigen. Dann sorgt der Nachbar einmal pro Woche für eine Kiste Wasser oder mäht den Rasen, begleitet eine Freundin beim Arztbesuch, kommen die erwachsenen Kinder vorbei, unterhalten sich, kochen, sehen nach der Post und regeln anstehende Behördenangelegenheiten.

Auch später, in den verschiedenen Pflegephasen, sei es extrem wichtig, mit Vertrauten, Nachbarn oder Experten über eventuelle Schwierigkeiten zu sprechen. In der Altersforschung spricht man davon, »die Zugbrücke runterzulassen«[34], also die Idee einer geschlossenen Familie, die ihre Probleme alleine regelt, zu überwinden und stattdessen offen zu bekennen, was schiefläuft, nach Einschätzungen und Rat zu fragen und sich auch emotionale Unterstützung zu holen. All das klingt selbstverständlich, ist es aber nicht.

Natürlich ist dieser integrierende, wertschätzende Blick auf die Pflege gesellschaftlich noch nicht ausreichend verankert und braucht darüber hinaus politischen Rückenwind. Nach Ansicht von Petra van Husen hat sich jedoch innerhalb der letzten zehn Jahre einiges geändert: Es gebe mehr Anlaufstellen für die Betreuung von Menschen mit Demenz und deren Angehörige. Ehrenamtliche Helferinnen aus der Nachbarschaft und dem Bekanntenkreis erhalten mittlerweile für Botengänge, Autofahrten oder Besorgungen von staatlicher Seite kleine Aufwandsentschädigungen erstattet und werden immer öfter im Umgang mit hilfebedürftigen Senioren geschult. Solche Kurse bieten Petra van Husen und ihre Kolleginnen von der Kolpingbildungsstätte in Coesfeld an, die im Münsterland auf viel Resonanz stoßen.[35] Auch in anderen Bundesländern gibt es finanzielle Anreize für Helfende und wird in den Ausbau der Infrastruktur investiert. Doch ein flächendeckend gutes Angebot für Angehörige und Pflegebedürftige gibt es nicht. Immer noch wird von staatlicher Seite darauf vertraut, dass Familien viel Einsatz zeigen und eigene Kräfte mobilisieren.[36] Umso wichtiger ist es, sich der eigenen Haltung zur Begleitung der alten Eltern bereits frühzeitig bewusst zu werden.

Für Katrin Rothmann waren große Teile des Hilfsangebots für Demenzpatienten und ihre Angehörigen nicht passend. »Als ich die Pflege meiner Mutter übernahm, war ich Mitte dreißig, also vergleichsweise jung. In den Selbsthilfegruppen für Demenz, die ich anfangs ausprobiert habe, saßen sehr alte Menschen, vor allem alte Paare, von denen ein Partner dement geworden war, aber auch erwachsene Kinder um die sechzig, die ihre Eltern begleiteten.« Sie sei nur einmal hingegangen. Ähnlich wie Karl Stanjek und Petra van Husen es schildern, habe es Katrin aber sehr geholfen, dass ihre Familie die ganze Zeit für sie da war und sich der Sondersituation, in der sie sich befand, immer bewusst war. Ihr Mann habe ihr geraten, vorübergehend nicht mehr zu arbeiten, drei Jahre habe sie als Lehrerin pausiert. Geholfen haben ihr auch die Kinder, sie besuchten die Oma jede Woche und waren ansonsten einfach sie selbst – lebendig, für Überraschungen gut, hoffnungsvoll. Bei Fahrdiensten, Botengängen und kurzen Stippvisiten bei Heidrun haben ihr Mann, eine Freundin und eine alte Bekannte der Mutter geholfen, die ebenfalls nach Hamburg gezogen war. »Ich konnte auch emotional immer ganz gut für mich sorgen«, sagt Katrin. Sie habe sich zum Beispiel oft mütterliche Freundinnen gesucht und den Kontakt zu ihnen in den letzten Jahren intensiviert. »Ich habe mir in den Freundschaften Zuwendung und Verständnis geholt. Das war für mich auch deshalb so wichtig, weil ich von meiner Mutter nie viel Wärme oder Verständnis bekommen habe.« Entscheidend sei aber stets das Gefühl gewesen, dass Geschwister und Familie ebenfalls einen Teil der Verantwortung übernahmen, dass fast alle mit dem Thema immer in Kontakt blieben.

Akzeptanz finden

Katrin Rothmann hat im letzten Schuljahr wieder angefangen, stundenweise als Lehrerin zu arbeiten, und die erste Zeit gut überstanden. Ihre Mutter ist mittlerweile sehr schwach. Da sich Katrin derzeit bereits ein wenig von ihr und von der Pflegephase verabschiedet, hat sie sich gelegentlich die Frage gestellt: »Was habe ich in diesen Jahren eigentlich für mich gewonnen?« Sie kommt zu dem Schluss, dass es vor allem eine andere Haltung zum Leben sei, sie fühle sich stärker. Das sei ihr heute wichtiger als die Dankbarkeit oder Anerkennung der Mutter. »Ich glaube, ich kann eher sehen, dass es im Leben schwere Phasen gibt, dass man aber Schritt für Schritt einen Umgang damit findet. Oder manches eben auch nicht ändern kann.« Was Katrin beschreibt, nennt man in der Psychologie »Akzeptanz«, also die Fähigkeit, Schmerz, Grenzen und Enttäuschungen als Teil des Lebens zu betrachten. Die Haltung, das anzunehmen, was ist, klingt leicht und wird gern in Kalendersprüchen beschworen, ist aber ungeheuer schwer und überhaupt nicht selbstverständlich. In der psychologischen Praxis hilft heute vor allem die Akzeptanz- und Commitment-Therapie nach Steven C. Hayes. Sie gibt Menschen mit depressiven Symptomen oder Ängsten Anregungen, eine akzeptierende Haltung zu den Widrigkeiten und Rückschlägen des Lebens einzunehmen.[37] Dabei geht es nicht um das Ignorieren von Schwierigkeiten – also einem Schulterzucken oder einer Abstumpfung dem gegenüber, was gerade passiert –, sondern darum, schwierige Situationen radikal anzunehmen. Ganz gleich, ob es um Trennungen oder Erkrankungen, das eigene Scheitern oder das von Menschen im persönlichen Umfeld geht.

Aber wie kann man belastende Situationen wie die Betreuung einer dementen Person und die begleitenden Gefühle von Schmerz und Ohnmacht annehmen? Der Psychotherapeut und Autor Matthias Wengenroth[38] beschreibt in seinem Buch »Das Leben annehmen« viele zentrale Techniken der Akzeptanz- und Commitment-Therapie. Um diese neuen Lösungs- und Betrachtungsmöglichkeiten besser greifen zu können, wird dabei viel mit konkreten Bildern und Metaphern gearbeitet, die helfen, psychologische Mechanismen zu verdeutlichen. So kann man sich im Alltag schneller an sie erinnern und Schwierigkeiten anders als gewohnt betrachten. Sehr hilfreich ist beispielsweise die Vorstellung, die eigenen Sorgen oder belastenden Situationen als eine Art Monster zu sehen, das vor einem steht. Kämpft man mit den Fäusten gegen das Monster an, hält einen diese Anstrengung gefangen. Wenn man sich dagegen vorstellt, mit dem Monster Arm in Arm durchs Leben zu gehen, ändert sich plötzlich etwas: Man hat die Hände frei, hat mehr Energie und einen besseren Blick auf das, was vor einem liegt – denn das Monster versperrt einem nicht mehr die Sicht. Die bildliche Vorstellung, mit einem Schmerz oder einer schwierigen Lebenssituation, wie es die Pflege eines Angehörigen zweifelsohne ist, Arm und Arm durchs Leben zu gehen, ermöglicht es, sich das Gefühl von Akzeptanz immer mal wieder zu vergegenwärtigen und zu spüren. Es wäre natürlich ignorant zu behaupten, dass man die

Schwere der Situation mit solchen Bildern komplett aufheben kann. Es geht eher darum, mit der Metapher einen Anker zu setzen.

Katrin Rothmann kennt bereits einige Techniken aus der Akzeptanztherapie, braucht sie aber im Moment nicht. Wenn sie heute am Bett ihrer Mutter sitzt, spürt sie manchmal, dass etwas leichter geworden ist als in den vielen Jahren zuvor, in denen sie erlebte, wie die Mutter immer mehr die Orientierung, das Gedächtnis und die Sprache verlor. Jeder einzelne Verlust war auch für sie schmerzhaft. Heute sind Mutter und Tochter an einem neuen Punkt angekommen. »Unser Kontakt läuft jetzt nur noch nonverbal, über Gesten und Berührungen, es ändert sich nicht mehr viel, wir warten gemeinsam auf den Tod. Das hat manchmal etwas sehr Ruhiges, das früher aufgrund der Erkrankung gar nicht entstehen konnte«, sagt Katrin. Nach vielen Jahren, in denen sie in die Betreuung der Mutter sehr viel investiert habe, seien die Besuche bei Heidrun nun manchmal Momente, in denen sie sogar mehr zu sich selbst kommt. »Für mich ist es ein gutes Gefühl, dass wir jetzt hier angekommen sind«, sagt Katrin. Ein Kreis schließt sich.

Den Blick weiten: Eine neue Verteilung der Sorgearbeit

»Sind Sie weiblich? Über 40 Jahre alt? Haben Sie Geschwister? Gehören Sie der Mittelklasse an? (...) Dann machen Sie sich am besten mit folgendem Szenario vertraut: Eines Tages wird Ihr Vater, Ihre Mutter es nicht mehr schaffen, ohne Hilfe zu Hause zu leben. Und dann werden Ihre Geschwister Sie in die Pflicht nehmen: In vielen Fällen als Pflegekraft, mindestens aber als Organisatorin der Pflege.«[39] Das schreibt die Autorin Marianne Wellershoff in dem Sammelband »Die Eltern im Alter begleiten«. Der alarmierende Ton ist durchaus berechtigt, weist er doch darauf hin, welche Dynamik entsteht, wenn es in der Familie um die Frage geht, wer denn nun die alte Mutter oder den alten Vater pflegt.

Diese Aufgabe wird nach wie vor häufig den Frauen zugeschrieben und überlassen. Gemäß dem Genderdatenportal des Wirtschafts- und sozialwissenschaftlichen Instituts der Hans-Böckler-Stiftung sind zwei Drittel der Pflegenden immer noch Frauen; wenn Männer beteiligt sind, sind es meistens pflegende Partner, sehr selten Söhne oder gar Schwiegersöhne.[40] Die Aufteilung der Verantwortlichkeiten innerhalb einer Familie, wie sie Wellershoff in ihrem Aufsatz schildert, geht scheinbar auf die Lebenssituation oder Befähigung der verschiedenen Geschwister zurück. Doch der Eindruck täuscht. Im aktuellen Bericht des Bundesministeriums für Familie, Senioren, Frauen und Jugend zum Thema »Kinder, Haushalt, Pflege. Wer kümmert sich?« heißt es bereits in der Einleitung: »Die Menschen entscheiden selbst, wie sie ihren Alltag organisieren. Dies wird aber durch ihr Umfeld beeinflusst.«[41] Das Dossier untersucht, wie es heute um die Ungleichverteilung von Sorgearbeit und Bezahlung für Lohnarbeit steht, es geht um den sogenannten »gender pay gap« und »gender care gap«. Aus dem Bericht geht unter anderem hervor, dass Frauen pro Tag etwa 87 Minuten mehr Sorgearbeit leisten als Männer, hier ist sowohl Kinderbetreuung als auch die Pflege von Älteren eingerechnet. Zählt man nur die direkte Sorgearbeit, also den unmittelbaren Kontakt mit den Personen, die Pflege, Hilfe und Begleitung brauchen, wird die Kluft noch viel größer. Denn Männer machen häufig sogenannte »unterstützende Sorgearbeit«, also Reparaturen, Botengänge etc., bei denen sie gar keinen direkten Kontakt mit den Hilfebedürftigen haben. Das tägliche Versorgen von Kindern und die Pflege von Älteren ist hierzulande also nach wie vor zu sehr großen Teilen Frauenarbeit. Es ist sowohl für Männer als auch für Frauen wichtig, sich das klarzumachen. Denn die allermeisten Paare, die heute eine Familie gründen, steuern die ungleiche Verteilung der Sorgearbeit – zunächst einmal in Bezug auf den eigenen Nachwuchs – gar nicht bewusst an. Sie stellen sich zu Beginn der Familienphase meistens vor, dass sie sich die Erziehung der Kinder und die Karriere paritätisch teilen. Daraus wird in den allermeisten Fällen aber nichts. Über diese sogenannte Traditionalisierungsfalle ist in den letzten Jahren viel geschrieben worden. Sie besteht weiterhin. Was das mit der Pflege von Älteren zu tun hat?

Ganz einfach: Die Entscheidung, dass Männer nach dem ersten Kind doch deutlich mehr arbeiten als 50 Prozent und Frauen doch viel mehr bei den Kindern sind als 50 Prozent, ist nur eine von drei im Dossier benannten »Schaltstellen«, an denen sich entscheidet, wie groß die Kluft der ungleichen Bezahlung, ungleichen Renten und ungleichen Sorgearbeit wirklich wird.

Denn diese Ungleichheit zwischen Männern und Frauen werden heute im Laufe des Lebens in vielen Familien immer größer. Zu Beginn führen die vermehrten Kinderbetreuungszeiten dazu, dass Frauen weniger Geld verdienen, im Beruf ihr Standing schwächen. Die zweite »Schaltstelle« für eine Zunahme der Ungleichheit ist dann die Rückkehr in den Job: Weil Frauen nun schon eine Weile weniger verdienen, beim Wiedereinstieg in das Arbeitsleben oft nicht gleich an gut bezahlte Posten kommen, entscheidet man sich für das Zuverdienermodell. Die männlichen Partner bleiben auch in den nächsten Jahren Hauptverdiener, die Frauen betreuen weiter die älter werdenden Kinder. Wenn dann irgendwann Angehörige hilfebedürftig werden, ist das die dritte »Schaltstelle«: Aus dem bisherigen Lebensweg der Frauen und auf Grundlage der Entscheidungen fällt die Wahl der Pflegeperson mit hoher Wahrscheinlichkeit auf Töchter und Schwiegertöchter, die sich in ihren Teilzeitberufsmodellen scheinbar gut eingerichtet haben und in der Sorgearbeit geübt sind. Das Übernehmen dieser weiteren Aufgaben führt dann ein drittes Mal zu verminderten Chancen im Beruf, weniger Verdienst, oft auch zu weiteren Rentenlücken. Die Verkettung hin zu immer mehr Ungleichheit ist vielen Frauen und Männern nur teilweise bewusst. Es ist unmittelbar einleuchtend, dass man sich mit der Übernahme von Pflegearbeit weiter vom Berufsleben wegbewegt. Oder, wie es im Dossier des Bundesministeriums schlicht heißt: »Wer Sorgearbeit leistet, hat weniger Zeit für Erwerbsarbeit.«

Was können wir angesichts dieser Fakten tun? Ohne Zweifel ist es wichtig, in einer Partnerschaft so früh wie möglich darüber zu sprechen, wie es gelingen könnte, Sorgearbeit und Erwerbsarbeit so zu teilen, dass es den Wünschen beider Partner entspricht – und das Ungleichgewicht nicht zu groß wird. Die Familiengründung eignet sich auch deshalb als ein guter Ausgangspunkt für Diskussionen und Vereinbarungen in der Beziehung, weil sich hier sozialpolitisch mittlerweile einiges getan hat: Seit über zehn Jahren gibt es das Elterngeld, vielerorts ist eine bessere Infrastruktur mit Kindertagesstätten und Ganztagsschulen entstanden, Arbeitgeberinnen und Arbeitgeber ermöglichen häufiger Gleitzeit, Teilzeit und mobiles Arbeiten. Es ist heute etwas leichter geworden, die Balance von Sorgearbeit und Erwerbsarbeit zu finden.

Wenn es in einem späteren Lebensabschnitt um Pflegethemen geht, hat bereits eine bewusstere Auseinandersetzung stattgefunden, an die Gespräche aus der Kinderbetreuungsphase kann man anknüpfen und sich erneut fragen: Wer macht was? Warum ich? Wer kann uns helfen? Wer auf solche Fragen bereits einmal Lösungen gefunden hat, wird es auch in anstehenden Gesprächen im Familienkreis mit Geschwistern und anderen Verwandten leichter haben, die eigene Position klar zu vertreten oder auf Modelle zu bestehen, in die alle Beteiligten eingebunden sind.

Auf die politische Dimension der Pflege Angehöriger geht das Dossier des Bundesministeriums natürlich ebenfalls ein: Damit die Pflege von älteren Angehörigen so gelingt, dass die finanziellen, beruflichen und persönlichen Einbußen für Frauen geringer werden, ist es wichtig, eine bessere Pflegeinfrastruktur aufzubauen, andere Vergütungen und finanzielle Absicherungen für Pflegende zu ermöglichen und am Arbeitsplatz noch mehr Modelle zu etablieren, die Pflegezeiten für alle Geschlechter möglich machen. Die vielen guten Neuerungen rund um die Hilfe für Familien und Kinderbetreuung könnten ein Vorbild für eine zeitgemäße Versorgung von älteren Angehörigen sein.

▶▶ Was kann ich selbst tun?

1. Mutiger werden. Alter, körperlicher Verfall und Pflege sind Tabuthemen. Wir haben aus unterschiedlichen Gründen Angst, uns diesen zu stellen. Verhaltenstherapeutinnen wissen, dass es grundsätzlich Sinn macht, sich die eigenen Ängste genauer anzuschauen und auch Sorgen und Katastrophengedanken ruhig einmal »zu Ende zu denken«. So verlieren sie ihren Schrecken und die Ohnmachtsgefühle werden weniger.

2. Sich informieren und entscheiden. Welche Erkrankungen gibt es im Alter? Wie viele Menschen pflegen oder betreuen ihre sehr alten und kranken Angehörigen? Wie lange dauert das? Welche Pflegemodelle gibt es? Wenn Sie sich im Vorfeld über den letzten gemeinsamen Lebensabschnitt mit den Eltern informieren, können Sie schneller und klarer entscheiden, welche Modelle Sie sich vorstellen können und welche nicht.

3. Schuldgefühle sind schlechte Ratgeber. Den Eltern etwas zurückgeben, den Generationenvertrag einhalten, alles in der Familie lassen. Viele Menschen fühlen sich verpflichtet, im Alter für ihre Eltern zu sorgen. Heute beträgt die durchschnittliche Pflegezeit ca. sechs Jahre[42], es kann auch länger sein. Aus lauter Schuldgefühlen heraus faule Kompromisse einzugehen, bei denen man sich überfordert, sind deshalb nicht ratsam. Es lohnt sich, aufzuschreiben, was Sie Ihren Eltern gern geben würden, wobei Sie ihnen helfen könnten, wenn diese alt oder hilfebedürftig werden. Und auch, was Sie sich eher nicht vorstellen können.

4. Sorgende Gemeinschaft. Sich für die alte Nachbarin verantwortlich fühlen und gelegentlich nach ihr schauen, den Vater der Kollegin zur Ärztin fahren, für die Großmutter einkaufen. Für die Pflege braucht es wie für die Kindererziehung ein ganzes Dorf. Es macht Sinn, sich dafür früh ein soziales Netz aufzubauen, als erwachsenes Kind für die älter werdenden Eltern. Aber auch für alle, die über das Älterwerden nachdenken und überlegen, wie sie selbst im Alter von 70 oder 80 Jahren leben wollen.

5. Pflegen oder begleiten? Die Begleitung der eigenen Eltern im Alter gelingt vielen Menschen leichter, wenn sie in die direkte Pflege nicht regelmäßig eingebunden sind. Sie haben dann mehr Zeit für emotionale, verbindende Aktivitäten und das Pflegen von gemeinsamen Erinnerungen.

6. Akzeptanz lernen. Es macht Sinn, sich dem Schmerz, der Trauer und der Ohnmacht zu stellen, die mit allen Pflegethemen verbunden sind. Eine annehmende Haltung einzunehmen ist zwar nicht leicht, man kann sie aber üben. Ein Ratgeber über Akzeptanz- und Commitment-Therapie kann hier konkrete Anregungen und praktische Hilfe geben.[43]

3. Kapitel

»Sie stehen mir im Weg!«

Oder: Alte Eltern, immer jung?

Viele betagte Eltern entsprechen heute nicht mehr dem Klischee alter Leute. Sie reisen viel oder ziehen um, bilden sich weiter, leben neue Beziehungen oder Freundschaften, arbeiten zum Teil noch oder engagieren sich ehrenamtlich. Es scheint, als wollten sie das mittlere Erwachsenenalter bis in ihre Siebziger oder Achtziger hinein verlängern. Dabei beginnt ab achtzig offiziell das »hohe Alter«, also die letzte von drei Altersphasen.

So erfreulich die Entwicklung generell ist, so belastend kann sie für erwachsene Kinder werden. Denn je umfassender sich Eltern mit ihrem Lebensstil Raum nehmen, desto eher besteht für deren Kinder das Risiko, in einer Für-immer-Kind-Schleife hängen zu bleiben. Familiäre Einflüsse – eine Melange aus Vorgaben, Loyalitäten und emotionalen Verstrickungen – wirken dann oft ungebremst weiter. Die Abgrenzung vom tradierten Familienkosmos wird schwieriger. In diesem Kapitel lernen Sie gängige familiäre Verstrickungen kennen. Und psychologische Strategien, mit denen Sie kindliche Muster und Rollen hinter sich lassen können.

*»Das Leben der Eltern ist das Buch,
in dem die Kinder lesen.«*
AUGUSTINUS,
RÖMISCHER PHILOSOPH

Es ist der 80. Geburtstag seiner Mutter. Ambros Waibel steht mitten im Pulk der Gäste und wundert sich, woher die vielen fremden Menschen kommen, die dort angeregt mit Mutter und Vater schwatzen. Der Schriftsteller kennt überraschenderweise nur wenige enge Verwandte. Er ist irritiert. Er fremdelt. Seine Mutter hat ein vollkommen neues soziales Umfeld, führt ein Leben, das von dem seiner Kindheit komplett abgekoppelt zu sein scheint. »Niemand der ›Neuen‹ hatte meine Mutter als junge Frau erlebt, niemand mich und meine Geschwister als Kinder; niemand kannte die Wohnung, in der wir aufgewachsen waren, all unsere familiären Tragödien und Freuden gehörten nicht hierher«, schreibt Waibel, Jahrgang 1968, in seinem Essay »Lass uns keine Freunde bleiben« für die taz.[44]

Diese persönliche Irritation nimmt der Schriftsteller zum Anlass, darüber nachzudenken, wie sich Menschen der mittleren Generation angesichts von Eltern fühlen, die bis ins hohe Alter aktiv bleiben, sich Jahrzehnt um Jahrzehnt weiterentwickeln und unbehelligt von den typischen Rollenanforderungen für ältere Generationen ihren Alltag gestalten. Waibel bemerkt jedenfalls während des Jubiläums, dass es ihm nicht ganz leichtfällt, sich auf die Souveränität und Entwicklungsfreude seiner Eltern einzustellen.

Ähnliche Fragen beschäftigen meine Nachbarin Mona, die nach der Familiengründung zunächst erstaunt war, dass ihre Mutter den Enkeln zwar regelmäßig Pakete zum Geburtstag schickt, sonst aber kaum Interesse am Leben der beiden Kleinkinder zeigte. »Ich habe mich in meinem Leben genug um Babys gekümmert«, sagt die 71-Jährige in den seltenen Mutter-Tochter-Telefonaten lachend. Lieber verreist sie mit ihrem neuen Partner, freut sich, so viel Freiheit zu haben. Mona fühlt sich zurückgewiesen, enttäuscht und machtlos. »Manchmal bin ich richtig deprimiert, dass meine Mutter so wenig an unserem Leben teilnimmt, aber es ist ihre Entscheidung«, erzählt sie mir.

Beim 44-jährigen Anwalt Malte stehen die Schwierigkeiten unter umgekehrten Vorzeichen: Sein Vater ist überpräsent. Bis heute ist der 76-Jährige noch als juristischer Berater für Unternehmen tätig, hält sich mit Radfahren und Schwimmen fit. Bei Familienzusammenkünften gibt er den Ton an. Geht es bei gemeinsamen Abendessen um juristische Themen, fährt er seinem Sohn immer wieder über den Mund, gibt ihm zu verstehen, dass dieser zu wenig Erfahrung habe, um Fälle richtig einzuschätzen. Nach solchen Treffen ist Malte oft verunsichert, fühlt sich unfähig und ohnmächtig. Sein Bruder und er sitzen dann oft noch gemeinsam im Auto und lästern über »den Alten«, der sich grauenhaft wichtig nimmt.

Alle drei geschilderten Familienkonstellationen haben eine Gemeinsamkeit: Während die Elterngeneration sich zumindest von außen betrachtet wohl und stark fühlt, sind die erwachsenen Kinder irgendwie verunsichert, verwirrt oder enttäuscht. Eine emotionale Gemengelage, die unter dem Einfluss von Eltern entsteht, die den Schlager »Mit 66 Jahren, da fängt das Leben an!« leibhaftig verkörpern. Die alten Eltern bleiben in einer Art immerwährendem mittleren Alter und denken gar nicht daran, freiwillig den Staffelstab zu übergeben und die Rolle derer zu übernehmen, die sich aufs Altenteil zurückziehen oder als aktive Großeltern zur dritten Generation im familiären Verbund werden. So verständlich und erfreulich das auf der einen Seite ist: Die Verschiebung im Generationengleichgewicht verändert die seelische Verfassung der erwachsenen Kinder. Sie verharren unfreiwillig in einer unmündigen Position oder fallen zumindest im direkten Kontakt mit den Eltern häufig durch einen Zeittunnel – zurück in die verwirrenden und bedürftigen Gefühle der Kinder- und Jugendtage.

Diese drei Beispiele sind keine Einzelfälle. Die Statistiken des Deutschen Alterssurveys zeigen, dass Seniorinnen und Senioren tendenziell immer aktiver werden, häufig auch recht gut situiert sind: Heute arbeiten beispielsweise etwa 11 Prozent der Erwerbstätigen nach der Rente weiter, ein Jahrzehnt früher waren es nur 5 Prozent. Und von den heute 40- bis 59-Jährigen planen sogar fast 40 Prozent, nach dem Eintritt ins Rentenalter weiterzuarbeiten. Auch das Freizeit- und Gesundheitsverhalten hat sich verändert: Jeder vierte Senior engagiert sich heute ehrenamtlich, zehn Jahre früher war es nur jeder Zehnte. Und 28,8 Prozent der über 60-Jährigen treiben heute regelmäßig Sport, vor zehn Jahren waren es nur halb so viele.[45] Dass diese Generation zum Teil ein erhebliches Vermögen aufbauen konnte, vergrößert ihre Spielräume ebenfalls. Deutlich wird das etwa an Zahlen hinsichtlich von Erbschaften: Allein im Jahr 2015 sind in Deutschland 250 Milliarden Euro vererbt worden. Kinder profitieren dann häufig von dem, was Eltern aufgebaut haben.[46] Zudem ist der wöchentliche oder monatliche Kontakt zwischen Großeltern und Enkeln in den letzten Jahrzehnten eher weniger geworden, da viele Familien räumlich weiter voneinander getrennt leben und Großeltern oft lange Zeit ihr eigenes, aktives Leben führen.[47]

Zugespitzt kann man sagen: Alte bleiben länger jung. Aber Junge bleiben ebenfalls länger jung. Der Psychologe Jeffery Arnett von der Clark University in Massachusetts vertritt seit Jahren die These, dass zwischen der Entwicklungsphase der Jugend und der des Erwachsenseins in den letzten Jahrzehnten eine neue Phase dazugekommen ist, er nennt sie *emerging adulthood,* das »sich entwickelnde Erwachsenenalter«.[48] Junge Menschen brauchen heute häufig länger, um erwachsen zu werden, zwischen 18 und 25 Jahren versuchen sie, sich in der Erwachsenenwelt zurecht zu finden und dort mehr und mehr Fuß zu fassen, erklärt Arnett. Obwohl der Wissenschaftler immer wieder betont, dass sich die Zeitspanne verlängert, in der die Jugendlichen das Erwachsensein lernen, will er diese Entwicklung nicht problematisieren oder pathologisieren. Dass es sich bei der »heutigen Jugend« um eine Generation von Nesthockern oder Narzissten handelt, wie es manchmal beschrieben wird, weist Arnett in einer wissenschaftlichen Streitschrift zurück.[49]

Stimmt es also, dass man nicht richtig erwachsen werden kann, wenn die Eltern aktiv sind, lange selbst ihr

Leben bestimmen und in familiären wie gesellschaftlichen Fragen immer noch alles mitgestalten wollen? Die Bestsellerautorin, Podcasterin und Moderatorin Charlotte Roche schreibt in einer Kolumne im SZ-Magazin: »Man ist nämlich erst richtig erwachsen, wenn man keine Eltern mehr hat. Wenn sie noch leben, bleibt man irgendwie immer Kind.«[50] Sie selbst habe sich deshalb schon seit einiger Zeit von »ihren Erzeugern« getrennt und den Kontakt einseitig abgebrochen. Das spare Zeit und Nerven, ermögliche mehr Freiheit, auch wenn die Eltern noch leben. Roches Radikalität ist wie immer bestechend. Sie spitzt das Generationenungleichgewicht, das sich in Familien durch die Langlebigkeit entwickelt hat, schmerzhaft zu und spricht so manchem genervten erwachsenen Kind aus der Seele, das sich gelegentlich wünscht, noch ein paar Jahre zu erleben, in denen sich die Eltern nicht ständig in ihr Leben einmischen. Neulich sagte bei einem Mittagessen ein Manager, Ende 50, zu mir: »Meine Mutter wird mich noch überleben, sie ist zäh, fit und sehr bissig. Früher habe ich mal gehofft, ich werde noch ein paar Jahre ohne ihre kritischen Kommentare genießen können – von der Vorstellung habe ich mich mittlerweile verabschiedet.«

Doch ob es tatsächlich notwendig ist, dass die Eltern tot sind, damit die Generation der erwachsenen Kinder frei sein kann, darf bezweifelt werden. Psychologinnen und Psychotherapeutinnen sind im Gegenteil davon überzeugt, dass elterliche Einflüsse unabhängig von deren Existenz, also auch über deren Tod hinaus, bestehen bleiben können, solange man sich als erwachsenes Kind nicht selbst mit den Verstrickungen beschäftigt, die im Elternhaus entstanden sind. »Von einem Erwachsenen erwartet man, dass er sich selbst besitzt«, schreibt beispielsweise der mittlerweile verstorbene Psychoanalytiker Howard Halpern.[51] Die Ablösung von familiären Mustern, kindlichen Loyalitäten oder Erwartungen der Eltern sei ein wichtiger Prozess auf dem Weg zum Erwachsensein. Für alle Kinder, die sich entwickeln. In allen Dekaden. In Anbetracht der augenblicklichen demografischen Entwicklung könnte man vorsichtig schlussfolgern: Es ist für erwachsene Kinder noch wichtiger als bisher, sich bewusst auf den Weg in die Unabhängigkeit zu machen, eigene Ziele zu verfolgen und zu verstehen, welche Familienbande einen prägen, fesseln und von eigenen Entwicklungen abhalten. Schwierige Umstände wie schlechte hygienische Verhältnisse oder begrenzte medizinische Versorgung, die beispielsweise noch 1871 zu einer Lebenserwartung von durchschnittlich nur 36 Jahren führten, Kinder häufiger zu Waisen machten und vermutlich auch früher erwachsen werden ließen, sind heute hierzulande kein Thema mehr. Lässt man diesen Satz nachklingen, wird deutlich, dass eine Rückkehr zu früheren Gegebenheiten kaum wünschenswert sein kann.

Familien sind loyal

Die Schwierigkeiten, die erwachsene Kinder angesichts ihrer bis ins hohe Alter aktiven Eltern haben, sind real. Um konkreter zu verstehen, warum die vorgelebte Welt der Eltern oder deren Werte und Worte so massiv auf uns wirken, hilft ein psychologischer Blick auf Familiendynamiken. Zuallererst ist es wichtig, davon auszugehen, dass es tatsächlich einen langfristigen Einfluss der Ursprungsfamilie gibt, der auf uns alle wirkt. Beziehungsmuster, die wir zu Hause gelernt haben, Prägungen und Aufträge, die wir mitgenommen haben, können wir oft nicht einfach abstreifen. Wie stark diese Bindung ist, mag ein alltägliches Beispiel illustrieren: Stellen Sie sich vor, Sie telefonieren mit Vater oder Mutter, es geht um Wetter, Wohnung oder Wochenendpläne. Doch irgendwann sagt das Elternteil am anderen Ende der Leitung einen unscheinbaren Satz. Egal, ob Sie eher auf »Du hörst dich müde an«, »Deine Schwester hat heute auch angerufen«, »Nützt alles nichts, da muss man durch« oder »Dafür gebe ich doch kein Geld aus!« emotional reagieren, fast jeder kennt den Augenblick, in dem ein Satz der Eltern zu einem Trigger wird: Sofort ist man gekränkt, wütend, ohnmächtig oder müde. Denn die scheinbar unbedeutenden Bemerkungen fallen auf den Nährboden der Familiengeschichte; die Lebenseinstellung der Eltern, die Beziehung zu Mutter oder Vater wird reaktiviert. Damit wird an all das gerührt, was man in der Kindheit vermisst hat, als ungerecht oder einengend empfand. Diese Enttäuschungen oder Verletzungen wirken deshalb so stark, weil man als Erwachsener noch immer diese kindlichen Sehnsüchte oder Wünsche in sich trägt und in solchen Momenten ahnt, dass sie auch heute nicht erfüllt werden. Falls Sie solche Momente kennen, vielleicht auch ohne genau zu wissen, warum diese Sie so treffen, sind Sie in guter Gesellschaft. Nehmen Sie es zunächst als einen Beleg für die tiefe Verbindung zu Ihren Eltern. Und für ein gewisses Maß an Verstrickungen, das fast jeder Erwachsene mit den eigenen Eltern erlebt. Es ist möglich, diese tatsächlich zu lösen und den kindlichen Gefühlen im eigenen Leben einen neuen Platz zu geben.

»Es heißt, dass Blut dicker als Wasser ist. Damit ist gemeint, dass wir um die Macht der Familie wissen«, sagt der Arzt und Psychotherapeut Gunther Schmidt, ein wichtiger Vertreter der Systemischen Therapie und der Hypnotherapie, in einem Text zum Thema Familienbindungen in »Spiegel Wissen«.[52] Doch mit Blut oder Genen habe die starke familiäre Bindung nur am Rande zu tun. »Vielmehr durchleben Menschen in ihrer Familie viele Jahre lang eine soziale Schwangerschaft, verinnerlichen die dort herrschenden Regeln, Werte und Aufträge.« Das spiegelt sich zum einen in der bereits erwähnten Verletzlichkeit und Sensibilität im Kontakt zu Vater und Mutter wider. Noch deutlicher wird es, wenn man sich klarmacht, dass sich bestimmte Verhaltensweisen, Lebens- und Persönlichkeitsmuster in Familien weitertragen. Und zwar zunächst einmal recht hartnäckig. So kennen wir alle die Beteuerung, dass wir in bestimmten Dingen keinesfalls so werden wollen wie unsere Eltern – um dann doch ganz ähnliche Sätze zu den eigenen Kindern zu sagen oder uns sogar in ähnlichen Lebenslagen wiederzufinden. Der Schauspieler und Schriftsteller Manfred Krug hat diese Entwicklung scherzhaft so zusammengefasst: »Ich hatte immer Angst, wie mein Vater zu werden. Jetzt bin ich's und es ist gar nicht so schlimm.«[53] Auch Studienergebnisse aus der Familienforschung legen nahe, dass es im Lebensstil bestimmte familiäre Wiederholungen gibt. Sie machen deutlich, dass Kinder von Geschiedenen ein höheres Risiko haben, eine geschlossene Ehe ebenfalls wieder aufzulösen.[54] Andere Studien belegen, dass eine Neigung zu Alkoholabhängigkeit ebenfalls familiär gehäuft auftritt.[55] Auch die Berufswahl oder der Berufsweg ähneln sich in Familien. Auf genetische Faktoren sind solche biografischen Ähnlichkeiten kaum zurückzuführen, dafür sind die Entwicklungen viel zu komplex. Eher sind es Lernprozesse – man hat sich bestimmte Werte, Lebensprinzipien und Verhaltensweisen bei den Eltern abgeschaut. Aber auch familiäre Aufträge und Loyalitäten spielen eine Rolle. In der Systemischen Familientherapie geht man davon aus, dass Menschen das Wohl der Familie häufig über ihr eigenes stellen und im eigenen Leben verwirklichen, was dort von ihnen gefordert und gewünscht wird. Bestimmte Lebenseinstellungen oder Berufswege, die weitergeführt werden sollen, oder auch Aufträge, die einen Ausgleich schaffen sollen zu dem, was bisher in Familien gelebt wurde. Diese werden nicht immer deutlich ausgesprochen, sind für Kinder aber oft intuitiv spürbar. Solche familiären Aufträge sind kein Schicksal, daher ist es wichtig, sich ihrer bewusst zu werden, um sie hinter sich zu lassen.

Ein Grund für die starke Anpassung an die Anforderungen der eigenen sozialen Gruppe liegt sicher auch in der menschlichen Entwicklungsgeschichte begründet: Distanz zur familiären Gruppe bedeutete für unsere Vorfahren oft Gefahr oder sogar Tod. Auch wenn dies heute nicht mehr droht, verspüren viele Menschen noch immer das Bedürfnis, unbedingt dazuzugehören, den Anschluss nicht zu verlieren. »Wir erleben es oft auch heute noch als Notwendigkeit, uns an die Familie anzupassen, obwohl das vielleicht gar nicht mehr so zwingend ist«, erklärt Gunther Schmidt. Sich bewusst zu machen, dass es sich beim Ich-muss-dabeisein-Impuls eher um Relikte vergangener Zeiten handelt, kann helfen, einen etwas kritischeren Abstand zum System Familie und den eigenen Verstrickungen zu gewinnen.

Dass es in engen Bezugsgruppen eine sogenannte soziale Ansteckung gibt, dass in ihnen Normen und Verhaltensweisen weitergegeben werden, hat der Arzt und Soziologe Nicholas A. Christakis von der Universität Yale vor über zehn Jahren in einer groß angelegten Studie belegt. Er wertete Daten von 12 067 Bürgern der Stadt Framingham in Massachusetts und deren Verbindungen untereinander aus und konnte zum Beispiel belegen, dass Menschen, deren enge Freunde und Verwandte an Übergewicht litten oder rauchten, selbst ein vielfach erhöhtes Risiko hatten, zu viele Kilos auf die Waage zu bringen oder zu rauchen. Bekannte oder Nachbarinnen dagegen hatten kaum Einfluss auf das Gesundheitsverhalten innerhalb der Familie. Auch bei der Frage, ob man Single bleibt oder heiratet, gab es laut Christakis eine soziale Anpassung.[56] Wir übernehmen also das Verhalten und die Regeln der für uns wichtigen Bezugspersonen sogar dann, wenn diese uns nicht guttun. »Gerade in Familien gibt es eine starke Aufforderung, den geteilten Lebensstil und die daraus resultierenden Werte nicht zu verlassen«, fasst

Gunther Schmidt zusammen. Nicht selten halten diese gefühlten Verbindlichkeiten auch im Erwachsenenalter an.

Deine Wünsche sind nicht meine Wünsche

Die Psychotherapeutin Sandra Konrad beschreibt in ihrem empfehlenswerten Buch mit dem Titel »Das bleibt in der Familie. Von Liebe, Loyalität und uralten Lasten«, welche Aufträge aus der Familie auf Kinder, Jugendliche und junge Erwachsene wirken.[57] Ein Beispiel: »Die Handlungsaufträge der Eltern in Bezug auf die Berufswahl der Kinder sind häufig stark – ohne dass die Eltern sich dessen überhaupt bewusst sind«, sagt Konrad.[58] In ihrer Praxis hat sie etwa einen jungen Mann begleitet, der aufgrund von Prüfungsängsten drei Mal durch das erste medizinische Examen fiel und daraufhin nicht weiterstudieren konnte. Er war am Boden zerstört und wusste nicht, wie es nun weitergehen sollte. In der Therapie wurde rasch klar, dass der junge Mann hier eine Haltung seiner Eltern einnahm: »Entweder du wirst Arzt oder du bist wertlos.« In die nächste Sitzung wurden die Eltern dazugeladen, das Thema gemeinsam besprochen. »Oft bekommen Eltern in solchen Sitzungen selbst zum ersten Mal bewusst mit, wie starr sie die Normen der Familie vertreten haben«, erklärt Konrad. »Diese Einsicht kommt oft unter Tränen.« Viele, wie auch die Eltern des Medizinstudenten, schildern in solchen Sitzungen, es sei tatsächlich ihr Wunsch, dass das Kind den familiär tradierten

Beruf annehme, dass sie nun aber vor allem wollten, dass das erwachsene Kind glücklich werde. Anerkennung und Respekt für den Lebensweg von Kindern ist ein wichtiger Baustein im Heilungsprozess, erklärt Konrad: »Bleibt bei Eltern das Verständnis komplett aus, was auch gelegentlich vorkommt, kann das ein Grund für einen tiefen Bruch sein.« (siehe dazu auch Kapitel 4)

Gunther Schmidt nennt diese Art von Verstrickungen zwischen erwachsen werdenden oder erwachsenen Kindern und ihren Eltern »Zielkonflikte«. Man selbst fühle sich anders oder habe andere Vorstellungen als die Familie. Die Zielkonflikte zu spüren, bewusst zu reflektieren und dann eine andere Richtung einzuschlagen ist ganz zentral für die Individuation. Und etwas, das mit zunehmender Langlebigkeit der Gesellschaft sicher immer wichtiger wird.

Blickt man auf die eingangs erwähnten drei Beispiele, werden diese Zielkonflikte überall offensichtlich: Wie viele andere Menschen mit dominanten Elternteilen ist etwa der Anwalt Malte nicht in der Lage, zu sich selbst zu stehen und den Älteren in die Schranken zu weisen. Da Malte als erfahrener Anwalt im Job clever agiert und durchaus Mittel hätte, sich gegen seinen Vater abzugrenzen, ist zu vermuten, dass er sich dem Vater gegenüber loyal verhält. Er will diesen nicht brüskieren oder verletzen, akzeptiert dessen Rolle, Nummer eins zu sein und zu bleiben. Malte traut sich nicht, die Beziehung zu seinem Vater zu gefährden, im Zielkonflikt Position zu beziehen. Ganz ähnlich geht es meiner Nachbarin Mona, die verletzt ist, weil ihre Mutter sich nicht für die Enkel interessiert. Sie spricht die Mutter nicht offen an, denn sie weiß, dass diese lieber keine Verpflichtungen eingehen möchte. Darauf nimmt sie folgsam Rücksicht. Der Schriftsteller und Journalist Ambros Waibel stellt sich dem Konflikt: Er reflektiert in seinem Essay über Eltern und erwachsene Kinder und fragt sich, warum er so irritiert ist, sich sogar ein wenig verlassen fühlt und enttäuscht ist. Durch diese Auseinandersetzung kann er sich freischwimmen – er reflektiert, was ihn äußerlich und innerlich stört, und findet eine neue Position.

Alleine nachreifen

»Dass wir auf unsere Eltern oft emotional und irrational reagieren, ist kein Wunder«, sagt der Lübecker Psychotherapeut und Buchautor Peter Bartning.[59] »Das hat damit zu tun, dass wir ihnen oft unbewusst in einem Kind-Modus begegnen.« Bartning ist davon überzeugt, dass wir alle einige Verletzungen aus der Kindheit – wie Zurückweisung oder Ohnmacht – in uns tragen, die ohne unser Wissen bis ins Erwachsenenalter weiterwirken. »Solange wir diese inneren Verstrickungen nicht gelöst haben, reagieren wir immer noch wie verletzte Kinder. Auch in anderen Beziehungen. Vor allem aber, wenn wir es mit unseren Eltern zu tun haben.« Vor diesem Hintergrund ist es kein Wunder, dass ein erwachsener und eigentlich eloquenter Sohn wie der Anwalt Malte vor seinem Vater steht und sich gegen ihn nicht abgrenzen kann: Er bleibt in einem angepassten, kindlichen Modus gefangen. Oder dass eine Mutter von zwei Kindern wie Mona mit ihrer eigenen Mutter kaum einen Weg findet, über die Familiensituation zu sprechen. Sie fühlt sich ohnmächtig und ist enttäuscht wie ein Kind. »Um mit unseren äußeren Eltern weniger emotional umzugehen, uns von ihnen nicht mehr so verletzt zu fühlen und alte Verstrickungen aufzulösen, ist es ratsam, dass wir an uns selbst arbeiten«, sagt Bartning. Das gelingt, meint der Therapeut, indem man mit den eigenen unterschiedlichen inneren Anteilen ins Gespräch kommt: Vereinfacht gesagt geht es bei solchen Techniken darum, den kindlichen Anteil wahrzunehmen und ihm zuzuhören, ihm in der Haltung eines inneren Erwachsenen zu begegnen, der sich kümmert. Neben den Ich-Anteilen »inneres Kind« und »innerer Erwachsener« gibt es auch noch das »Eltern-Ich«. Das sind oft kritische oder kontrollierende innere Stimmen, die ursprünglich im Kontakt mit den realen Eltern entstanden sind. Die Dreiteilung in Kind-Ich, Erwachsenen-Ich und Eltern-Ich stammt ursprünglich aus der Transaktionsanalyse. In verschiedenen anderen Therapierichtungen, zum Beispiel im Psychodrama, in der Gestalttherapie oder der Inneren-Team-Arbeit gibt es ebenfalls Methoden, bei denen unterschiedliche innere Anteile oder Ich-Zustände miteinander ins Gespräch kommen.

Im letzten Jahrzehnt ist die Arbeit mit inneren Anteilen zu einer Art psychologischer Allgemeinbildung geworden. Das anschauliche Sachbuch »Das Kind in dir muss Heimat finden«, geschrieben von der Psychotherapeutin Stefanie Stahl, führt wohl auch deshalb seit Jahren die Bestsellerlisten an, weil wir für unsere kindlichen Anteile heute mehr Raum brauchen.[60] Das liegt darin begründet, dass die Existenz von lebendigen, schrägen, kindlichen und bedürftigen inneren Anteilen heute nicht mehr so abgewehrt wird wie noch vor zwei oder drei Jahrzehnten. Zum anderen spielt aber auch eine Rolle, dass wir durch die demografischen Veränderungen mehr psychologische Werkzeuge brauchen, um nachzureifen und erwachsener agieren zu können. Weil wir unsere kindlichen und jugendlichen Anteile auch mit 40 Jahren noch spüren, ihnen aber einen guten Platz im Leben geben wollen. Oder weil wir ein besseres Standing gegenüber unseren alten, sehr selbstsicheren Eltern zu entwickeln versuchen. Die Notwendigkeit eines inneren Nachreifens angesichts der äußeren Lage ist jedenfalls gegeben.

Nun fragen Sie sich möglicherweise, wie ein solcher Kontakt von innerem Kind und innerem Erwachsenen praktisch aussehen kann. Für Peter Bartning ist es vor allem wichtig, unterscheiden zu lernen zwischen dem, was innen, und dem, was außen stattfindet. Alles fängt damit an, auf die inneren kindlichen Anteile besser zu hören und mitzubekommen, was sie einem zu sagen haben. Kindliche Empfindungen, Zustände und Sätze, wie etwa »Ich bin müde«, »Ich fühle mich einsam« oder »Ich will spielen«, lösen innerlich eine Kaskade altbekannter Eltern-Stimmen aus. Entgegnungen wie »Stell dich nicht so an«, »Du bist faul« oder »Nimm dich nicht so wichtig« stellen sich dann automatisch ein. Solche Sätze, die in der Vergangenheit von unseren Eltern gesagt wurden, haben mit ihnen heute meist nicht mehr viel zu tun. Sie sind dennoch so stark, weil sie längst Teil von uns selbst geworden sind. An dieser Stelle kommt der innere Erwachsene ins Spiel, eine liebevolle, achtsame Stimme, die herumgeisternde Elternstimmen in die Schranken weisen kann und neue, hilfreiche Erwachsenensätze zum inneren Kind formuliert, wie zum Beispiel: »Es ist okay, dass du müde bist«, »Ich bin da, auch wenn du einsam bist« oder »Ich hab dich lieb«. Es entsteht also ein Dialog zwischen innerem Kind und innerem Erwachsenen. Diese seelische Arbeit kann man gut schriftlich üben: indem man ein Gespräch mit verteilten Rollen in einem Heft skizziert, schaut, was das Kind sagt und was man selbst erwidern kann. Später, wenn man geübter ist und mehr Gefühl für die inneren Anteile hat, kann man die kleinen Gespräche auch im Kopf führen. Peter Bartning sagt dazu in seinem Buch »Auf dem Weg mit dem Inneren Kind. Leben im Einklang mit sich selbst«: »Mit ein bisschen Übung ist das Ganze in 15 Sekunden erledigt, zum Beispiel: ›Inneres Kind, ich spüre, dass du traurig bist. Ich habe dich lieb. Ich muss nur gerade arbeiten, aber heute habe ich einen freien Abend, dann werde ich mit dir reden. Wie klingt das für dich?‹« Bartning schreibt weiter: »Probieren Sie es aus, es macht tatsächlich einen Unterschied, dass wir auf das innere Kind kurz eingehen und es nicht wie früher ignorieren.«[61]

Bei der seelischen Arbeit mit Ich-Anteilen ist es laut Peter Bartning entscheidend, dass die sehnsüchtigen oder vernachlässigten inneren kindlichen Anteile vom Erwachsenen-Ich so viel Zuwendung bekommen, damit sie nicht länger auf die Liebe der äußeren Eltern hoffen oder darum bangen müssen. So können Sie spüren, dass

Sie selbst für Ihre kindlichen Gefühle und Impulse verantwortlich sind. Die innere Arbeit hat noch einen weiteren Effekt: »Man hilft nicht nur den kindlichen verletzten Anteilen. Man stärkt auch erwachsene Anteile.«[62]

Wie wichtig es ist, zwischen inneren und äußeren Eltern gut unterscheiden zu können, zeigt das Beispiel einer Bekannten, einer Lehrerin um die 60 Jahre, die mir neulich schilderte, wie furchtbar sie ihre alte Mutter findet. Ihre Mutter sei ein Drache, erzählte sie, vor dem man Angst haben müsse. Eine Frau, die stets kritisch sei, ihren drei Kindern zeitlebens das Gefühl gegeben habe, nicht zu genügen. Meine Bekannte hält sich mit Besuchen eher zurück, zum 93. Geburtstag vor zwei Wochen sei sie aber in Kassel gewesen. Auf die Frage, wie es der Mutter in diesem hohen Alter denn gesundheitlich gehe, antwortete sie, dass die Mutter heute kaum mehr laufen könne, zerbrechlich und durchsichtig wirke. Sie würde auch nicht mehr viel reden und essen, schlafe fast den ganzen Tag. Dass die Bekannte ihre äußere Mutter dennoch weiterhin als furchteinflößenden Drachen wahrnimmt und sie nicht als die Greisin sehen kann, die sie heute ist, schadet wahrscheinlich beiden Frauen. Wenn es der Tochter gelingen würde, das innere Bild von der Mutter von der Person zu trennen, die sie heute ist, hätte sie wahrscheinlich weniger Angst vor ihr. Sie könnte erkennen, wie schwach die Mutter heute ist und vielleicht etwas unbefangener und fürsorglicher mit ihr umgehen.

Auch in alltäglicheren Momenten wie in der beschriebenen Telefonsituation hilft die Trennung zwischen inneren und äußeren Eltern. Wenn Vater oder Mutter mal wieder einen scheinbar harmlosen Satz verlauten lassen wie »Du klingst müde« oder »Hilft nichts, da muss man durch«, könnte es sich lohnen, bei der nächsten Gelegenheit zu überlegen, was Sie in einem erwachsenen, verantwortlichen und liebevollen Modus zu sich selbst sagen könnten. Zum Beispiel: »Hey, ich weiß, das kränkt dich. Aber ich bin für dich da« oder »So stimmt das nicht! Wir finden einen Weg, der sich gut anfühlt und passt«. Probieren Sie aus, wie es ist, bei einem der Eltern-Triggersätze bewusst kurz »auf Durchzug« zu schalten und sich selbst einen fürsorglichen, tröstenden Satz zuzuraunen. Sie werden möglicherweise merken, dass solche Aussagen Sie nicht mehr so stark angreifen. Es lohnt sich, das ein bisschen zu üben.

Den Tanz beenden

Nun stellt sich natürlich die Frage, ob man auch mit den äußeren Eltern in eine andere Art des Kontakts und der Kommunikation gehen soll. Autoren wie Peter Bartning sind der Ansicht, dass dies oft gar nicht notwendig ist. Vor allem deshalb, weil die alten Eltern heute ohnehin meist nicht mehr die gleichen Menschen sind wie die, mit denen wir als Kinder unsere prägenden, positiven wie schmerzhaften Erfahrungen gemacht haben. Autonomie und Freiheit bedeutet, als heute erwachsener Mensch die alten Kindheitsmuster zu erkennen und nicht in sie zurückzufallen. Gleichzeitig verändert eine liebevolle Haltung zu sich selbst auch den eigenen Umgang mit den

Eltern – und kann so neue Möglichkeiten der Begegnung eröffnen.

Andere Psychotherapeutinnen sind der Ansicht, dass es sich lohnt, auch im Erwachsenenalter aktiv etwas in der Beziehung zu den Eltern zu ändern. Der Autor Howard Marvin Halpern beschreibt in seinem Buch »Abschied von den Eltern. Eine Anleitung für Erwachsene, die Beziehung zu den Eltern zu normalisieren«[63] sehr treffend, wie viele innere Konflikte erwachsene Menschen mit ihren Eltern im Alltag haben. So lästern viele Menschen im Freundeskreis über Vater oder Mutter. Sie kritisieren, was diese alles machen oder nicht machen, wie sie sind und nicht sind, und sie beschweren sich über deren Schrullen, Eigenheiten und Erwartungen. Als Psychoanalytiker und Psychotherapeut empfiehlt auch Halpern, sich in einem ersten Schritt innerlich bewusst zu machen, welche Beziehungsdynamiken mit den eigenen Eltern hier vorherrschen. In einem zweiten Schritt rät er, die eingefahrenen Muster mit unseren Eltern konkret zu verändern, d. h. aus bestimmten alten Abläufen auszusteigen. Diese gleichförmigen Interaktionsmuster nennt er »Tänze«. Zur Veränderung solcher Muster muss man keine Grundsatzdiskussionen führen, auch harsche Kämpfe sind meist nicht nötig. Man könnte Vater oder Mutter beispielsweise einen Brief schreiben und ihnen mitteilen, wofür man dankbar ist und was man in Zukunft anders machen wird. Oder man übt bestimmte Sätze oder Fragen ein, um bestehende Unklarheiten und Verstrickungen auszuhebeln. Oft sind es erstaunlich kleine Schritte und Neuerungen, die in der Beziehung einen großen Unterschied machen. Wenn sich das Kommunikationsgefüge verändert, dann dreht sich auch etwas im Kontakt. Es lohnt, sich an der veränderten Beziehungsqualität zu erfreuen. So kommt man oft leichter damit zurecht, dass es immer auch grundsätzliche Probleme mit den Eltern gibt, die sich nicht auflösen lassen. Ob die Eltern nun Greise sind und Hilfe brauchen oder ob sie wache, fitte Junggebliebene sind, spielt dabei keine große Rolle. Natürlich kann man aktive Eltern mit Neuerungen und Veränderungen leichter konfrontieren. Sie lernen in ihrem eigenen Leben ja auch immer wieder dazu.

Was Halpern mit »Tänzen« meint und wie man diese beenden kann, veranschaulicht ein Beispiel, eine Art übergeordnetes Muster, das es in fast allen Eltern-Kind-Beziehungen gibt: die »Doppelbindung«. Weil auch in Eltern unterschiedliche Bedürfnisse bestehen und widerstreiten, lautet eine häufige Forderung von Vätern und Müttern einerseits »Wachse heran und sei stark« und andererseits »Werde nicht erwachsen«. Laut Halpern verdeckt die erste Botschaft meistens die zweite – beide sind jedoch immer vorhanden. Zugespitzt läuft das zum Beispiel auf Sätze hinaus wie »Ich möchte, dass du selbstsicherer wirst. Tu deshalb, was ich dir sage«. Doppelbotschaften sind alltäglich und kommen in vielen Familien vor. Es leuchtet unmittelbar ein, dass erwachsene oder erwachsen werdende Kinder solche ambivalenten Beziehungsanweisungen nicht erfüllen können. Für erwachsene Kinder – ganz gleich, ob sie 20, 30, 40 Jahre oder älter sind – ist es deshalb wichtig, sich bewusst zu machen, welche Doppelbotschaften in der eigenen Familie bestehen, und dann ganz konkret andere »Tänze«, also neue Interaktionsmuster, einzuführen – und dabei Nähe und Abgrenzung zu den Eltern gleichermaßen zu berücksichtigen. So kann man etwa klar sagen »Ich freu mich, dass wir uns gut verstehen, aber das hier mache ich anders als du« oder »Lass mich das bitte allein entscheiden. Du bist mir trotzdem wichtig«. Diese unscheinbaren Sätze enthalten zweierlei: klare Abgrenzung und Nähe-Angebote an die Eltern. Und sie sind sachlich und nüchtern vorgetragen, es schwingt keine kindliche Kränkung mit. In dieser Haltung gelingt es leichter, die Lähmung zu durchbrechen, die von Doppelbotschaften ausgeht, möglichen Schuldgefühlen den Eltern gegenüber zu begegnen und dabei die eigenen Bedürfnisse und Vorstellungen auf Augenhöhe zu äußern.

Wenn Sie bei der Beschreibung der Mechanismen zum Aushebeln von Doppelbotschaften an das Konzept der filialen Reife denken, ist das kein Zufall. Ein immer wiederkehrender Refrain im Kontakt mit alten Eltern lautet: Begib dich in eine verantwortungsvolle Position, erwarte keine Sonderbehandlung, vertritt das, was dir wichtig ist. Ganz gleich, ob Eltern pflegebedürftig werden oder ob sie weiter aktiv und gesund sind.

Bezogen auf die Beispiele des Anwalts Malte und der Nachbarin Mona und ihr bisher asymmetrisches Verhältnis zu ihren Eltern bedeutet das: Es wäre ratsam, sich ein paar wenige Gesten zu überlegen, die es ermöglichen, die Beziehung gleichrangiger zu gestalten. So könnte Malte statt zu schweigen oder in einen Kampf zu gehen einfach mal den »Tanz« verändern und seinen Vater fragen: »Hey

Papa, wie geht es dir eigentlich gesundheitlich?« Oder er könnte etwas konfrontativer werden und sagen: »Interessiert dich eigentlich nicht, was ich zu dem Thema zu sagen habe, Papa?« Mona könnte ihrer Mutter zu verstehen geben, dass sie ihr die Freiheit gönnt, es ihr aber trotzdem wichtig ist, dass sie die Enkel besser kennenlernt. Sie könnte auch nur eine einzige neue Frage stellen, zum Beispiel: »Wie hättest du es eigentlich gefunden, wenn Oma sich gar nicht für uns interessiert hätte?« Solche Sätze bewirken zumindest eins: Die Irritation liegt plötzlich auf der Seite der oft selbstgewissen, selbstsicheren Eltern. Allein das verleiht der Interaktion eine neue Qualität. Derart neue Facetten in die Beziehung zu bringen kann anstrengend sein. Vielleicht funktionieren sie nicht auf Anhieb. Sie können aber auch dazu führen, dass mittelfristig mehr Nähe oder Klarheit entsteht.

Lass sie werkeln

Angesichts dieser Rundtour durch die psychologischen Prozesse in Familien wird klar: Viele Schwierigkeiten, die wir Mittelalten mit den aktiveren Älteren haben, sind vor allem durch Altlasten und Verstrickungen bedingt, die es zwischen Eltern und Kindern ohnehin immer gibt. Diese fallen heute allerdings häufiger, stärker und massiver ins Gewicht, weil sich die Rollen in den Generationen äußerlich lange nicht umkehren. Viele von uns erleben viele Jahrzehnte lang quicklebendige Elternteile, die ihre Persönlichkeit und ihre Eigenarten weiter ungebremst auch in die Eltern-Kind-Beziehung werfen. Damit nehmen sie, oft ohne es selbst zu merken, weiterhin Einfluss auf ihre erwachsenen Kinder. Einen Grund zu verzweifeln oder sich vom eigenen Weg abhalten zu lassen gibt es aber auch heute nicht. Allerdings müssen wir bedenken, dass wir erwachsenen Kinder aufgrund der Entwicklung »Alte bleiben länger jung, Jüngere bleiben auch länger jung« vermutlich mehr Zeit benötigen, um bestimmte Individuationsprozesse zu meistern. So manche Entscheidungen, die unsere Eltern nicht verstehen oder billigen, müssen wir heute unter deren Beobachtung treffen. Das mag ein leicht gesteigerter Schwierigkeitsgrad sein. Er bietet aber auch die Möglichkeit, daran zu reifen.

Der über 50-jährige Ambros Waibel schließt aus seiner Auseinandersetzung mit den fitten Eltern in seinem lesenswerten Essay jedenfalls Folgendes: Nicht nur erwachsene Kinder dürfen sich frei bewegen, sondern auch die alten Eltern. Es ist vollkommen in Ordnung, dass Mutter und Vater auch weiterhin ihre eigenen Wege abseits der Familie gehen, sich eigenständig Spielräume nehmen, ihre Kinder auch mal enttäuschen und nicht in Traditionen verharren. Er formuliert es so: »Kinder, lasst eure Eltern ziehen und missbraucht sie nicht als Babysitter oder stille Teilhaber eurer Baugruppe. Eltern, habt Mut, euch eures eigenen Erlebens zu bedienen anstatt euch an Spinnweben oder der nächsten Generation Hosenscheißern festzuhalten.«[64] Er will und kann ihnen das gönnen. Mit offenem Visier beschreibt er das, was er erlebt hat, und verändert damit bereits etwas in der Beziehung zu seinen alten Eltern. Er nimmt sich seinen Raum, findet eine eigene Interpretation der Situation. Dieser Platz ist da. Für alle Generationen.

Den Blick weiten: Alter verpflichtet

Häufig hört man die Einschätzung, dass wir in einer Gesellschaft leben, in der niemand erwachsen werden will und es von ewigen Jugendlichen, Altersängstlichen und ehrgeizigen Uralten, die »auf 50 machen«, nur so wimmelt. Tatsächlich fühlen sich viele Menschen heute nicht so alt, wie sie sind. Der Gerontopsychologe Hans-Werner Wahl von der Universität Heidelberg weist darauf hin, dass mit zunehmenden Lebensjahren das subjektive Alter und das chronologische Alter voneinander abweichen. Fühlt man sich mit 40 Jahren im Schnitt 2 bis 3 Jahre jünger, sind es mit Rentenbeginn schon 4 bis 6 Jahre. »Und wenn wir noch weiter in die höheren Altersgruppen gehen, dann steigt dieser Wert auf etwa 6–8 Jahre«, sagt Wahl in einem Interview mit dem Netzwerk Altersforschung.[65] »Ich sage manchmal auch: Die Paradoxie besteht darin, dass wir uns immer jünger fühlen, je älter wir werden.« Mit Angst vor dem Alter oder Eitelkeit hat das nur bedingt zu tun. Es geht dabei eher um ein erlebtes Lebens- und Körpergefühl, das sich vom äußerlich sichtbarem Alter oft stark unterscheidet. Viele Menschen über 70 oder 80 Jahren beschreiben immer wieder, dass sie sich selbst auf den ersten Blick nicht erkennen, wenn sie an einer Schaufensterscheibe oder einem Spiegel vorbeilaufen. Das kann schmerzhaft sein. Das subjektive Gefühl, weniger alt zu sein, als man ist, hat darüber hinaus aber zahlreiche positive Auswirkungen: Laut Studien erleben Menschen, die sich jünger fühlen, mehr Wohlbefinden. Zum anderen halten sie sich fitter und achten auf ihre Gesundheit. Laut Hans-Werner Wahl gibt es sogar Hinweise darauf, dass Menschen, die sich jünger fühlten, 20 Jahre später eine etwas geringere Krankheitsrate aufwiesen als eine Vergleichsgruppe.[66]

Der Kulturwissenschaftler Robert Harrison stellt in seinem Buch »Ewige Jugend« eine verblüffende These dazu auf: Er ist sich sicher, dass die gefühlte Jugendlichkeit bei alten Menschen nicht ausschließlich subjektiv ist. Tatsächlich habe in den letzten 50 Jahren ein massiver Verjüngungsprozess stattgefunden.[67] »In früheren Zeiten sahen zwölfjährige Jungen wie kleine Erwachsene aus, in deren Gesicht die Zeit bereits ihre Furchen gegraben hatte. Dagegen bleibt das Gesicht heute in der ersten Welt unfertig, unreif, selbst wenn es mit den Jahren welkt, ohne jemals die markanten Züge des Alters anzunehmen, die in anderen Kulturen und Epochen für Greise charakteristisch sind. Der Unterschied liegt nicht nur in unserer besseren Ernährung, Gesundheitsvorsorge und Absicherung gegen Naturgewalten, sondern auch in einer umfassenden biokulturellen Transformation, die größere Teile der menschlichen Population in eine jüngere Spezies verwandelt – jünger im Aussehen und Verhalten, in Mentalität und Lebensstil, vor allem aber in ihren Wünschen und Sehnsüchten.«[68] Für Harrison muss eine solche Verjüngung keine Infantilisierung der Gesellschaft bedeuten.

Sein Lösungsansatz: Die Jugendlichkeit unseres Zeitalters annehmen und gleichzeitig kulturelles, bestehendes, althergebrachtes Wissen über menschliche Reifeprozesse ernst nehmen und wertschätzen, zum Beispiel aus Kultur, Philosophie und Historie. Kurz: Es geht darum, neue Altersbilder und Altersrollen zu finden, die all das mit einbeziehen, was wir seit der Antike über das Altern wissen. Eine Verbindung aus alten und neuen Altersbildern beginnt gerade erst.

Wir befinden uns in einem gesellschaftlichen Umbruch. Die heute 70- bis 80-Jährigen, die weiter aktiv, interessiert und engagiert bleiben, stellen zum Teil eine Vorreitergeneration dar, die die gewonnenen Lebensjahre konstruktiv zu nutzen und zu gestalten versucht. Mag sein, dass manche dabei übers Ziel hinausschießen. Als kindische Tendenzen kann man die Zunahme von Schönheitsoperationen, Jugendmode für 80-Jährige oder die Tatsache, dass heute Kinderfilme häufig von allen Altersgruppen geschaut werden, betrachten. Den Wunsch, sich zu bilden und zu reisen, neue Freunde zu finden, sich fit zu halten und weiterhin am Leben teilzunehmen, kann man jedoch weitgehend als eine kluge Art der Lebensführung im Alter ansehen. Auf diese Weise steigen die Chancen, geistig länger fit und emotional ebenfalls stabil zu bleiben. Forscherinnen untersuchen, wie es gelingt, geistige Flexibilität, Merk- und Lernfähigkeit auch im fortgeschrittenen Alter zu trainieren und zu erhalten. Alles deutet darauf hin, dass eine Mischung aus regelmäßiger Bewegung und dem Erlernen von sinnvollen Dingen, wie zum Beispiel einer neuen Sprache, dazu führt, dass Menschen geistig rege bleiben. »Ich empfehle jede Art des lebensnahen Lernens«, sagt Gerd Kempermann vom Deutschen Zentrum für Neurodegenerative Erkrankungen an der Technischen Universität Dresden. Eine Kombination aus Bewegung, Neugier und alltäglichem Lernen hilft viel besser als jedes Sudoku, Kreuzworträtsel oder eine Gehirnjogging-App.[69] Ein weiterer Booster fürs Gehirn: Nach der Rente weiterarbeiten, wenigstens stundenweise, wie Studien eindeutig belegen.[70] Einen weiteren wichtigen Faktor stellt die eigene Haltung zum Alter dar. Wer diesem auf eine gewisse Weise positiv begegnet und ihm etwas Bereicherndes abgewinnen kann, leidet weniger unter kognitiven Einschränkungen der späten Jahre und fühlt sich mit dem Älterwerden wohler.[71]

Angesichts all dieser Studienergebnisse wird klar, dass unsere Eltern die späten Lebensphasen zum Teil schon recht gut gestalten – sie schlagen sich nicht schlecht als Altersavantgarde. Von dem, was sie sich erschließen, können wir profitieren. Es lohnt, Teile dieser aktiven, hedonistischen oder selbstbewussten Altersbilder zu übernehmen – und dann eigenständig weiterzuentwickeln.

▶▶ Was kann ich selbst tun?

1. Die Rolle der Demografie für Beziehungen erkennen. Dass viele alte Eltern heute lange aktiv, einflussreich und fit sind, ist für die mittelalten Kinder nicht immer nur positiv. Vor allem, weil Ältere heute nicht mehr so selbstverständlich in der Generationenfolge weiterrücken, sich häufig weder als zurückgenommene Rentnerinnen noch als Vollzeit-Großeltern positionieren. Das löst bei erwachsenen Kindern Verwirrung, manchmal auch Verletzung und Wut aus. Es ist wichtig, diese Schwierigkeiten und Irritationen zu akzeptieren und anzuerkennen, dass sie heute möglicherweise stärker sind als in den vergangenen Jahrzehnten. Letztlich geht es darum, einen individuellen Umgang zu finden – und trotzdem zu verstehen, dass die Entwicklungen nur zum Teil mit der Persönlichkeit der Beteiligten zu tun haben, sondern eine neue Art des Generationskonflikts abbilden.

2. Zielkonflikte klären, für sich einstehen. Alte Eltern, die über alles Bescheid wissen, nie zurücktreten, immer die Nummer eins sein wollen, gab es immer. Man denke etwa an Familienunternehmen oder sehr autoritär strukturierte Familien, in denen der Vater selbstverständlich als Patriarch agierte. Sie können dem dominanten Verhalten als erwachsenes Kind aktiv entgegentreten: Indem Sie zum Beispiel bewusst alte Loyalitäten und Aufträge aus der Familie erkennen und sich davon distanzieren. Es hilft, wenn Sie sich immer wieder klarmachen, dass Sie sich heute keiner existenziellen Gefahr mehr aussetzen, wenn Sie sich von der Familie entfernen. Wenn Sie eigene Wege gehen oder etwas ausprobieren, was niemand zuvor in Ihrer Familie gewagt hat – ganz gleich, ob es um sexuelle Orientierung, Partner- oder Berufswahl oder alternative Lebensmodelle geht. Die existenzielle Angst, sich von der eigenen sozialen Gruppe zu entfernen, stammt salopp gesagt aus der Steinzeit und führt uns in ihrer Massivität gelegentlich in die Irre.

3. Innere kindliche Anteile kennenlernen und damit umgehen. Viele Schwierigkeiten, die wir heute mit unseren Eltern haben, liegen darin begründet, dass wir auch als Erwachsene Vater oder Mutter gegenüber weiterhin Ansprüche und kindliche Wünsche hegen. Je mehr wir über die eigenen kindlichen Anteile wissen und je verantwortungsvoller wir mit ihnen umgehen, desto eher sind wir in der Lage, mit unseren fitten, älteren Eltern zurechtzukommen. Eine gute Hilfe sind dabei Dialoge mit dem sogenannten »inneren Kind«. Falls Sie sich davon angesprochen fühlen, kann hier ein Ratgeber weiterhelfen. Oder Sie suchen sich für diese Frage therapeutische Begleitung oder Beratung.

4. Tänze beenden. Bei der inneren Arbeit muss es nicht bleiben. Sie können auch als erwachsenes Kind Neuerungen in der Interaktion mit Ihren Eltern einfädeln, sich unabhängig machen und neue Umgangsformen kultivieren. Eine Garantie, dass sich etwas verändert, gibt es nicht. Aber einen Versuch ist es wert!

5. Neue Lebensentwürfe im Alter. Die heutige Generation 70 plus können wir durchaus als Vorreiterinnen sehen: Sie sind die Ersten, die Jahre und Jahrzehnte zusätzlicher Lebenszeit gestalten können und müssen. Aktiv zu bleiben, sich zu bewegen, lebenslang zu lernen, ein positives Bild vom Altern zu kultivieren – all das sind Fähigkeiten, die eine gute Art des Alterns begünstigen. Sie können diese Erkenntnisse natürlich auch fürs eigene Älterwerden nutzen.

4. Kapitel

»Das sind nicht meine Leute.«

Oder: Schwierige und distanzierte Beziehungen

Das Verhältnis zu den Eltern ist unterkühlt oder es herrscht Funkstille. Ein Elternteil wird als manipulativ erlebt oder die Dynamik in der gesamten Verwandtschaft ist so kräftezehrend, dass man sich lieber fernhält. Hierzulande haben schätzungsweise wenigstens zehn Prozent der Menschen eine zutiefst belastete Beziehung zu ihren Eltern oder Familien. Durch die Langlebigkeit aller Generationen wird es schwerer als bisher, bestimmte Konflikte, Enttäuschungen oder Sprachlosigkeit jahrzehntelang auszusitzen. Es ist oft keine Option mehr, schlicht darauf zu warten, dass alte Eltern sterben und damit bestimmte Belastungen wegfallen.

Hier erzählt der 58-jährige Michael, wie sich der immer sehr schwierige Kontakt mit seinen Eltern in den letzten Lebensjahren verändert hat. Außerdem bekommen Sie praktische Orientierung, was Sie selbst tun können, wenn Eltern hilfebedürftig werden, zu denen Sie kein gutes Verhältnis haben. Um eins aber von vornherein klarzumachen: Sie müssen gar nichts! Es darf auch alles so bleiben, wie es ist.

»Der Verrücktmacher kocht sich sein ganz besonderes Essen in einem Haus voll hungriger Kinder – und dann tut er nichts, um die Kinder satt zu bekommen. Der Verrücktmacher ist zu aufgebracht, um noch Auto zu fahren, nachdem er eine Salve von Schimpfwörtern auf die Menschen, die um ihn sind, losgelassen hat. ›Ich fürchte, dass Vati einen Herzinfarkt bekommt‹, denkt das Opfer. Statt zu denken: ›Wie kann ich dieses Monster aus meinem Haus jagen?‹«

Julia Cameron, Schriftstellerin

Seit er vor fast 30 Jahren nach Berlin gezogen ist, hat Michael Schneidmüller[72] seine Eltern meist nur ein Mal pro Jahr gesehen. Für ein, zwei Stunden zum Kaffee. Seine Mutter kaufte dann ein paar Sahnestücke beim Bäcker an der Ecke. Immerhin, findet Michael. Wenn er seine Mutter anrief, begrüßte sie ihn mit: »Meldest du dich auch mal …« und schwieg dann. Wenn sein Vater, ein Jahr älter als die Mutter, abnahm, gab er den Hörer sofort an die Mutter weiter. Wenn man Michael fragt, wie er das Verhältnis zu den Eltern beschreiben würde, antwortet er: »Es war immer abgekühlt. Aus meiner Sicht habe ich alles Mögliche getan, damit sich das ändert. Aber viel ist nicht passiert!«

Was er damit meint: Bis ungefähr zwanzig habe er mit voller Kraft daran gearbeitet, die mangelnde Herzlichkeit, die Sprachlosigkeit und Lieblosigkeit in der Familie zu kompensieren und etwas daran zu ändern. Michael beschenkte seine Eltern zu jedem Geburtstag, sie ihn nur selten. Er lernte früh kochen und versuchte abends alle zum Essen zusammenzubringen. An Weihnachten kaufte er einen Fonduetopf für die ganze Familie. »Ich stellte mir vor, dass wir dann zusammensitzen und essen und dass es allen gut geht. Dieses Set kam nie zum Einsatz. Warum, weiß ich nicht mehr«, sagt Michael. Geholfen haben seine Ideen nie. »Ich habe meine Mutter immer als sehr unglücklich wahrgenommen«, erinnert er sich. Sie blieb stets schweigsam, angespannt, gereizt – egal, was Michael versuchte. Als er zum Studieren nach Berlin ging, beschränkte Michael den Kontakt auf das Nötigste. Warum das Verhältnis so belastet ist, kann Michael schwer in Worte fassen: Es sei, als würde er ins Graue fahren, wenn er sich dem Reihenhaus in der schwäbischen Kleinstadt nähert. Sein Vater sei im Krieg aus Ostpreußen geflohen, seine Mutter habe Bombennächte im Rheinland erlebt, doch das allein könne kein Grund sein, so verstockt, kalt und hart zu sein, findet Michael. Sein Vater habe schließlich bei einer Sparkasse gearbeitet, seine Mutter als Vorarbeiterin in einer Fabrik. Dass Michael Abitur machte und Soziologie studierte, war für die Eltern befremdlich. »Warum wirst du nicht Koch oder Automechaniker? Bist du dir zu fein für uns?«, fragte ihn sein Vater einmal. Mit Geld hat er das Studium seines Sohns nicht unterstützen wollen. »An dem Tag, an dem du achtzehn bist, endet meine Verantwortung«, sagte er. Für den Vater, der nach dem Krieg seiner Mutter und den jüngeren Geschwistern noch so gut wie alles Geld schickte, das er bei seinem ersten Job auf dem Bau verdiente, war es selbstverständlich, dass erwachsene Kinder allein klarkommen. Mit seinem Vater habe Michael dennoch manchmal gute Momente erlebt, zum Beispiel wenn sie gemeinsam in der Garage am Auto schraubten – schweigend, aber zusammen. Wie langweilig Michael das Basteln an Motoren fand, sagte er seinem Vater nie. Dieser habe ihn ohnehin nie gefragt, wie es ihm gehe. Nicht in der Schulzeit und auch später, wenn er aus Berlin zu Besuch kam, gab es kaum persönliche Gespräche. Wenn Michael über seine Eltern spricht, ist er mal wütend, mal ratlos: »Ich kann nicht sagen, warum es so enttäuschend ist, mit den beiden zu tun zu haben. Ich fühle mich, als wäre ich nicht ihr Kind. Und ich habe auch keine große Lust, mich um sie zu kümmern. Klar, sie sind jetzt alt. Aber ich würde mich nur wieder überschlagen und dann doch spüren, dass sie mir gar nichts zu geben haben.«

In den letzten zwei Jahren spürte Michael allerdings immer häufiger, dass sich die Verhältnisse im Haus seiner Eltern ändern. Sein Vater kann seit einer Hüftoperation nicht mehr gut laufen. Auch die Mutter geht kaum noch aus dem Haus. Als er das letzte Mal in die Küche seiner Eltern kam, war er geschockt, wie unordentlich und dreckig alles wirkte. Er fuhr dennoch wie immer nach einigen Stunden wieder zurück und versuchte, sich nicht davon berühren zu lassen. Allerdings konnte er die Bilder aus dem verwahrlosten Reihenhaus nicht mehr so gut abschütteln wie früher und fragte sich, ob er nicht doch mehr für die beiden Alten tun sollte – ließ es aber dann doch. Er hatte einfach das Gefühl, sich im Kontakt mit ihnen noch immer zu verlieren. »Meine Eltern sind freudlos und versteinert«, sagt Michael. »Es fällt mir sehr schwer, dort zu sein. Ich spüre körperlich, dass sie mich fahrig machen. Ich bin total gestresst, wenn ich sie nur sehe. Es ist für mich ein überlebenswichtiger Reflex zu sagen: Ich muss hier weg!«

Du bist nicht wichtig

Die bleierne Zeit, die Michael beschreibt, wenn er seine Eltern besucht, und der fast körperliche Drang, der ihn von dort wegtreibt, sind Faktoren, die der Psychotherapeutin Claudia Haarmann in ihrer Praxis immer wieder begegnen. Sie betreut Klientinnen und Klienten, die den Kontakt zu den Eltern als eher schwierig beschreiben, ihn zum Teil ganz abgebrochen haben. Haarmann begleitet in Therapien aber auch verlassene Mütter und Väter. »Wenn Kinder die Beziehung abbrechen oder radikal reduzieren, dann schildern sie oft, dass sie im Kontakt mit den Eltern einen existenziellen Stress erleben. Sie merken, es gibt ein Unwohlsein im Körper, ein angstvoll hochgefahrenes Nervensystem. Das geht bis in die Zellen. Es ist ein Stresserleben, das oft schon in der frühen Kindheit geprägt wurde.«[73] Diese Art Unruhe begleitet auch Michael seit Jahrzehnten. Solche Stressgefühle weisen darauf hin, dass in einer Beziehung für die Kinder über Jahre viel Belastendes passiert ist. Die Erkenntnis, dass es so nicht weitergeht, baut sich auf Seiten der Kinder manchmal erst über Jahrzehnte auf. Das kann laut Claudia Haarmann zu On-Off-Beziehungen führen, zu sehr reduziertem Kontakt oder auch zu einem Kontaktabbruch von Seiten der Kinder.

Aber was belastet die Eltern-Kind-Beziehung in manchen Familien so sehr? »Wenn man genau draufschaut, kann man sehen, dass in solchen Familien Eltern ihre Kinder auf eine gewisse Art emotional missbrauchen«, sagt Haarmann. »Die Eltern haben oft eine Haltung, die nicht sagt ›Sei wie du bist‹, sondern ›Sei wie ich dich brauche‹.« So wird dem Kind vermittelt, dass es nicht so sein kann oder darf, wie es ist. Und dass es keine Unterstützung erwarten kann, sondern immer auf sich selbst gestellt ist. »Die Botschaft dahinter ist oft: Wie du bist, interessiert mich nicht. Du bist nicht wichtig«, sagt die Therapeutin, die ihre Erfahrungen in einem Buch zusammengefasst hat.[74] Problematisch sind solche Strukturen, weil sich so das Eltern-Kind-Verhältnis verkehrt: Die Erwachsenen fordern und haben Erwartungen, die Kinder geben und liefern. Dieses Grundmuster zieht sich durch fast alle Familien, in denen es dauerhaft große emotionale Spannungen gibt. Oder in denen erwachsene Kinder möglichst wenig Zeit mit ihren Eltern verbringen wollen.

Die Beziehungskonstellationen und Konfliktstrukturen in einer Familie können dennoch recht unterschiedlich sein. In einigen spielen Kälte und mangelnde Emotionalität eine große Rolle. Häufig spüren Kinder von klein auf und bis ins Erwachsenenalter einen großen Mangel an Liebe und Fürsorge. Nicht selten wurden die Eltern durch eigene Erfahrungen aus der Kriegs- und Nachkriegszeit geprägt: Schweigen, Verdrängen und Konflikte mit Härte und Abwehr lösen sowie zärtliche Gefühle kaum zulassen sind typische Merkmale für diese Generation. In anderen Familien sind Eltern hilfebedürftig, gehen mit einer chronischen körperlichen oder psychischen Erkrankung nicht selbstverantwortlich um, fordern oft von den Kindern, ständig für sie da zu sein und eigene Bedürfnisse zurückzustellen. Belastend kann laut Haarmann auch der Typus der narzisstischen Eltern sein, die von allen und so auch von ihren Kindern bewundert werden wollen und immer die Nummer eins sein müssen. Die Kinder dürfen dann nie im Mittelpunkt stehen, dürfen nicht selbst glänzen. Auch Eltern, die Kinder zu sehr vereinnahmen oder verwöhnen – also beste Freunde der Kinder sein, sie immer in ihrer Nähe haben wollen –, können so raumgreifend und fordernd werden, dass die erwachsenen Kinder nicht mehr weiterwissen und den Kontakt rigoros abbrechen.

Dass es innerhalb all dieser Familiendynamiken auch noch unterschiedliche Dimensionen an missbräuchlichem Verhalten gibt, liegt auf der Hand. Manchmal sind die Muster nur schwach ausgeprägt. Manchmal durchziehen sie das ganze Familienleben. Das Ausmaß an emotionalem Missbrauch in Familien ist schwer zu beziffern. Einschätzungen von Jugendpsychiaterinnen zufolge betrifft schwerer emotionaler Missbrauch, also seelisch schädigende Handlungen, etwa 1,6 Prozent von Kindern und Jugendlichen, emotionale Vernachlässigung, also das Vorenthalten grundlegender seelischer Versorgung, etwa 6,6 Prozent.[75] Schätzungen der Polizei zeigen darüber hinaus, dass bis heute noch in etwa 5 bis 10 Prozent der Familien Kinder körperlich misshandelt werden oder sexuellen Übergriffen ausgesetzt sind.[76] Wer aus solchen äußerst dysfunktionalen Eltern-Kind-Beziehungen kommt, sollte besonders gut abwägen, wie ein lebenslanger Kontakt zu den Eltern aussehen könnte. Es gilt also immer zu schauen, wie ausgeprägt die Muster von Missbrauch und Vernachlässigung in der Familie gewesen sind. Und wie sehr man bis heute darunter leidet. Bei solchen Vorbelastungen lohnt es, sich professionelle Hilfe bei einem Therapeuten oder einer Therapeutin zu suchen. So kann man leichter herausfinden, ob es ratsam ist, den Kontakt zu den Eltern konsequent und lebenslang zu verweigern, weil er einfach zu schmerzhaft oder sinnlos ist. Oder ob es sich lohnen könnte, einen Prozess der Klärung und Annäherung zu wagen. Claudia Haarmann sieht in ihrer Praxis sehr unterschiedliche Entwicklungen. Es gibt Familien, die meiden sich lieber ein Leben lang. Bei anderen zutiefst zerrütteten Familienverhältnissen sieht die Therapeutin aber auch Veränderungen und Chancen, die häufig an persönlichen Wendepunkten entstehen: Wenn die erwachsenen Kinder selbst Eltern werden, wenn in der Familie Todesfälle oder Schicksalsschläge eine Auseinandersetzung erfordern, oder wenn die Eltern alt und krank werden und Hilfe benötigen.

Pizza für Mama

Michael und seine Eltern stehen vor einer solch neuen Situation: Als der 59-Jährige nach dem letzten Besuch nach Berlin zurückkehrte, konnte er das Bild der verwahrlosten Wohnung seiner Eltern nicht mehr abschütteln. Nach etwa vier Wochen rief er seine Mutter noch einmal an und fragte sie, ob er ihr eine Haushaltshilfe besorgen soll.

Was für viele Kinder aus Familien, in denen Geben und Nehmen mehr im Gleichgewicht sind, eine Selbstverständlichkeit wäre, kostete ihn riesige Überwindung. »Ich habe einfach das Gefühl, dass ich in meinem Leben bereits genug für meine Eltern getan habe. Meine Haltung war sehr lange: Entweder kommt jetzt was von ihnen oder es bleibt so, wie es ist. Doch irgendwie habe ich in diesen Wochen gespürt, dass diese Position nicht mehr passt.« Seine Mutter reagierte auf den Vorschlag zunächst mürrisch, stimmte ihm aber schließlich zu. Seit einigen Monaten putzt eine Haushaltshilfe die Wohnung und erledigt Einkäufe. Michael bezahlt diese Kraft, für ihn ist das ein Kompromiss. »Für mich ist das eine Art, mich von einer gewissen Verantwortung freizukaufen, ich will dort nicht permanent selbst hinfahren müssen«, sagt er. Seine jahrzehntelange Weigerung, etwas für seine Eltern zu tun, und seine große Vorsicht haben für ihn jedenfalls weiterhin eine Berechtigung.

Die Überwindung, die es Michael kostet, auf seine Eltern zuzugehen, ist aus psychotherapeutischer Sicht zum Teil verständlich. Eltern, die ihre Kinder quasi in die Position von Erwachsenen drängen, sich von ihnen bemuttern und umsorgen lassen, erschaffen so ein sehr schmerzhaftes und dysfunktionales Muster, das in der Familientherapie mit dem Begriff »Parentifizierung« beschrieben worden ist. »Parentifizierung führt häufig dazu, dass Kinder nicht Kinder sein dürfen«, erklärt Claudia Haarmann, sie müssen umsichtig, schlau, vorausschauend sein, versorgen ihre Eltern emotional und oft auch ganz praktisch. Bei Michael waren es der Haushalt und das Kochen für seine berufstätigen Eltern. Pizza für Mama, Bettenmachen und Bügeln, Geschenke wie das Fondue-Set zu Weihnachten. Dazu kam die ständige Sorge, ob es seiner stets angespannten, versteinert wirkenden Mutter gut ginge. In anderen Familien erzählen Eltern ihren Kindern offen alle Geheimnisse und intimen Details ihres Lebens, machen Kinder zu ihren Pflegern, Helfern, Betreuungspersonen. »Es dauert lange, bis man überhaupt versteht, dass irgendwas schiefgelaufen ist in der eigenen Familie und es woanders liebevoller oder freundlicher zugeht«, sagt Michael. Viele seiner Erwartungen und Hoffnungen sind in seiner Ursprungsfamilie jedenfalls immer wieder enttäuscht worden. Um sich selbst zu schützen, hat Michael irgendwann versucht, seine Familie hinter sich zu lassen, lebt sein Leben in Berlin mit vielen Freunden, pflegt dort ein geselliges Leben. Vor ein paar Jahren hat er geheiratet. Heimlich, ohne seine Eltern zu informieren. »Lange habe ich versucht, meine Eltern quasi zu vergessen«, sagt Michael. Der jährliche Pflichtbesuch, alle ein bis zwei Monate anrufen: Mehr ging nicht.

Der Kindheit die Macht nehmen

Die Therapeutin Claudia Haarmann hat bei der Begleitung ihrer Klientinnen und Klienten immer wieder festgestellt: Dysfunktionale Familienmuster hinterlassen tiefe Spuren und Verletzungen. Für junge Erwachsene, die anfangen zu verstehen, was in ihrer Kindheit geschah, oder auch für Ältere, die spüren, wie verletzend und belastend der Kontakt zu den Eltern ist, ist es zunächst einmal wichtig, die Geschehnisse, wenn es irgendwie möglich ist, in der Familie anzusprechen. Manchmal kann das bereits zu Veränderungen führen, manchen Eltern gelingt es mit einem gewissen Abstand, zu erkennen, was sie in der Vergangenheit falsch gemacht haben. Sich aufrichtig zu entschuldigen und anzunehmen, was geschehen und nicht mehr zu ändern ist, einem Kind zu sagen »Das tut mir leid« kann für beide Parteien sehr heilsam sein. In solchen Prozessen kommen nicht selten alte Verletzungen und Schieflagen wieder in Bewegung. Wenn die Härte in einer Familie, die Bedürftigkeit der Eltern oder auch die Abwehr von Vater oder Mutter sehr groß sind, hat es allerdings kaum einen Sinn, über Gespräche etwas verändern zu wollen. Meist hat es, wie in Michaels Familie, bereits Versuche gegeben, die Eltern anzusprechen. »Ich würde euch gern mal was aus meinem Leben erzählen« oder »Ich musste mich früher immer sehr um dich kümmern, das hat mir nicht gutgetan. Darf ich dir davon erzählen?« Die rigorose Abwehr, das wiederholte Abstreiten, die Unfähigkeit von Vater oder Mutter, sich auf solche Versuche einzulassen, führen meist direkt in den Beziehungsabbruch. Bei einer solchen Verhärtung der Situation ist es auf jeden Fall wichtig, eine Weile auf Distanz zu den Eltern zu gehen, selbstständiger zu werden, neue Beziehungserfahrungen zu machen und eigene Wege zu gehen. Oft lernt man in Liebesbeziehungen und Freundschaften einen anderen Umgang. Die bereits geschilderten Techniken zur Arbeit mit dem »inneren Kind« und die Verpflichtung, sich selbst gut zu versorgen und zu stärken, ist für Haarmann ebenfalls ein wichtiger Schritt in dem Prozess, von den Eltern unabhängig zu werden. »Man ist aufgefordert, selbst dafür zu sorgen, dass es einem gut geht. Es ist hilfreich, dass viele Menschen heute eine bestimmte Härte der Eltern oder eine abgeschnittene Emotionalität in der Familie nicht mehr akzeptieren wollen. Viele machen sich auf den Weg und versuchen zu lernen, es anders zu machen.«[77]

Doch nach Phasen der Distanzierung voneinander kann auch wieder eine Annäherung folgen. Besonders wenn bereits viele Jahre und Jahrzehnte verstrichen sind, kann man mit mehr Abstand darüber nachdenken, ob man an der Situation etwas verändern will. Zunächst ist diese Überlegung unabhängig davon, ob die Eltern alt und gebrechlich werden oder ob man generell das Gefühl hat, die sehr große Distanz währt nun schon zu lange. Denn eines gilt es zu bedenken: Die große äußere Distanz zu Eltern lässt sich oft nur aufrecht erhalten, wenn man über Jahrzehnte auf der gleichen Position beharrt. Leitsätze wie »Mein Vater war so hart und kalt, ich will nichts mit ihm zu tun haben« oder »Meine Mutter hat mich ausgebeutet, das reicht mir fürs ganze Leben« mögen vollkommen berechtigt sein. Wenn diese jedoch zur lebenslangen Antwort auf familiäre Probleme werden, kann man auch in eine Sackgasse geraten. Man tritt auf der Stelle und verbaut sich die Chance, vielleicht doch noch etwas zu ändern. Oder von Kindheitsprägungen Abstand zu nehmen.

Die Psychologin Ursula Nuber hat mit ihrem Buch »Lass die Kindheit hinter dir. Das Leben endlich selbst gestalten«[78] die Einladung ausgesprochen, sich als erwachsene Person nicht lebenslang von der Vergangenheit beeinflussen und fesseln zu lassen. »Wir müssen anerkennen und akzeptieren, dass sich die Uhr nicht zurückdrehen lässt. Wir bekommen keine anderen Eltern mehr, deren Fehler, deren Lieblosigkeit und deren Missachtung lassen sich nicht mehr wiedergutmachen. Niemals werden wir eine Mutter haben, die wir uns so sehnlichst gewünscht haben. Niemals werden wir unseren gleichgültigen Vater austauschen können gegen einen Vater, der uns beschützt, fördert und akzeptiert. Das bedeutet: Wir müssen die Hoffnung auf Wiedergutmachung aufgeben. (…) Wir haben nun einmal diese Kindheitsgeschichte. Wir bekommen keine andere.«[79] Die Idee, die eigene Kindheit bewusst so anzunehmen, wie sie nun mal gewesen ist, kann man in wenigen Sätzen wie diesen zusammenfassen. Der Prozess dahinter ist eine der schwersten Aufgaben, der wir uns stellen können. Akzeptanz klingt immer leicht, ist aber eine emotionale Arbeit mit sich selbst. Wir müssen im wahrsten Wortsinn über unseren Schatten springen. Psychologin Ursula Nuber ist sich sicher: Wenn wir unseren Umgang mit der Vergangenheit verändern, erschaffen wir uns selbst Freiheiten.

Ein sehr zentraler Schritt ist es dabei, sich von der Vorstellung zu lösen, man sei ein Mensch mit einem bestimmten Schicksal, das sich nicht ändern lässt. Denkmuster, mit denen wir unsere Kindheitsbiografie und unsere Lebenschancen beschränken und zementieren, erkennt man laut Nuber an sogenannten Weil-deshalb-Konstruktionen. Sätze wie »Weil ich diese Kindheit hatte, (deshalb) habe ich schlechtere Chancen als andere« oder »Weil mein Vater lieblos war, (deshalb) kann ich selbst keine gute Beziehung haben« sind auf Dauer fatal. Sie binden uns auf lange Sicht und verhindern Veränderungen. Auf solche Weil-deshalb-Sätze zu achten öffnet den Blick für mehr Möglichkeiten und Chancen. Denn dass die Kindheit nicht zwingend über unser Leben bestimmen muss, betonen heute viele Psychologen, wie auch Martin Seligman, der sagt: »Ich denke, dass die Ereignisse der Kindheit überschätzt sind.«[80] Auch Expertinnen für die Entwicklung von Kindern und Jugendlichen wie der Psychiatrieprofessor Michael Lewis von der Rutgers University in den USA weisen darauf hin, dass neben der Kindheit unzählige andere Faktoren eine Rolle für die persönliche Entwicklung spielen: Chancen, Katastrophen, andere Menschen, Talente und vieles mehr.[81]

Diese Erkenntnisse können Grundlage für eine erweiterte Perspektive auf die eigene Kindheit sein. Sie führen zu Fragen, die Chancen eröffnen, wie: Was kann ich noch versuchen? Welche stärkenden und guten Erfahrungen habe ich im Leben gemacht? Welche andere Geschichte über meine Kindheit könnte ich mir erzählen?

Um ganz praktisch etwas mehr Abstand zur eigenen Kindheit zu gewinnen, können Sie überlegen, ob die dysfunktionalen Familienmuster, die tiefe Verletzungen hinterlassen haben, auch dafür gesorgt haben, dass man bestimmte Fähigkeiten entwickelt hat, die einen heute prägen oder sogar durchs Leben tragen. Dies ist keinesfalls verharmlosend gemeint – im Sinne von »Zu irgendwas muss das Leid ja gut sein« oder gar »Was dich nicht umbringt, macht dich nur stärker«. Es geht darum, zu erkennen, welche Teillösungen und Kompetenzen Sie im Umgang mit den dysfunktionalen Mustern in der Familie bereits in Kindheits- und Jugendtagen erworben haben. So wird jemand, dessen Eltern eher kalt und abweisend waren, vielleicht früh lernen, wie wichtig Herzlichkeit und Emotionalität sind, und sich Menschen suchen, die diese Qualität verkörpern. Oder man lernt im Umgang mit schwierigen Elternteilen eine besondere Sensibilität, andere schnell und gut einschätzen zu können. Dass es in schwierigen Familiengeschichten oft sowohl schwächende als auch stärkende Aspekte für die Kinder gibt, belegen Studien zur Parentifizierung: So konnte die Psychologin Katarzyna Schier von der Universität Warschau nachweisen, dass Parentifizierung in ausgeprägtem Maß zu Depression und psychosomatischen Störungen in der Adoleszenz führen kann. Eltern, die in Fragebögen Aussagen zustimmten wie »Wenn Eltern krank sind, sollte das Kind keine zusätzlichen Sorgen machen« oder »Es hilft mir, meine Probleme mit meinem Kind zu teilen«, neigen dazu, ihr Kind auf den Platz der Versorgenden und Erwachsenen zu verweisen und es damit zu überlasten. Andere Forschungsergebnisse legen aber nahe, dass Kinder aus früher Verantwortungsübernahme oft auch Positives ziehen. Wenn Kinder zum Beispiel dafür anerkannt werden, dass sie viel für andere leisten, und ihr Einsatz von der Familie gesehen wird, kann diese Erfahrung im Laufe der Entwicklung und im Erwachsenenalter auch zu mehr Selbstbewusstsein, Resilienz und gesteigerter Empathiefähigkeit führen.[82]

Die unterschiedlichen Studien zeigen: Ein bedrückendes oder verletzendes Muster, das in der Kindheit prägend wurde, führt zu einer bestimmten Verletzlichkeit, die bis ins Erwachsenenalter weiterwirken kann. Sich bewusst zu machen, dass dies aber vielleicht nicht nur Nachteile mit sich brachte, kann den Anstoß für eine Veränderung bieten. Auf jeden Fall für sich selbst. Vielleicht auch, wenn es passt, im Kontakt mit den Eltern.

Ein bisschen einlenken

Wenn Michael an seine Kindheit denkt, hat er bisher oft unversöhnlichen Groll empfunden und sich deshalb jahrzehntelang mit einer Beziehung zu seinen Eltern auf Distanz gut eingerichtet. Michael kennt die Ansätze von Ursula Nuber und Claudia Haarmann nicht und hätte diesen sicherlich auch kritisch gegenübergestanden. Doch zu erleben, wie seine Eltern gebrechlicher werden, verändert etwas in ihm: Es berührt ihn, er fühlt sich für die beiden Alten nun wieder verantwortlich, obwohl sein Groll nicht verschwunden ist. Dennoch hat sich etwas in Bewegung gesetzt. Er öffnete sich seinen Eltern gegenüber wieder etwas, empfand mehr Mitgefühl und Empathie. »Als ich das nächste Mal zu meinen Eltern kam, sah mein Vater um viele Jahre gealtert aus. Seit seiner Hüftoperation bewegte er sich nicht mehr so viel wie früher. Das ständige Unterwegssein, auf Spaziergängen, auf Trödelmärkten und beim Herumfahren mit dem Auto war sein Lebenselixier gewesen. Nun tat er mir leid. Meine Mutter saß unbeweglich da wie immer, starr, sagte kaum ein Wort. Ich spürte nun tatsächlich, dass hier zwei verletzliche Greise sitzen, die meine Hilfe brauchen könnten.« Für Michael war das ein Moment großer Rührung, der zu einer neuen Sicht auf die Eltern führte. Er habe die beiden Alten in ihrem dunklen Reihenhaus nicht mehr als seine freudlosen, bedürftigen Eltern gesehen, sondern als Personen, die ein Leben hinter sich haben, das nicht immer leicht war. Es entstand zwar keine große Nähe und Bindung, aber Michael war danach zumindest aus seiner Zwickmühle heraus und wusste: Ich werde den beiden ein Minimum an Hilfe und Kontakt zukommen lassen. Ich möchte es selbst so.

Wer waren die Eltern?

»Der Augenblick, wo Menschen anfangen, die Eltern mit anderen Augen und sie umfassend und nicht nur in der Rolle als Eltern zu sehen, ist im Grunde der große Wegweiser auf dem Weg zum Vergeben«, sagt Psychotherapeutin Haarmann. Vor allem bei schwierigen Eltern-Kind-Verhältnissen verändert sich bei den erwachsenen Kindern emotional etwas. Sobald sie sich fragen, in welcher Situation die Eltern in den verschiedenen Phasen ihres Lebens waren, was für sie schwer und belastend war, was sie womöglich an Traumatischem erlebt haben, kann etwas in Bewegung kommen. Es entsteht in der Beziehung etwas, das vorher nicht da war: eine neue Art des Mitgefühls, die dazu führen kann, dass man den

Eltern manches verzeiht. Doch der Weg dahin ist oft lang.

»Ich glaube nicht, dass es möglich ist, Eltern von heute auf morgen zu verzeihen, weil uns das angeblich so guttut«, sagt Claudia Haarmann. Es gebe heute Lebenshilfetechniken, die darauf abzielen, alles, was man beispielsweise in der Ursprungsfamilie erlebt hat, sofort loszulassen und sich frei zu fühlen. Doch solche Techniken enthielten letztlich ein falsches Versprechen. Sie lassen außer Acht, dass Verzeihen oft ein Prozess ist, der Zeit braucht. Die allermeisten Menschen sind zu Recht nicht dazu in der Lage, einfach loszulassen und den Eltern von jetzt auf gleich alles zu vergeben, was diese ihnen angetan oder zugemutet haben. »Ich habe häufig erlebt, dass Leute dachten, sie müssten die Vergangenheit komplett hinter sich lassen, und verzweifelt waren, dass ihnen das nicht gelang«, erzählt Haarmann. Wichtig sei zu erkennen, dass es hier um eine intensive innere Auseinandersetzung geht. Haurucktechniken greifen hier kaum. Es gibt auch hier keine Patentlösung. Doch wenn Menschen wie Michael jahrelang auf Distanz zu den Eltern gelebt und ein eigenes Leben aufgebaut haben, wenn sie eigene Möglichkeiten gefunden haben, mit anderen tragfähige Beziehungen aufzubauen, dann helfen diese Erfahrungen dabei, sich den Eltern wieder zuzuwenden. Ein gewisses Maß an Vergebung kann dabei ein wichtiges Mittel werden, um selbst in ein besseres seelisches Gleichgewicht zu kommen. Denn zahlreiche Studien zeigen: Vergebung hilft. Sie führt dazu, dass wir weniger Stress und Ärger empfinden und zufriedener werden. Oft hat die Fähigkeit zum Verzeihen sogar positive Auswirkungen auf die Gesundheit, etwa auf den Blutdruck, den Cholesterinspiegel oder auf das Herz-Kreislauf-System, wie die Psychiatrieprofessorin Karen Swartz von der Johns Hopkins University herausgefunden hat.[83] Gefragt, was sie unter Vergebung versteht, antwortet sie: »Es ist ein aktiver Prozess, in dem man die bewusste Entscheidung trifft, negative Gefühle loszulassen, ganz gleich ob die Person Vergebung verdient hat oder nicht.« Wenn dies gelingt, wir uns möglicherweise sogar berühren lassen, verändert sich etwas in uns. Das ist, so Ursula Nuber, kein Geschenk an unsere Eltern, sondern eines an uns selbst.

Michael entschied, seine Eltern nicht mehr nur einmal im Jahr, sondern alle zwei Monate zu besuchen. Nur um nach dem Rechten zu sehen. Er würde sich aber weiterhin schützen, eher für vier Stunden nach Schwaben fahren als für vier Tage. Für ihn war das ein Riesenschritt. Und für seine Eltern war es ein Signal, sich ebenfalls zu bewegen. Allerdings in Mikroschritten. Als Michael das dritte Mal kam, sagte sein Vater: »Danke.« Das hatte er noch nie getan. Als er seine Mutter nun wöchentlich anrief, kommentierte sie diese Neuerung kaum, doch sie saß immer zum verabredeten Zeitpunkt am Telefon und nahm sofort den Hörer ab. »Es gibt in einer Familie wie meiner nicht einfach ein Happy End«, sagt Michael. Doch die Stetigkeit des Kontakts und Michaels mitfühlende Reaktion auf die besondere Situation tun mittlerweile allen Beteiligten gut. »Alte und sehr berechtigte Kritik lasse ich ruhen. Meine Eltern werden sich nicht mehr ändern«, resümiert er.

Es fühle sich dennoch gut an, grundsätzlich für die beiden da zu sein – ohne zu vergessen, dass es immer eine große Distanz geben wird. »Ich denke jetzt häufiger, dass ich durchaus dankbar bin, dass sie mir das Leben geschenkt haben, und diese Art der Dankbarkeit kann ich zurückgeben.« Ein kleiner gemeinsamer Nenner, der ausreicht.

Den Blick weiten: Die Folgen des Krieges

Eltern, die zwischen 1930 und 1945 geboren wurden, gehören der Generation der sogenannten Kriegskinder an. Ihre Kindheit wurde von den autoritären Erziehungsidealen der Nationalsozialisten geprägt. Je nach Geburtsjahrgang waren sie zudem in unterschiedlicher Weise den Grausamkeiten, Härten und Bedrohungen des Krieges ausgesetzt, wurden von Hunger und existenziellen Unsicherheiten geprägt.

Um die psychohistorischen Dimensionen besser zu verstehen, lohnt es, sich bewusst zu machen, wie sich die Prägungen aus dem Zweiten Weltkrieg auf die Seele der Betroffenen auswirken. Und wie sie bis heute Beziehungsdynamiken in Familien beeinflussen. Die Krankenhausseelsorgerin Katrin Naechster berichtet in einem Aufsatz von den verdeckten Spuren des Krieges: »Eine meiner wichtigsten Beobachtungen an Kriegskindern lässt sich so benennen: Menschen, die in ihrer Kindheit schwere seelische Verletzungen erlitten haben, vermeiden häufig tiefe Gefühle.«[84] Sie sind, so die Beobachtung der Seelsorgerin, oft seltsam abwehrend und wirken übermäßig robust, wenn es darum geht, Verletzlichkeit zuzulassen oder gar anzuerkennen, dass sie als Kinder oder Jugendliche mit Gewalt, Grausamkeit und Todesangst konfrontiert worden waren. Die Logik im Alter drückt sich dann in Sätzen wie diesen aus: »Ich bin ein Kriegskind. Ich habe schon viel Schlimmeres erlebt – ich brauche keinen Psychologen und auch keine Hilfe.« Diese Abwehr hat laut Psychologinnen und Psychotherapeuten, etwas vereinfacht gesagt, zwei Gründe: Zum einen führen traumatische oder belastende Erlebnisse zu einem großen Misstrauen, man will sich von niemandem in die Karten schauen lassen. Zum anderen ist das Risiko viel zu groß, dass alte Verletzungen wieder aufbrechen, sobald man weicher und emotionaler wird. Oder Nähe und Fürsorge erlebt und zulässt.

Der Mangel an Herzlichkeit, Wärme und körperlicher Nähe prägte auch das Klima in vielen Familien der Nachkriegszeit. Für Menschen, die heute 60 Jahre oder älter sind, waren die emotionslosen, distanzierten Elternhäuser oft belastend. Die Wissenschaftler Hartmut Radebold, Gereon Heuft und Insa Fooken weisen in einer Studie von 2009 darauf hin, »dass bis zu 60 Prozent der heute älteren Deutschen in ihrer Kindheit und Jugend im Zweiten Weltkrieg traumatischen Erfahrungen ausgesetzt« waren.[85] Eine sehr differenzierte Studie des Hamburger Universitätsklinikums Eppendorf zeigt außerdem: Vor allem diejenigen, die in den Kriegsjahren 1939 bis 1945 älter als sieben Jahre waren, hatten viele traumatisierende Erlebnisse. Noch mehr Gewalt und Bedrohung erlebten die ab 13-Jährigen.[86] Dieses Wissen ist hilfreich, um besser einordnen zu können, was etwa manche Eltern – um die achtzig und älter – auch heute noch davon abhält, in einen innigen Kontakt zu gehen, über Gefühle zu sprechen und Gespräche über die Familienbeziehungen zuzulassen. Dabei geht es jedoch nicht darum, die Schwierigkeiten der Eltern zu kompensieren oder zu entschuldigen.

Nicht nur beobachtete oder erlebte Gewalt und die Erfahrung von Flucht und Vertreibung führen in dieser Generation dazu, dass sie auf Widrigkeiten und Probleme immer wieder fast reflexartig mit Härte reagieren. Auch eine autoritäre, auf Pflicht, Gewalt und Gehorsam beruhende Erziehung spielt bei vielen eine große Rolle: Als Beispiel dient hier das Buch »Die deutsche Mutter und ihr erstes Kind« von Johanna Haarer, in dem sie vorschlägt, Kinder möglichst im abgedunkelten Raum schreien zu lassen, das Kind nicht offen anzublicken, es nicht hochzunehmen und seinen »trotzigen Willen« – gemeint sind Widerspruch oder eigene Vorstellungen – möglichst sofort durch Bestrafung zu brechen. Diese Erziehung verhindert ein Mitgefühl mit sich selbst und anderen, man lernt, Schmerz zu unterdrücken und vertrauensvollen Kontakt zu vermeiden.[87] Der Psychologe Oliver Decker, Direktor des Kompetenzzentrums für Rechtsextremismus- und Demokratieforschung an der Universität Leipzig, weist in Studien zur rechtsextremen Einstellung in Deutschland immer wieder darauf hin, dass solche autoritären Haltungen bis heute in allen Bevölkerungsschichten und allen

Altersstufen nachweisbar, bei über 60-Jährigen jedoch am stärksten ausgeprägt sind.[88] Ein gewisses Misstrauen allem Emotionalen, Weichen und Uneindeutigen gegenüber, das zu innerer Kälte und Erstarren führt, ist dieser Generation geblieben – Prägungen, die rechtsextreme Einstellungen begünstigen. Forscher wie Oliver Decker betonen zudem, dass die autoritären Gesinnungen an nachfolgende Generationen weitergegeben werden.

Die rigiden Erziehungsmethoden des Nationalsozialismus prägten die Familien in den 1950er- und 1960er-Jahren. Körperliche Strafen oder emotionale Ignoranz spielten auch nach dem Krieg in Elternhaus und Schule eine große Rolle. Wer selbst wenig emotionale Zuneigung erfahren hat, wird es schwerer haben, ein vertrauensvolles und inniges Verhältnis zu seinen eigenen Kindern aufzubauen. Erst in der Erziehung ab den 1980er-Jahren, so die Therapeutin Claudia Haarmann, kommt es zu einer Veränderung, zu mehr Augenhöhe und liebevoller Bindung. Doch auch in diesen Familien beobachtet Haarmann weiterhin Spuren des Krieges, wenn auch in umgekehrter Richtung: Statt mit einer Tendenz zur Härte werden viele nach 1980 geborene Kinder nun oft eher verwöhnt und mit viel, manchmal zu viel Nähe erzogen. Die Eltern wollen es anders machen, sehnen sich vielleicht selbst nach Geborgenheit und Nähe und gestalten Familie kuschelig bis hin zur Übergriffigkeit. »Wenn heute Kinder den Kontakt zu den Eltern abbrechen, dann geschieht das viel seltener vor dem Hintergrund von Härte und Gefühllosigkeit, vielmehr beklagen die erwachsenen Kinder, dass sie von Vater oder Mutter zu sehr vereinnahmt werden«, berichtet Claudia Haarmann aus ihrem Praxisalltag. Man geht davon aus, dass dies eine indirekte Folge von Traumatisierungen durch Krieg und autoritäre Erziehungsmethoden ist. Das Pendel schlägt in die andere Richtung aus.

Doch es gibt ermutigende gesellschaftliche Entwicklungen. Viele Psychologen und Therapeutinnen erleben in ihren Praxen eine stärkere Akzeptanz von Emotionen, eine Tendenz zur intensiveren Auseinandersetzung mit sich selbst. Je jünger die Menschen, desto offener sind sie für Therapien. Hier zeigt sich: Nicht mehr Härte um jeden Preis dominiert, nicht mehr Schweigen und Verneinen, sondern die Suche nach Lösungen, Kontakt und Beziehung tritt in den Blick. Was Claudia Haarmann in ihrer Praxis beobachtet, deckt sich teilweise mit den vom Sozialwissenschaftler Klaus Hurrelmann durchgeführten Studien zur sogenannten Generation Z. Subjektive Bedürfnisse sind wichtiger geworden, Selbstverwirklichung und Vereinbarkeit von Beruf und Familie stehen für junge Männer und Frauen heute stärker im Fokus, Ökologie und politische Teilhabe treten in den Vordergrund.[89] Es gibt also möglicherweise in Zukunft mehr erwachsene Menschen, die eine passende innere Einstellung mitbringen, um alte Wunden aus der autoritären Vergangenheit der Deutschen zu heilen. Umso wichtiger ist es, dass alle Generationen verstehen, wie groß der Schaden und der Einfluss von Krieg, Flucht und Vertreibung auch für Familien sind. »Es wird offensichtlich, dass der Krieg nicht nur auf die massenhafte Vernichtung von Körpern zielt. Krieg zielt auf die Vernichtung der menschlichen Seele«[90], resümiert die Krankenhausseelsorgerin Katrin Naechster, und damit auch auf die Vernichtung von Beziehungen innerhalb von Familien.

▶▶ Was kann ich selbst tun?

1. Schwierige Beziehungen anerkennen. Es gibt Menschen, die behaupten, dass es in jeder Familie große und unlösbare Probleme gibt. Doch man muss hier differenzieren. In manchen Familien herrschen eine große Kälte und Distanz, in anderen instrumentalisieren Eltern ihre Kinder – oft unbewusst – für ihre Zwecke. Wenn Sie missbräuchliche Beziehungen dieser Art mit Vater und Mutter erlebt haben, gilt es zunächst, diese anzuerkennen. Wenn Sie nicht sicher sind, wie schlimm es bei Ihnen zu Hause war, fragen Sie sich: Wurde ich mit meinen Anliegen und emotionalen Bedürfnissen ernst genommen? Welche Aufgaben hatte ich in der Familie? Waren diese kindgerecht oder überforderten sie mich? Viele erwachsene Kinder, die dabei feststellen, dass immer die anderen wichtiger waren, reduzieren irgendwann den Kontakt zu den Eltern auf ein Minimum, leben in einem On-Off-Kontakt mit der Familie oder treffen sich zwar häufig, leiden aber innerlich während dieser Begegnungen sehr. Es ist wichtig, festzustellen, ob es Vertrauensbrüche gegeben hat – und dann besonders gut für sich selbst zu sorgen. Nach einer Phase von Distanz oder Verarbeitung, ganz gleich ob diese Monate oder Jahre dauert, kann man immer wieder überlegen, wie man die Beziehung zu den Eltern gestalten will.

2. Die Kindheit abschütteln. »Weil ich eine schwierige Kindheit hatte, kann ich im Beruf nicht zufrieden sein«, »Weil meine Mutter so kalt war, kann ich keine Partnerschaft führen«. Psychologinnen bezeichnen solche Einstellungen als Weil-deshalb-Argumentation und weisen darauf hin, dass diese Art zu denken einen selbst einschränkt. Zumal es heute als wissenschaftlich gesichert gilt, dass uns die Kindheit zwar prägt, ihr Einfluss aber keinesfalls universell ist. Es kann sich für Sie lohnen, darüber nachzudenken, welche Entwicklungen für Sie möglich wären, wenn Sie sich von dieser kausalen Erzählung verabschieden. Gerade wenn Sie in Kinder- und Jugendtagen schwere Zeiten erlebt haben.

3. Schwächen und Kompetenzen sehen. Wenn Menschen in jungen Jahre Krisen und Schwierigkeiten meistern müssen, hilft ihnen das oft, außergewöhnliche soziale Kompetenzen aufzubauen. Es kann bereichernd sein, einmal zu überlegen, was Sie alles dadurch gelernt haben, dass bestimmte Aspekte in Ihrer Kindheit schwierig gewesen sind. Schreiben Sie diese Stärken auf und halten Sie sich diese gelegentlich vor Augen. Das ist keine Schönfärberei und Sie entschuldigen damit nichts. Im Gegenteil: Sie erkennen so Ihren Lebensweg an.

4. Alte Eltern sind anders als junge. Wenn Eltern hilfe- und pflegebedürftig werden, kann das der Einstieg in eine veränderte Beziehung zueinander sein. Als jemand, der eine sogenannte schwierige Kindheit hatte, können Sie sich überlegen, ob Sie etwas am Abstand und am Verhältnis zu den Eltern verändern wollen. Es besteht dazu keine Verpflichtung. Ein »Alles-wird-wiedergut« braucht daraus nicht zu entstehen, vielleicht entscheidet man sich aber, die Eltern in deren letzten Lebensjahren ein wenig zu unterstützen. Oft hilft dabei eine neue, offenere Sicht auf die Eltern und eine Haltung des Verzeihens. Das fällt leichter, wenn Sie sich Vater und Mutter nicht nur als Ihre Eltern, sondern als eigenständige Personen in all ihren unterschiedlichen Rollen, mit all ihren unterschiedlichen Nöten und Schwierigkeiten über ein ganzes Leben hinweg vorstellen.

5. Manchmal geht es nicht. Eine Annäherung an die Eltern ist kein Muss. Sie ist auch nicht in jedem Fall sinnvoll. Es gibt Eltern, die so schwierig sind, Traumata, die so tiefgreifend sind, dass es keinen Weg zurück in familiäre Kontakte gibt. Das ist in Ordnung! Falls Sie aus der Ferne mitbekommen, dass Ihre alten Eltern nun Unterstützung bräuchten und Gewissenskonflikte Sie plagen, könnten einige Stunden professioneller therapeutischer Begleitung helfen. Denn oft ist die Erkenntnis, dass es einfach nicht geht oder sich nicht stimmig anfühlt, sich noch einmal anzunähern, mit Schmerzen verbunden.

5. Kapitel

»Jeder hat einen Fuß in meiner Wohnung.«

Oder: Leben im Mehrgenerationenhaus

Alle unter einem Dach. Großeltern, Eltern, Kinder und Enkel. Das ist eine Vorstellung, die viele Menschen anspricht. Weil sie mehr Zusammenhalt für alle Generationen verspricht, weil sie eine Lösung sein kann für viele drängende Fragen: Kinder haben mehr Bezugspersonen als nur ihre Eltern, die älteste Generation bekommt Unterstützung, man sorgt selbstverständlich und ohne viel Aufwand füreinander. Finanzen und Besitz werden idealerweise so aufgeteilt, dass für alle eine Entlastung entsteht.

Das Modell hat natürlich auch Nachteile. Nähe und Distanz sind beim Zusammenwohnen oft nicht klar geregelt, sich abzugrenzen oder ausreichend Freiraum zu bekommen kann schwierig werden. Dazu kommt, dass familiäre Normen, Prägungen und Erwartungen unterschwellig stets präsent sind. Hier erzählt Tanja, 39, die mit ihrem Mann und ihren Kindern, sechs und acht, gemeinsam mit der 88-jährigen Großmutter unter einem Dach wohnt. Tanjas Mutter, 63 Jahre alt, wohnt auf der anderen Seite des Doppelhauses.

»Der Begriff Habitus (…) bezeichnet im Grunde eine recht simple Sache: Wer den Habitus einer Person kennt, der spürt oder weiß intuitiv, welches Verhalten dieser Person verwehrt ist. Mit anderen Worten: Der Habitus ist ein System von Grenzen.«

PIERRE BOURDIEU, SOZIOLOGE[91]

Manchmal steht Tanja abends eine Weile am Wohnzimmerfenster im ersten Stock und schaut hinaus: »Ich schaue auf ein abgeerntetes Stoppelfeld, auf alte Bäume, dahinter geht die Sonne unter. Dann habe ich das Gefühl, dieses Licht, dieser Geruch und letztlich alles, was ich wahrnehme, ist ein bisschen wie in meiner Kindheit. Und dann korrigiere ich mich selbst: Nein, das ist nicht *wie* in meiner Kindheit, es ist derselbe Platz! Hier bin ich aufgewachsen.« In solchen Momenten fühlt Tanja zwei starke Gefühle gleichzeitig: Sie ist dankbar, dass sie an diesem Ort sein darf. Und findet es so verrückt, dass sie fast darüber erschrickt.

Das Viergenerationenhaus, in dem Tanja seit fünf Jahren lebt, muss man sich so vorstellen: Unten laufen die beiden Kinder im Grundschulalter im Garten herum, schaukeln und spielen Verstecken, zusammen mit anderen Kindern aus der Nachbarschaft. Sieben bis acht Kinder sind das oft, je nach Jahreszeit toben sie im kreisrunden Planschbecken, ernten Kirschen oder machen Feuer. Sie flitzen ins Erdgeschoss zur Uroma, wo sie Süßigkeiten oder Getränke bekommen, dann ins Nachbarhaus zur Oma, wo im Schuppen Räder und Roller stehen. Irgendwann kommen sie bei Tanja im ersten Stock an. Sie sitzt dann oft am Esstisch und lernt. Tanja hat ein Aufbaustudium begonnen, macht ihren Master in Kulturwissenschaften. Ihre Oma ist Ende achtzig. Sie sieht mittlerweile viel fern, setzt manchmal am frühen Vormittag eine Suppe auf, für sich und für jeden im Haus, der auch essen will. Früher war sie sehr zupackend und hilfsbereit. Heute hat sie starke Schmerzen im Knie und verlässt das Haus eher selten. Sie bewahrt zwar äußerlich immer Haltung, ist aber sehr mit sich selbst beschäftigt. Mittlerweile kann sie auch nicht mehr allein auf die Urenkel aufpassen. Am Mittag geht Tanja runter zur alten Dame und hilft ihr ein bisschen im Haushalt. Oft sitzen sie dann eine Viertelstunde zusammen, trinken eine Tasse Kaffee. All das klingt gut, vielleicht sogar idyllisch. Fragt man Tanja, wie sie das sieht, antwortet sie: »Manches ist toll, das stimmt. Allerdings belastet es mich oft, wie viele Diskussionen immer wieder nötig sind. Ob ich mich heute noch einmal für diese Art des Zusammenwohnens entscheiden würde, weiß ich nicht.«

Dabei lebt die 39-jährige Niedersächsin ein Leben, das sich viele Menschen hierzulande wünschen – fürs höhere Alter jedenfalls: 32 Prozent der Erwachsenen über fünfzig gaben in einer Statista-Umfrage an, sie würden im Alter von 70 Jahren am liebsten in einem Mehrgenerationenhaus wohnen. Vielleicht nicht alle mit den eigenen Eltern, aber gern in einer Gemeinschaft mit Menschen verschiedenen Alters.[92] Auch populäre Zeitschriftenberichte vom Wohnen mit allen Generationen werden oft mit Bullerbü-Bildern ausgestattet und betonen die positiven Aspekte. Die Realität sieht anders aus: Immer weniger Familien leben dieses Modell. Waren es 1996 noch 351 000 Haushalte, die hierzulande in drei oder mehr Generationen zusammenlebten, sind es 2015 nur noch 209 000. Das entspricht einem Rückgang von 40,5 Prozent. Im ländlichen Raum gibt es mehr Familien, die unter einem Dach wohnen, aber auch dort werden es zunehmend weniger.[93] Es spielt sicher eine Rolle, dass die Flexibilisierung und Globalisierung des Arbeitsmarkts und die höheren Bildungsabschlüsse die Generation der Kinder in andere Städte treibt. Die Distanz zwischen den Wohnorten der erwachsenen Kinder und der Eltern hat sich jedenfalls in den letzten zehn Jahren vergrößert. 1996 wohnten noch 38,4 Prozent der Kinder im gleichen Ort wie die Eltern oder in unmittelbarer Nähe. Im Jahr 2015 waren es nur noch 25,8 Prozent.[94]

Eine Studie des Soziologen Baldo Blinkert zur Versorgungssituation von Senioren in Europa macht deutlich, dass sich Deutschland derzeit in einer Art Übergang befindet. Während in Ländern wie Dänemark, Frankreich und den Niederlanden betagte Menschen in öffentlichen Einrichtungen versorgt werden und man der Pflegeinfrastruktur Vertrauen schenkt, und in Litauen und Polen alte Angehörige wie selbstverständlich im familiären Rahmen versorgt werden, steht Deutschland irgendwo zwischen den Modellen.[95] Laut der Studie gibt es hierzulande zwar eine Tendenz weg von der familiären und hin zur Versorgung in Einrichtungen oder durch Pflegedienste. Doch einen Konsens gibt es nicht. Das traditionelle Modell der Mehrgenerationenfamilie unter einem Dach oder eine familiäre Versorgung in der Nachbarschaft scheint vielen

Menschen hierzulande aber immer noch sympathisch zu sein. Diesen Wunsch tatsächlich umzusetzen scheint heute allerdings schwierig zu sein. Einmal mehr zeigt sich hier, wie sehr Anspruch und Wirklichkeit auseinanderklaffen.

Die Magie des Zusammenseins

Pure Romantisierung ist der Wunsch nach einem gemeinsamen Leben mit mehreren Generationen unter einem Dach trotzdem nicht. Gerontologinnen und Sozialwissenschaftler, die untersuchen, wie Gemeinden und Kommunen den demografischen Wandel bewältigen können, weisen immer wieder darauf hin, wie wichtig Beziehungsnetze und sorgende Gemeinschaften sind, und testen beispielsweise Wohnprojekte für mehrere Generationen oder regelmäßige Begegnungsräume für Senioren und Kinder. An der Evangelischen Hochschule Freiburg begleitete Professor Thomas Klie ein Modellprojekt, in dem Schulkinder wöchentlich mit einer Gruppe Hochbetagter zusammentrafen. Beide Generationen profitierten von diesen Begegnungen.[96]

Der Wissenschaftler betont, wie vorteilhaft es für betagte Menschen ist, wenn sie nicht allein in ihren Wohnungen oder in Heimen sitzen, sondern in ein Umfeld mit unterschiedlichen Bezugspersonen verschiedener Altersgruppen eingebunden sind. Das bedeutet nicht nur, dass es viele helfende Hände gibt, sondern auch viel Ansprache und Anregung. Das Leitbild der »sorgenden Gemeinschaft« wird auch von der Bundesregierung und den entsprechenden Ministerien unterstützt.[97]

Die Vorteile des Zusammenlebens aller Generationen sind aus psychologischer und gesundheitswissenschaftlicher Sicht nicht von der Hand zu weisen. »Eines der interessanten Ergebnisse der interdisziplinären Forschung in der Gerontologie ist, dass die Prädiktoren für die fernere Lebenserwartung nicht primär im hohen Blutdruck und Cholesterinspiegel zu suchen sind, sondern in der Qualität sozialer Netzwerke«, schreibt Thomas Klie in der Broschüre »Sorgende Gemeinschaft: Vom Leitbild zum Handlungsansatz«[98]. Und die Soziologin Yang Claire Yang von der University of North Carolina hat herausgefunden, dass die Intensität und Beständigkeit sozialer Beziehungen in jedem Lebensalter Auswirkungen auf die Gesundheit hat. Ob Blutdruck, Body-Mass-Index oder Entzündungsfaktoren – all diese Parameter für ein höheres Erkrankungsrisiko nahmen in unterschiedlichen Studien zu, je häufiger Menschen allein oder einsam waren. Umgekehrt sind zuverlässige soziale Kontakte ein Faktor, der Langlebigkeit begünstigt.[99]

Auch die Gedächtnisleistung bleibt umso beständiger, je mehr ältere Menschen ins soziale Miteinander eingebunden sind. Besonders Gespräche und das Erzählen von Geschichten sind ein gutes Training der grauen Zellen, sagt der Kognitionsforscher Hans Markowitsch.[100] Und dass sozialer Kontakt die Stimmung aufhellt, ist ohnehin durch zahlreiche Studien erwiesen. Die Verbundenheit in einer Gemeinschaft, einem Freundeskreis, einer zuverlässigen und zugewandten Nachbarschaft stärkt dabei nicht nur die Ältesten, sondern die mentale Gesundheit aller Generationen.

In seinem Buch »Zusammen ist man weniger alt« beschreibt der Journalist Lorenz Wagner das Leben in einem Mehrgenerationenhaus.[101] Seine Erfahrung: Zunächst müssen sich alle erst an die neue Situation gewöhnen, doch dann ist es eine große Bereicherung, die Lebenswirklichkeiten von Menschen aus vier verschiedenen Altersstufen zu erleben. Für die kleine Tochter, für seine Frau und für ihn, für die beiden alten Generationen, also die Mutter und die Großeltern von Wagners Frau. Der Sachbuchautor ist davon überzeugt, dass der Zusammenhalt Vorteile für alle bietet, und ergänzt seine Erlebnisse mit den Aussagen von Wissenschaftlern, die er zu Inklusion und Genen, zu Altersmodellen und Verjüngungsfaktoren befragt hat. So zitiert er aus einem Interview mit dem Wirtschaftswissenschaftler Andrew J. Scott, einem britischen Experten für die gesellschaftlichen Faktoren von Langlebigkeit: »Man sieht oft, dass ältere Menschen verjüngt werden, wenn sie mit jüngeren Menschen zusammen sind. (…) Wenn man über ein Leben nachdenkt, das hundert Jahre währt, so bedeutet es, dass wir viel mehr Haushalte mit vier Generationen sehen werden als mit drei. Zurzeit sprechen wir in Großbritannien bei Dreigenerationenhaushalten von der Sandwich-Generation: eingeklemmt zwischen ihren Kindern und Großeltern, um die sie sich kümmern müssen. Bei vier Generationen haben Sie ein Club-Sandwich. Und die Frage ist, wer ist wofür verantwortlich? Kümmern sich die Großeltern um die Urgroßeltern, können sie sich nicht gleichermaßen um die Enkelkinder kümmern? Es müssen also eine Reihe neuer sozialer Vereinbarungen getroffen werden.«[102] In Wagners Viergenerationenhaus sind klare Absprachen getroffen worden. Jeder weiß, wofür er zuständig ist und wo der Verantwortungsbereich endet. Alle sind sehr bewusst in das Projekt eingestiegen. Vor allem in der Reflexion der gemeinsamen Jahre sieht Wagner die Vorteile und macht damit allen Mut, die von ähnlichen Modellen träumen.

Schlafende Kinder beobachten

Viele Menschen gehen allerdings intuitiver oder spontaner vor, wenn sie sich für ein Mehrgenerationenhaus entscheiden. Tanja trieb nach der Geburt ihrer Söhne die Frage um, was für ein Leben sie sich für ihre Kinder wünschte, und sie kam zu dem Schluss, ihre Kinder sollten nicht in der Stadt groß werden. Sie selbst hatte die Kindheit auf dem Land genossen – weil sie sich frei bewegen konnte und mit vielen unterschiedlichen Menschen Kontakt hatte. Für Tanja war der Gedanke sehr stimmig, »wieder in das Haus zu ziehen, in dem ich mich als Kind so wohl gefühlt habe« und mit ihrer Großmutter unter einem Dach zu leben, zu der sie schon damals ein besonders gutes Verhältnis hatte. Lange hatte sie in Köln und eine Zeitlang in Frankreich gelebt, eine Familie gegründet und spätestens dann gespürt, wie ihr die Ursprungsfamilie fehlte. Als sie das erste Mal mit dem neugeborenen Sohn zu Besuch in Niedersachsen war, sagte ihre Oma: »Fahr nicht so schnell wieder, ich habe so lange kein schlafendes Baby mehr gesehen. Ich hatte das gar nicht mehr zu hoffen gewagt.« Das berührte Tanja. Sie merkte sich den Satz.

Als dann etwa zwei Jahre später in Köln die Kündigung für die Wohnung im Briefkasten lag und ihre Kleinfamilie – mittlerweile war ein Neugeborenes hinzugekommen – eine neue Bleibe brauchte, stand plötzlich ganz konkret die Option im Raum, wieder zurück in ihren Geburtsort zu ziehen. Es war Tanjas Mutter, die vorschlug: »Wie wäre es, wenn ihr nach Hause kommt?« Der grobe Plan war schnell gefasst: Tanja und ihr Mann ziehen in den ersten Stock des Hauses der Großmutter, die im Erdgeschoss lebt. Tanja erbt irgendwann das schöne, aber mittlerweile alte Haus, soll es aber zuvor auch etwas herrichten und renovieren. Zwar muss Tanja die Oma nicht pflegen und versorgen – das übernimmt ihre Mutter. Doch irgendwann wird sich Tanja, wie es in der Familie seit Generationen üblich ist, um ihre Mutter kümmern, wenn diese so alt ist, dass sie Hilfe braucht. Diese habe sie also eingeladen und ihr gesagt: »Wir schenken euch ein Haus.« Tanja hat dazu nicht Nein sagen können und wollen.

Doch heute gibt es immer wieder Konflikte, mal unterschwellig, mal offen ausgetragen. Die gehen so weit, dass sich Tanja mit ihrer Mutter zwischen Tür und Angel streitet, wie zu ihren Teenagerzeiten. In Gesprächen mit ihrem Mann, der das alles eher gelassen nimmt, vielleicht, weil er täglich für viele Stunden zur Arbeit aus dem Haus geht, hat Tanja herausgefunden, dass es zwei Belastungsfaktoren für sie gibt: »Es ist zum einen dieses Haus. Es ist das Stammhaus der Familie. Irgendwie hat hier jeder einen Fuß drin. Meine Oma wohnt hier länger als ich, es ist ihr Haus. Meine Mutter geht hier ein und aus, so ist es auch ihr Haus.« Es gibt wenig Privatsphäre. Das allein ist nicht das Problem, schwerer wiegt, dass es keine klare Aufteilung der alltäglichen Verantwortlichkeiten gibt. »Eigentlich soll meine Mutter ja ihre Mutter betreuen. Doch da ich räumlich näher dran bin, schaue ich natürlich auch viel nach der Oma«, erklärt Tanja. Vor dem Einzug vor fünf Jahren haben Mutter und Tochter die Aufgaben klar vereinbart, doch im Alltag verschwimmen Grenzen und Zuständigkeiten. Alle gehen davon aus, dass im Wir-wohnen-unter-einem-Dach-Modell automatisch für alle gesorgt ist. Und vieles klappt auch: Die Kinder haben mehrere erwachsene Ansprechpartnerinnen und die Uroma ist fast nie allein. Und doch habe es in den letzten Jahren Veränderungen gegeben, über die laut Tanja nicht offen gesprochen wird. Gerade ist es der Gesundheitszustand ihrer Oma. Sie leidet sehr unter ihren Schmerzen, wahrscheinlich wird sie demnächst mehr Hilfe im Haushalt und noch mehr Ansprache brauchen. Ein offenes Gespräch über diesen neuen Betreuungsbedarf gab es bisher jedoch nicht: Tanjas Mutter habe wohl den Eindruck »Das geht doch noch so«. Und Tanja hat das Gefühl »So geht es eben nicht mehr«.

Grenzen klären und halten

In Tanjas erfrischend offener Schilderung wird klar: Das Leben im Mehrgenerationenhaus kann eine Herausforderung sein. Es ist nicht leicht, klare und passende Grenzen zu finden. Liest man Berichte der Bundesregierung zum Thema Mehrgenerationenwohnen, geht es viel um die Vorteile für alle Beteiligten, die auch Tanja sieht: Eine soziale und praktisch arbeitsteilige Gemeinschaft aller Generationen wirkt einfach menschlich angemessen. Über die Grabenkämpfe zwischen Nähe und Distanz liest man in solchen Broschüren dagegen wenig. »Ich denke schon, dass man es wollen muss. Man sollte gut überlegen, ob es passt. Es kann nur hinhauen, wenn man Dinge klären kann und sich grundsätzlich versteht«, sagt Tanja. Das klingt anspruchsvoll und so, als wäre es gut, sich auf die Situation ein bisschen vorzubereiten. Psychologische Ratgeber zum Leben mit mehreren Generationen gibt es bisher nicht. Nur für Paare, die zusammenziehen, findet man Tipps und Ratschläge, wie das Zusammenleben gelingen kann. Einige der Eckpunkte sind übertragbar: Wer plant, mit Eltern oder Großeltern zusammenzuziehen, tut gut daran, möglichst im Vorfeld die bestehenden Erwartungen auf allen Seiten zu klären: Wer will was? Wer tut was? Wer will wie viel Gemeinschaft und wie viel Zeit für sich? Dazu kommt die alltägliche Regulierung von Nähe und Distanz: Man braucht Rituale und konkrete Grenzen, die helfen, den Alltag zu vereinfachen: Was bedeutet eine offene Tür, was eine geschlossene? Zu welchen Tageszeiten darf man die anderen behelligen, wann ist eine Störung tabu? Welche gemeinsamen Rituale gibt es? Menschen, die sich nicht gut abgrenzen können oder sehr viel Ruhe brauchen, sollten daher genau prüfen, ob und wie diese Punkte geregelt sind, bevor sie sich auf ein Wohnen mit mehreren Generationen einlassen.

Der Autor und Therapeut Rolf Sellin wendet sich in seinem Ratgeber »Bis hierher und nicht weiter« an Menschen, die lernen wollen, sich anderen gegenüber auf eine freundliche, aber bestimmte Art abzugrenzen. Einer der zentralen Merksätze in seinem lesenswerten Buch lautet »Gute Zäune, gute Nachbarschaft«. Was damit gemeint ist? Wenn alltägliche Abläufe klar geregelt sind, braucht man nicht jedes Mal zu diskutieren, wo die Grenze verläuft. Hat man dagegen immer wieder das Gefühl, von anderen übergangen zu werden, ist es wichtig, zu prüfen, wo man am besten neue Zäune aufstellen kann. Rituale wie »Wenn ich aufstehe, ist das Gespräch zu Ende« oder »Wenn die Tür zu ist, kommt niemand rein« können gerade vorsichtigen und zurückhaltenden Menschen sehr helfen, ihre Interessen und Grenzen zu wahren und den anderen deutliche Signale setzen.

Tanja kann sich in vielen Punkten bereits gut abgrenzen. Der regelhafte Tagesablauf gemeinsam mit der Großmutter ist zum Beispiel ein klar abgegrenztes Ritual: Tanja schaut morgens kurz vorbei, kommt mittags zum Kaffee, sonst bleibt sie aber in ihrer Wohnung. Die Oma respektiert das. Im Gespräch merkt Tanja allerdings, dass aufgrund der sich verschlechternden Gesundheit der Großmutter die Regeln möglicherweise neu verhandelt werden müssten. Daher will Tanja ihre Mutter bitten, häufiger als bisher bei der Großmutter vorbeizuschauen. Die beiden Frauen könnten außerdem gemeinsam überlegen, wie eine weitere Entlastung oder Hilfe für die Großmutter aussehen und organisiert werden könnte. In Tanjas Schilderung wird klar: Es sind immer die beiden mittleren Generationen, die im Sandwich des Viergenerationenhauses unter Stress und Druck geraten. Eigentlich logisch und weniger ein persönliches als ein strukturelles Problem. Aus der Wirtschaft ist das Phänomen bekannt: Führungskräfte, die in der Mitte der Hierarchie stehen, müssen oft zwischen den Aufträgen und Bedürfnissen der Chefetage und den Mitarbeitenden vermitteln und befinden sich nicht selten in einem Konflikt, der kräftezehrend sein kann. Im Mehrgenerationenhaus gibt es einige Parallelen zu dieser Situation: Tanja sorgt sich gleichzeitig um die Interessen ihrer Kinder, um die der Oma, um ihr eigenes Studium und trägt dazu noch Konflikte mit der Mutter aus. Und ihre Mutter rangelt mit der Tochter um Verantwortlichkeiten. An den Rändern des Sandwichs ist der Druck geringer: Die Älteste im Haus versteht sich mit allen anderen, die Kinder sind überall gern gesehen.

»Da ich jetzt wieder in einer dörflichen Umgebung lebe, höre ich in den letzten Jahren häufiger von Familien, die gemeinsam unter einem Dach wohnen oder ein solches Vorhaben planen«, berichtet Tanja. Es sei seltsam: Bei einigen klappt es von Anfang an gut, auch mit der Grenzziehung und Erwartungsklärung. Andere scheitern krachend. Sie denkt da etwa an eine Bekannte aus einem Nachbardorf, die mit ihrer Familie in das Haus des alten Vaters ziehen wollte. Dazu sollten bauliche Veränderungen vorgenommen werden. Als der Vater sah, dass der Plan des Architekten zwei Hauseingänge vorsah, reagierte er beleidigt. Er konnte sich nicht vorstellen, dass seine Familie das Haus durch getrennte Türen betritt. Das Projekt kam nie zustande. Auch aus solchen Geschichten lernt Tanja. Zum Beispiel, dass es sich lohnt, frühzeitig zu sagen, was man will oder wahrnimmt. »Wir sind nun mal eine Großfamilie – gemeinsame Dinge müssen auch zusammen geklärt werden. Immer wieder.« Schwierige Gespräche über die Frage »Was machen wir, wenn Oma noch mehr Hilfe braucht?« kommen bei vier Generationen unter einem Dach schneller zustande. Das Haus allein klärt und vereinfacht noch nichts. Es sind die Menschen, die darin leben.

Wer bin ich – und wenn ja, wer sind die anderen?

Je länger Tanja über ihre Art des Zusammenlebens spricht, desto klarer wird, dass die 39-Jährige grundsätzlich alles tun will, um die augenblickliche Lage zu verbessern. »Ich will das hinkriegen«, sagt sie. In einer guten Ausgangslage befindet sich die Familie aber gerade nicht: »Ich habe gemerkt, dass wir alle sehr unterschiedliche Vorstellungen vom Leben haben.« Tanja und ihr Mann wurden durch die vielen Jahre in Großstädten und im Ausland geprägt, sie wünschen sich eine offene Gesellschaft, sind ökologisch orientiert und nicht sehr an Geld oder Besitz interessiert. Tanja investiert ihre Energie lieber in das Aufbaustudium, statt permanent das Haus in Ordnung zu halten. Nicht zuletzt, weil das Argument ihrer Mutter, »Was sollen die Nachbarn denken«, für sie keine Rolle spielt. Ihre Mutter und ihre Großmutter, aber auch Freunde in der Nachbarschaft sehen das anders. Besitz und Besitzstandswahrung sind ihnen wichtig, man zeige, was man habe, wähle eher konservativ. Ordnung und Sauberkeit werden als Werte sehr geschätzt. Ihre Mutter sei beispielsweise nicht begeistert, wie Tanja den Garten pflegt. »Ich dünge meine Erdbeeren mit Mist, die anderen schwören auf Blaukorn«, sagt Tanja. »Das klingt jetzt nach Kleinkram, aber genau diese Unterschiede werden für mich manchmal stressig.« Was sie tue, um damit zurechtzukommen? »Ich schaffe mir ein dickes Fell an, bleibe bei meinen Standpunkten, diskutiere aber mit den anderen.« Kraft habe sie dafür, aber gelegentlich verunsichere es sie.

Gehe es ihr darum, eine eigenständige Persönlichkeit zu bleiben, eine einmal gefundene Identität zu wahren, frage ich. »Das trifft es«, antwortet Tanja. »Ich will mich weiterentwickeln und Dinge tun, die zu mir passen, auch wenn ich wieder hier auf dem Dorf, zusammen mit meiner gesamten Familie lebe.« Es ist kein Wunder, dass die 39-Jährige in der neuen, alten Umgebung innerlich strauchelt. Einige Psychologinnen und Therapeuten, beispielsweise Jacob Levy Moreno, Begründer des Psychodramas, gehen davon aus, Identität bilde sich immer erst im Kontakt mit anderen Menschen heraus. Das »soziale Atom«, eine Art Netzwerk der Kontakte, in dem man interagiert, ist der zentrale Ort der persönlichen Entwicklung.[103] Die unterschiedlichen Rollen, die man jeweils im Alltag einnimmt, prägen die Identität. Wenn Tanja die Großstadt verlässt und plötzlich wieder mit vielen Verwandten auf dem Land lebt, wo sie geboren wurde, fühlt sie sich innerlich nicht mehr so eigenständig wie in den früheren Jahren in Köln, fällt leicht in Rollen aus Jugendtagen. Wenn ihr das bewusst ist, könnte sie darüber nachdenken, bei wem in ihrem sozialen Umfeld ihre kulturinteressierten, unkonventionellen, ökologischen Facetten willkommen sind. Tanja nennt hier spontan ihren Mann und ihre beste Freundin, die nicht weit entfernt lebt. Und sie denkt an ihr Studium, wo sie viele neue Leute trifft, mit denen sie ähnliche Ansichten und Interessen teilt. Das war auch ein Grund für ihr Aufbaustudium. »Ich will meine Persönlichkeit nicht aufgeben, nur weil ich wieder sehr viel mit meiner Ursprungsfamilie zu tun habe«, sagt Tanja.

Wertschöpfungskette beachten

Wenn Familien gemeinsame Entscheidungen treffen wollen oder an Wendepunkten stehen, ist es wichtig, sich an bestehende Gemeinsamkeiten und sogenannte »Familienwerte« zu erinnern. Das betont auch die Psychologin und Psychotherapeutin Katja Werheid in ihrem Buch »Nicht mehr wie immer. Wie wir unsere Eltern im Alter begleiten können«. Ihrer Erfahrung nach können die Charaktere in Familien sehr verschieden sein, gehen Einstellungen hinsichtlich Lebensstil oder politischer Präferenz manchmal weit auseinander. Doch man finde fast in jeder Familie auch geteilte Werte und gemeinsame Grundhaltungen. Oft erscheinen diese aber so selbstverständlich, dass man sie kaum noch als eine Gemeinsamkeit und als etwas Besonderes wahrnimmt. Es kann sehr hilfreich sein, sich diese gemeinsame Wertebasis bewusst zu machen und Kraft aus ihr zu ziehen.

Der Entwicklungspsychologe Klaus Schneewind beobachtete und befragte mehr als 100 Familien über einen Zeitraum von 16 Jahren über gemeinsame Werte.[104] So konnte er belegen, dass die jüngere Generation in vielen Erziehungsfragen durch eine zunehmende Liberalisierung seit den 1970er-Jahren auf den ersten Blick progressiver als die ältere Generation denkt. Dennoch blieb die Grundrichtung der Erziehungsideale von Eltern und erwachsenen Kindern oft erstaunlich deckungsgleich. In jeder Familie gab es einen Konsens darüber, ob man Kinder tendenziell streng oder liberal erzieht. Die Unterschiede zwischen Familien waren oft deutlicher als die innerhalb einer Familie. Auf solche Werte kann man aufbauen. Sie können das für sich und Ihre Familie auch einmal prüfen. Überlegen Sie zunächst, welche gemeinsamen Familienwerte es gibt. Manchmal muss man ein bisschen suchen, denn die Werte werden oft unterschiedlich gelebt und gestaltet. So wäre es möglich, dass sich alle Familienmitglieder auf Ehrgeiz, Freundlichkeit oder Ehrlichkeit verständigen können. Aber während für die Mutter Ehrgeiz bedeutet, das Haus sauber zu halten oder im Beruf so lange wie möglich aktiv zu sein, beziehen Sohn oder Tochter diesen Wert auf ein selbstbestimmtes Leben. Dennoch sind beide Generationen ehrgeizig: Sie investieren viel, um ihre Ziele zu erreichen. Wenn Sie solche gemeinsamen Werte identifizieren, können Sie in einen Austausch darüber kommen und zum Beispiel Ihren Eltern dafür danken, dass sie diese Werte weitergegeben haben. Ein solcher Prozess kann eine Basis für jenen Moment sein, in dem kniffelige Entscheidungen anstehen, ein Konsens oder Kompromisse gesucht werden.

Im Buch von Lorenz Wagner werden die gemeinsamen Werte der vier Generationen sehr deutlich. Alle interessieren sich für Kultur, Musik, Bildung. Gemeinsam genießen sie anregende Gespräche, gemeinsam lösen sie freundlich, aber bestimmt Konflikte. Dieser Gleichklang wirkt ungewöhnlich harmonisch. Unrealistisch ist er aber nicht. Falls Sie selbst überlegen, ob ein »Und wenn wir alle zusammenziehen?«-Projekt für Sie in Frage kommt, ist es sicher sinnvoll, zunächst zu klären, ob es ausreichend viele gemeinsame Interessen gibt. Oder familiäre Werte, die man teilt oder gemeinsam verwirklichen will. Dabei ist es kaum von Bedeutung, ob die Werte offensichtlich sind oder ob man ein wenig auf die Suche nach ihnen gehen muss. Entscheidend ist, ob man sich darauf verständigen kann, dass sie allen wichtig sind.

Auch Tanjas Familie teilt einige Werte: Zum Beispiel die Überzeugung, dass Kinder sich frei bewegen können und draußen in der Natur aufwachsen sollten. Oder generell, dass das Wohl der Kinder sehr wichtig ist. Dazu kommen Ehrlichkeit, Offenheit und Kontaktfreudigkeit, die alle teilen, die aber möglicherweise auch dazu führen, dass es häufiger kracht als anderswo. Tanja hat sich jedenfalls vorgenommen, wieder mehr auf das Verbindende als auf das Trennende zu achten.

Haben oder sein?

Kennen Sie den rosa Elefanten im Raum, über den keiner spricht, der aber alle beschäftigt? In vielen Familien geht es bei der Frage um ein gemeinsames Wohnen immer auch um Geld, Besitz und Erbschaftsfragen. In dem Bericht von Lorenz Wagner erfährt man gleich zu Beginn, dass die Familienmitglieder gemeinsam beschließen, bestehenden Besitz schon zu Lebzeiten aller gemeinsam zu nutzen. Dafür investiert die jüngere Generation Geld für Sanierungsarbeiten und nötige Umbauten des Hauses. In anderen Familien sind erwachsene Kinder und alte Mütter oder Väter aufgrund von finanziellen Sorgen gezwungen, sich eine Wohnung zu teilen. Eine Freundin, die in der mobilen Altenpflege arbeitet, berichtete, dass einige ihrer Patienten mit ihren erwachsenen Kindern zusammenwohnen, was viele Schwierigkeiten mit sich bringt. In wohlhabenden Familien schwingen dagegen häufig Fragen rund um Besitzstandswahrung, Erbbegünstigungen oder die Weitergabe von Familientraditionen mit. Dann wird offen diskutiert oder versteckt taktiert, aus welchen Leistungen zu Lebzeiten welche Erbrechte abgeleitet werden. Solche Regelungen können für alle Seiten stimmig sein. Dazu ist es allerdings wichtig, dass sie transparent und klar sind – man sollte jederzeit offen darüber sprechen können.

Die Journalistin Julia Friedrichs hat ein sehr gut recherchiertes Buch über die heutige Erbengesellschaft geschrieben. Sie will damit eine gesellschaftspolitische Diskussion in Gang bringen und deutlich machen, wie sehr die geltenden Gesetze und Gepflogenheiten zur Chancenungleichheit in der Gesellschaft beitragen. Friedrichs' Fallbeschreibungen von erwachsenen Kindern, die zu Lebzeiten der Eltern Schenkungen erhalten oder nach dem Tod der Großeltern oder Eltern ein großes Vermögen erben, zeigen die emotionale Abhängigkeit und Gebundenheit innerhalb der Familien, die daraus entstehen. Wenn Geld fließt, entstehen Verpflichtungen. Julia Friedrichs berichtet von dem eher mäßig verdienenden Komponisten David, der mit dem Geld ein Stadthaus in Berlin kauft, in dem er mit seiner Frau und seinen drei Kindern lebt. »David sagt: ›Das schlechte Gewissen bleibt.‹ Er habe lange überlegt, wie er etwas zurückgeben kann, hat die Eltern zum Kaffee eingeladen. ›Das wiegt es nicht ganz auf‹, sagt er und grinst. Jeden Sonntag fährt er außerdem zum Wochenendbesuch in das Familienhaus. ›Ich mache das gern‹, sagt David. ›Mein Vater ruft meist schon am Donnerstag an und fragt, ob wir kommen.‹ Nach der Sache mit dem Geld, sagt David, fühlte er sich lange verpflichtet, immer, wirklich immer Ja zu sagen.«[105] Dieses Beispiel zeigt, wie sich alte Abhängigkeiten und Verpflichtungsgefühle verstärken können.

Auch Tanja spürt, dass vom Besitz der Familie ein Sog ausgeht. »In der Familie meiner Urgroßeltern galt das Ideal, dass jedes Kind ein eigenes Haus bekommt. Meine Oma hat dieses Prinzip weitergeführt. Und jetzt haben sie diese Regel auch auf meine Generation übertragen. Mein Mann und ich haben das Haus angenommen«, sagt sie. Diese traditionellen Formen der Weitergabe von Besitz und Verpflichtungen in der Generationenfolge sind sicher nicht grundsätzlich falsch, Tanja überlegt allerdings manchmal, ob dieses Modell noch zeitgemäß ist. Einen allgemeingültigen Rat gibt es hier nicht, wohl aber eine Art Merkzettel: Wer plant, ins Elternhaus zu ziehen oder mit mehreren Generationen unter einem Dach zu wohnen, sollte sich fragen, wie groß der Wunsch ist, tatsächlich den Alltag zu teilen oder füreinander zu sorgen. Und wie sehr die Motivation durch monetäre Interessen oder finanzielle Sorgen geprägt ist. Wer sich die Beweggründe klarmacht, kann freier entscheiden.

»Für mich spielt das Haus zwar eine Rolle, ist aber zum Glück nicht das Wichtigste«, sagt Tanja. Sie hängt nicht um jeden Preis an ihm. Wenn man Tanja danach fragt, was das Positive an fünf Jahren Mehrgenerationenfamilie für sie ist, antwortet sie: »Ich finde es schön, dass meine Kinder nun tatsächlich das erleben, was ich auch hatte: mit den Kindern aus der Nachbarschaft im Garten herumtollen, draußen sein, eingebunden sein in eine Gemeinschaft. Auch ich selbst genieße die Natur und den vielen Platz hier sehr. Außerdem kann ich die Zeit für mich gut nutzen. Und mit dem Studium entwickle ich mich weiter. Wären die Kinder nicht, würde ich dennoch möglicherweise wieder in die Stadt streben, aber so bleibe ich.« Tanja fügt noch hinzu, sie glaube, dass das Viergenerationenhaus für die Kinder und deren Uroma die beste und schönste Art ist, als Familie zusammenzuleben. Für sie selbst und ihre Mutter sei es herausfordernder. Wenn ihre eigenen Kinder erwachsen sind, möchte Tanja die Tradition »Haus gegen Hilfe« allerdings nicht weiterführen. »Das reicht dann auch irgendwann mal«, sagt sie.

Den Blick weiten: Eine Generation von Erben

In den letzten Jahrzehnten hat sich in der Gesellschaft etwas verändert. Immer mehr Menschen erben von ihren Eltern, Tanten, Onkeln oder Großeltern beachtliche Summen Bargeld, Wertpapiere oder Immobilien. Julia Friedrichs spricht in ihrem Buch »Wir Erben« aus dem Jahr 2016 von 250 Milliarden Euro, die Schätzungen zufolge pro Jahr an nachfolgende Generationen weitergegeben wird. Eine Studie von Markus Grabka vom Deutschen Institut für Wirtschaftsforschung (DIW) aus dem Jahr 2021 belegt, dass die vererbten Vermögen sogar noch wesentlich höher sind. Sie liegen eher bei 400 Milliarden Euro pro Jahr.[106] Bei genauer Betrachtung klaffen die unterschiedlichen Vermögens- und Einkommensgruppen deutlich auseinander. Während die unteren vier Fünftel im Mittel bis zu 40 000 Euro erben, werden im vermögendsten Fünftel der Gesellschaft im Durchschnitt 140 000 Euro weitergegeben. »Die Erbschaftswelle verschärft die absolute Vermögensungleichheit«, sagt Grabka. Wie es dazu gekommen ist, dass viele Seniorinnen und Senioren heute derart wohlhabend sind, beschreibt Friedrichs so: »Es ist das Vermögen der Wirtschaftswundergeneration, begründet in den Jahren nach dem Krieg, vermehrt in den Hochkonjunktur-Jahrzehnten der alten Bundesrepublik, explodiert in den Jahren um die Jahrtausendwende.«[107]

Die Journalistin legt anhand von Statistiken, aber auch Gesprächen mit Erben dar, wie diese Entwicklung die Chancengleichheit gefährdet. Durch die sogenannte Erbengesellschaft würde etwa die Prämisse der Leistungsgesellschaft – »Wer sich anstrengt, wird auch etwas aufbauen können« – komplett ad absurdum geführt. Durch hohe steuerfreie Schenkungen zu Lebzeiten gehe so die Schere zwischen Arm und Reich in der Bevölkerung immer weiter auseinander. Sozioökonomisch und wirtschaftspolitisch ist das Thema brisant. Dennoch bleiben hitzige Debatten aus. Dabei rät etwa auch Markus Grabka vom DIW zu neuen steuerlichen Regelungen, vor allem beim Thema Schenkungen.[108]

Diese gesellschaftliche Schieflage ist aber nur die eine Facette. Die großen Vermögen, die weitergegeben werden, haben natürlich auch Folgen für die Familienbindungen und die lebenslange Beziehung zwischen Eltern und erwachsenen Kindern. Der riesige Transfer von Geld und Besitz verändert auch die Architektur und Machtverhältnisse innerhalb von Familien. Natürlich sind Geld und Besitz schon immer von der älteren auf die jüngere Generation übertragen worden. In den Statistiken des Deutschen Alterssurveys beobachten die Autorinnen und Autoren schon lange die Tendenz, dass die Älteren die Jüngeren mit Geld und Gütern unterstützen, und die Jüngeren später mit instrumenteller Hilfe, also beispielsweise Sorge oder Pflege, etwas an diese zurückgeben. Doch der Einsatz der Älteren wird größer: Waren es im Jahr 1996 noch etwa 35,6 Prozent der Eltern, die ihre erwachsenen Kinder finanziell unterstützten oder gelegentlich mit Geld und Gütern aushalfen, stieg ihr Anteil im Jahr 2014 auf fast 45 Prozent. Auch die Zahl der Großeltern, die ihren Enkeln finanziell unter die Arme greifen, ist gestiegen. Ob eine solche materielle Hilfe die Verbundenheit stärkt und wann sie die Verstrickungen größer werden lässt, kann man sicher nicht exakt messen. Dass Verpflichtungen steigen, je höher die finanzielle und materielle Zuwendung durch die Elterngeneration ist, liegt aber auf der Hand.

Und was passiert, wenn die Elterngeneration so viel Geld und Besitz weitergibt, dass erwachsene Kinder sich überhaupt nicht mehr revanchieren können? Wenn das Gleichgewicht von Geben und Nehmen zwischen erwachsenen Kindern und ihren Eltern dauerhaft gestört ist? In den Fallgeschichten und Protokollen von Julia Friedrichs kann man nicht nur die bereits bestehende Ungleichheit zwischen Erben und Nichterben nachvollziehen, sondern es sind oft auch starke Gefühle von Abhängigkeit und Schuld spürbar. Friedrichs berichtet von Erben, die sich gern besteuern lassen würden, weil sie der Ansicht sind, ihnen stehe so viel Geld, für das sie selbst nicht gearbeitet haben, gar nicht zu. Und sie erzählt von solchen Erben, die das Geld jahrelang unberührt auf einem Konto liegen lassen und nicht nutzen, weil sie andere Überzeugungen zu Besitz und Leben haben als ihre Eltern. Dabei beobachtet sie deren Ringen um die Frage, wie sehr sie das Erbe verpflichtet, in die Fußstapfen der Älteren zu treten. Und sie beschreibt eine Erbin, die ein seit Jahren andauernder Streit um einen Nachlass zermürbt. In einem Interview mit Spiegel Online sagt Julia Friedrichs: »Viele Erblasser, die das Geld geben, knüpfen dann doch Erwartungen daran. Bei den Erben hatte ich zudem ganz oft das Gefühl, dass sie sich schuldig fühlten. Auch weil ihnen im Vergleich mit ihren Eltern das eigene Leben als Enttäuschung vorkam und sie sich klein fühlten.«[109]

Was in fast all diesen Geschichten mitschwingt: Erbe verpflichtet. Güter, Geld und Immobilien führen dazu, dass erwachsene Kinder unweigerlich wieder näher ans eigene Elternhaus rücken, wieder mehr mit alten Bindungen und Werten konfrontiert sind. Derartige familiendynamische Auswirkungen lassen die innere Reife der erwachsenen Kinder ins Wanken geraten. Faktoren wie ein »übermäßig schlechtes Gewissen«, »Abhängigkeitsgefühle« und »große elterliche Macht« sind jedenfalls ein Zeichen dafür, dass es sich für erwachsene Kinder lohnen könnte, mehr filiale Reife zu entwickeln. Anders gesagt: Wer viel Besitz von den Eltern übernimmt, tut gut daran, sich der Frage zu stellen, wie ein Verhältnis zu den Eltern weiterhin auf Augenhöhe gelingen kann und wie man sich von deren Ansprüchen emanzipiert. Das macht auch den Weg frei für einen eigenverantwortlichen, vielleicht auch umsichtigeren Umgang mit der Erbschaft.

▶▶ Was kann ich selbst tun?

1. Soziale Kontakte festigen. Das Gefühl von Verbundenheit kann Menschen aller Generationen stärken. Es lohnt sich also, soziale Beziehungen, Freundschaften, aber auch familiäre Kontakte zu pflegen und zu festigen. Überlegen Sie doch einmal, mit wem Sie selbst den Austausch intensivieren könnten. Sinnvoll ist es außerdem, Eltern anzuregen oder darin zu bestärken, wieder mehr

Kontakt mit Freundinnen oder Nachbarn aufzunehmen oder diesen zu intensivieren.

2. Zusammenwohnen gut vorbereiten. Viele träumen davon, mit der Verwandtschaft in einem Haus zu wohnen, ein Mehrgenerationenhaus ins Leben zu rufen. Sie auch? Schön. Machen Sie allerdings unbedingt den Realitätstest, prüfen Sie Erwartungen auf allen Seiten und reden Sie offen miteinander. Eine gemeinsame zweiwöchige Reise oder ein paar Wochen Probewohnen bieten die Chance, sich besser kennenzulernen. Nehmen Sie die Entscheidung nicht auf die leichte Schulter und lassen Sie sich nicht drängen. Wenn Sie danach immer noch »Ja« sagen, sind Sie vorbereitet.

3. Familienwerte in den Blick nehmen. Vor allem in belastenden Situationen kann es hilfreich sein, sich auf ein oder zwei Familienwerte zu besinnen. Welche Werte sind in unserer Familie wichtig? Worin sind sich alle einig? Oft reicht ein Begriff wie zum Beispiel Loyalität, Freundlichkeit, Ehrlichkeit oder Hilfsbereitschaft, dem alle in der Familie zustimmen. Ein Austausch über diese Werte mit Ihren Eltern oder Großeltern stärkt die Verbundenheit, denn dieser hilft oft dabei, schwierige Entscheidungen stimmig zu treffen oder Krisen zu meistern.

4. Identität stärken. Wer die Eltern unterstützt oder in ihrer Nähe wohnt, verliert sich leicht in altbekannten Verhaltensmustern aus Kindheit und Jugend. Fühlen Sie sich hauptsächlich als »das Kind Ihrer Eltern« oder ärgern Sie sich ständig, weil Sie so ganz anders denken als Ihre Eltern, dann sorgen Sie für mehr Ausgleich: Besuchen Sie Menschen, die Sie mit anderen Facetten

Ihrer Persönlichkeit in Kontakt bringen, suchen Sie bewusst Nähe zu Freunden, bei denen Sie das Gefühl haben, »so sein zu können, wie Sie sind«. Sie spüren dann besser, dass Sie beides sind: das Kind Ihrer Eltern und eine eigenständige Person mit eigenen Vorlieben, Bedürfnissen und Werten.

5. Vorsicht bei Geld und Besitz. Die Erbengesellschaft, in der wir hierzulande leben, bringt eine dramatische soziale Schieflage mit sich. Denn es kann für das Familiengefüge problematisch werden, wenn Geben und Nehmen zwischen den Generationen nicht mehr ausgeglichen ist. Erben verpflichtet und bindet. Geld geschenkt zu bekommen scheint erst einmal eine ausschließlich positive Option zu sein. Aber vielleicht prüfen Sie genauer, auf welche Weise Sie das Erbe antreten möchten, was das für das eigene Leben bedeutet und wie sich dadurch die Beziehung zu den Eltern verändern könnte. Wenn Sie das wissen, können Sie klarer und bewusster entscheiden.

6. Kapitel

»Weiter als Zugvögel leben.«

Oder: Alte Eltern zwischen zwei Kulturen

Viele Menschen werden nicht in dem Land alt, in dem sie geboren oder aufgewachsen sind. Gründe dafür können Flucht, Arbeitsmigration oder andere Formen der Einwanderung sein. In Familien, die mit mehreren Kulturen leben, entstehen spezifische Fragen. Auch das Alter betreffend.

Die erste Generation der Arbeitsmigrantinnen und -migranten, die in den 1950ern bis 1970ern nach Deutschland kam, hat das Rentenalter erreicht, ist meist zwischen 70 und 80 Jahre alt. Ihre Kinder haben mittlerweile auch Kinder. Die zweite und dritte Generation ist oft in Deutschland verwurzelt.

Die Entwicklung von Einwandererfamilien und ihre Konflikte sind in den letzten Jahrzehnten oft in Filmen und Romanen beleuchtet worden. Zu Recht. Denn so erzählt sich die Vielfalt der Fragen und Ambivalenzen, ohne dass Pauschalurteile getroffen werden. Murat Isgüder, 53, Berater in der Filmbranche und selbst Sohn türkischer Einwanderer, erzählt anhand von drei filmischen Beispielen, welche Sollbruchstellen entstehen können, wenn das Familienleben und das Altwerden in mehreren Kulturen stattfindet.

»Du steigst aus dem Auto, aber kommst mir nicht entgegen. Du stehst so halb halb, als wärest du nicht sicher, wohin du sollst.«

DILEK GÜNGÖR,
AUS IHREM ROMAN »VATER UND ICH«, 2021

»Wir haben vergessen zurückzukehren.«[110] So lautet der Titel eines Dokumentarfilms aus dem Jahr 2001, den der damals noch nicht weltbekannte Filmemacher Fatih Akin über seine Eltern drehte: Akin interviewte Vater und Mutter in der Küche vor laufender Kamera. Beide Eltern kamen aus der Türkei und wollten nur ein paar Jahre in Hamburg arbeiten, fassten dann aber Fuß und blieben. Nach anfänglichem Heimweh und großen Fremdheitsgefühlen lebten sie sich in Deutschland ein. Akin beleuchtet entscheidende Wendepunkte im Leben der Eltern: So erzählt seine Mutter, dass sie in der Türkei Lehrerin war und unbedingt auch in Deutschland wieder in einer Schule arbeiten wollte. Der Vater verbot es. Frauen sollten nicht arbeiten, nicht in Deutschland. Und erst recht nicht, wenn Kinder da sind. Über mehrere Monate, vielleicht auch Jahre, schwelte das Thema in der Ehe, dann setzte sich die Mutter durch. Um Deutsch zu lernen, nahm sie zunächst eine Putzstelle an, später bemühte sie sich in einer Schule in der Nachbarschaft um eine Arbeit als Türkischlehrerin. Abgesehen davon, dass der Film zeigt, wie klug Hadiye Akin ihre Pläne verfolgt, bekommt man eine Ahnung davon, wie sehr die Zeit in Deutschland das Paar verändert hat. Der Vater jedenfalls weiß zum Zeitpunkt des Interviews nicht mehr, warum er seiner Frau das Arbeiten verbieten wollte. Er zuckt nur die Schultern. Und der Sohn ist ohnehin in Deutschland aufgewachsen. Man sieht, wie er sich mit großer Selbstverständlichkeit durch seinen Stadtteil Hamburg-Altona bewegt. Er ist Teil des Viertels, in dem Menschen aus vielen Nationen leben. Irgendwann sagt Akin im Film sinngemäß, dass er selbst bereits viel deutscher sei als seine Eltern. Und wenn er irgendwann mal Kinder haben werde, seien diese wahrscheinlich noch viel deutscher als er.

Für Murat Isgüder ist diese frühe Dokumentation ein treffendes Zeitdokument über die Situation einer türkischstämmigen Familie, die damals bereits drei Jahrzehnte in Deutschland lebte. Der 53-Jährige ist Unternehmer und Berater in der Filmbranche. Ein Filmexperte, der in Hollywoodproduktionen und dem europäischen Autorenkino sowie in türkischen und deutschen Filmen der letzten Jahrzehnte gleichermaßen zu Hause ist. Seine Leidenschaft teilt er mit seinem Vater. Murats Eltern sind Einwanderer der ersten Generation, kamen 1971 von der türkischen Mittelmeerküste ins Saarland. Damals war Murat drei Jahre alt, sein älterer Bruder sechs, der jüngere noch ein Baby. Die Eltern verließen das Dorf, in dem Murats Vater als Bürgermeister arbeitete. Denn selbst als Staatsbediensteter war es dort schwer, eine Familie zu ernähren. Deshalb ließ sich Murats Vater als Arbeitsmigrant in Deutschland anwerben. Im saarländischen Völklingen arbeitete er über 30 Jahre in einem Stahlwerk im Schichtdienst. Die Mutter blieb mit vier Kindern zu Hause – in Deutschland wurde noch Murats kleine Schwester geboren. Heute sind beide Eltern Anfang achtzig, sie pendeln seit der Rente zwischen drei Orten: einer Wohnung in Saarbrücken, einer Stadt- und einer Strandwohnung in der Türkei.

»Dass meine Eltern hier in Deutschland geblieben sind, hatten sie nicht geplant. Genau wie im Dokumentarfilm von Fatih Akin und wie bei vielen anderen Arbeitsmigranten der ersten Generation auch hat es sich einfach so ergeben«, erzählt Murat. Die Jahre vergingen wie im Flug, die Kinder kamen in die Schule, und plötzlich realisierten die Eltern, dass sie schon mehr Lebensjahre in Deutschland verbracht hatten als in der Türkei. Dass die Eltern nach Art der Zugvögel heute ein halbes Jahr hier und ein halbes Jahr dort verbringen, ist vor allem der Tatsache geschuldet, dass die vier erwachsenen Kinder in Deutschland verwurzelt sind, hier wiederum selbst Familien gegründet haben. »Meine Eltern lieben ihre Kinder. Und sie lieben ihre Enkel, wollen mit ihnen viel Zeit verbringen«, sagt Murat. »Auch deshalb behalten sie den Wohnsitz im Saarland.«

Altern in Deutschland

Deutschland ist längst ein Einwanderungsland geworden. Heute hat jeder vierte Einwohner einen Migrationshintergrund. Das sind in Zahlen etwa 21,9 Millionen Menschen.[111] Erst langsam realisiert die Gesellschaft, dass die Generation der sogenannten »Gastarbeiter«, die ab 1955 von Deutschland angeworben wurde, nun hier alt geworden ist und das Seniorenalter erreicht hat.[112] Das bedeutet, auch sie ist nun stärker auf fremde Hilfe angewiesen, braucht passende Angebote für Betreuung und Pflege. Heute leben in Deutschland etwa 200 000 ehemalige Arbeitsmigranten im Rentenalter, die aus der Türkei stammen. In den nächsten Jahren werden es mehr werden.[113] Doch sie sind nicht die Einzigen. Erhebungen des Deutschen Alterssurveys zeigen, dass die älteren Menschen mit Migrationshintergrund eine sehr heterogene Gruppe darstellen. Neben den Menschen aus verschiedenen südeuropäischen Ländern und der Türkei, die etwa 13 Prozent der mittelalten und alten Menschen mit Migrationshintergrund ausmachen, gibt es die noch etwas größere Gruppe der Spätaussiedlerinnen aus Polen, Rumänien und den Ländern der ehemaligen Sowjetunion. Sie stellen 29 Prozent der Menschen ab 40 Jahren mit einer Migrationsgeschichte. Dazu kommt eine weitere riesige und sehr heterogene Gruppe von Einwanderern aus EU-Ländern und der ganzen Welt.[114] Die Vielfalt an unterschiedlichen Biografien und Schicksalen macht es unmöglich, generalisierend von »den Migranten« zu sprechen.

Aus der ersten Phase der Einwanderung von Arbeitsmigranten seit den 1950ern leben heute etwa 3,9 Millionen Menschen hier, vor allem Italiener, Griechen, Türken, Portugiesen, Serben, Kroaten und Spanier. Was viele dieser Menschen verbindet: Für sie gab es damals kein staatliches Integrationsprogramm. Sie bekamen keinen Sprachkurs, blieben auch deshalb mehr in der eigenen Community. Im Alter besteht dieses Problem weiter. Das beklagt beispielsweise Döne Gündüz, Pädagogin und Mitarbeiterin im Arbeitskreis Migration in Offenbach. In einem Interview für den Deutschlandfunk sagte sie im Januar 2022: »Auf jeden Fall stellen die fehlenden Sprachkenntnisse eine große Barriere (…) dar. Zum Gesundheitssystem, zu den Freizeitangeboten, aber auch für das alltägliche Leben.«[115] Die Integration der älteren Migranten müsse systematischer begleitet und Angebote geschaffen werden, die passen, wie zum Beispiel Kontaktstellen und Treffpunkte, um soziale Vernetzung herzustellen und Einsamkeit vorzubeugen. Aber auch geeignete Angebote für die Begleitung und Pflege im hohen Alter.

Gündüz weist auf eine weit verbreitete Klischeevorstellung hin, der zufolge bei Migrantinnen und Migranten bestimmte alterstypische Schwierigkeiten gar nicht erst entstehen. Viele Menschen würden denken: »Die leben doch in Großfamilien, und da sind die Kinder und die Enkel allzeit bereit, Zeit mit ihnen zu verbringen.« Gündüz appelliert daran, dieses Bild aufzugeben. Zwar ist der Zusammenhalt der Familie in türkischen und anderen südeuropäischen Familien tatsächlich ein wichtiger Wert. Doch der gesellschaftliche und demografische Wandel, der heute das Zusammenspiel von erwachsenen Kindern und alten Eltern prägt, betrifft Familien aus allen Kulturen gleichermaßen. Gerade in Bezug auf das letzte Lebensalter der Eltern sind die Schwierigkeiten überall gleich: Selbst wenn alte Eltern von ihren Kindern betreut und gepflegt werden möchten und erwachsene Kinder dieses Idealbild ebenfalls vor Augen haben, sieht die Realität anders aus. Die gesellschaftlichen Strukturen sind für alle anders als noch vor 50 oder 100 Jahren. Bestimmte Formen des Zusammenlebens sind nicht mehr realistisch, der klassische Generationenvertrag gilt nicht mehr. Mit diesem Spannungsfeld kämpfen in Deutschland Familien sowohl mit als auch ohne Migrationshintergrund.

Dass es sehr viele erwachsene Töchter und Söhne nicht schaffen, ihre Eltern hier zu versorgen und zu pflegen, obwohl sie sich das eigentlich wünschen, hat auch Nilgün Tasman aus Stuttgart beobachtet. Sie ist Expertin für »kultursensible Pflege« und hat zusammen mit dem Filmemacher und Pädagogen Paul Schwarz einen Dokumentarfilm realisiert. Sie hat mit zahlreichen türkischen, griechischen, italienischen Familien in Baden-Württemberg gesprochen, die ihre alten und oft dementen Eltern in deutsche Pflegeheime gegeben haben.[116] »Die Kinder können das nicht mehr bewältigen. Alle arbeiten, alle sind berufstätig, haben selbst Kinder. Wir haben in vielen Fällen gesehen, in denen Kinder ihre Eltern versorgen, dass da Familien kaputtgehen können, weil die erwachsenen Kinder depressiv wurden«, erzählt Nilgün Tasman in der Sendung alpha-Forum zu den Hintergründen des Films.[117] Obwohl es für die meisten türkischen Familien lange undenkbar war, die alten Verwandten in Heime oder eine ambulante Pflege zu geben, werde diese Möglichkeit heute auch in türkischen Familien diskutiert oder sogar realisiert, erzählt Tasman. Auch sie betont, dass die Suche nach neuen Formen der Betreuung und Begleitung für betagte Familienmitglieder nicht nur ein deutsches Phänomen sei. Auch in den größeren Städten der Türkei würde man diesen Bedarf beobachten.

In ihrer Dokumentation »Bittersüße Reise« berichtet Tasman von dem Gespräch mit einem erwachsenen türkischstämmigen Sohn, der seinen Vater in ein Pflegeheim in der Nähe von Stuttgart gegeben hat, obwohl es für ihn und in der türkischen Kultur eine Schande sei, die Eltern von Fremden pflegen zu lassen, wie er sagt. Seine Familie wollte nicht, dass er vor laufender Kamera darüber spricht, er habe aber einfach keine andere Möglichkeit mehr gesehen, seinen dementen Vater gut betreut zu wissen.[118]

Zum einen besteht für Familien mit Migrationshintergrund also eine deutlich höhere kulturelle Hürde, die Eltern in eine Fremdpflege zu geben, zum anderen sind in hiesigen Pflegeeinrichtungen Tagesablauf, Rituale, Essen und Freizeitangebote von der Kultur der Mehrheitsgesellschaft geprägt. Zu den üblichen Konflikten und Ambivalenzen, die in Familien auftreten, wenn alte Eltern pflegebedürftig werden, kommen die gesundheitlichen Aspekte noch hinzu: Studien belegen, dass die erste Einwanderergeneration größere gesundheitliche Probleme und mehr chronische Erkrankungen hat, die nicht selten auf die damaligen Arbeitsverhältnisse zurückzuführen sind.[119] »Diese Menschen haben nach dem Zweiten Weltkrieg maßgeblich am Wiederaufbau Deutschlands mitgearbeitet«, sagt die Pädagogin Döne Gündüz. »Sie haben sich, um mit einer platten Sprache zu sprechen, kaputtgearbeitet. Und jetzt, wo sie körperlich und psychisch verausgabt sind, denke ich, haben wir als Gesellschaft hier auch etwas, was wir ihnen zurückgeben müssen.« Diesen Appell würde auch die Pflegeexpertin Nilgün Tasman unterschreiben.

Überbrückung nötig

»Ich habe oft das Gefühl, dass meine Eltern dankbar sind, dass sie das Beste aus zwei Welten leben können«, sagt Murat Isgüder. Zum einen gebe es Deutschland das gelungene Arbeitsleben, die Familie, ein sehr gutes Gesundheitssystem. Zum anderen die Türkei, mit Freunden, der Wohnung am Meer, mit allem, was die beiden an Kontakten und heimatlichen Eindrücken rund um Sprache, Essen, Licht brauchen. Dennoch gibt es Brüche. »Meine Eltern haben sich mit uns entwickelt, sie haben akzeptiert, dass wir Kinder alle hierbleiben wollen«, sagt Murat. Die vier erwachsenen Kinder sind über das ganze Land verteilt, die Lebensentwürfe sind sehr verschieden, guten Kontakt zu den Eltern und zueinander haben alle. Und doch würden Murats Eltern, wenn sie alle, die sie lieben, mitnehmen könnten, heute vielleicht nicht mehr in Deutschland bleiben. Mit zunehmendem Alter der Eltern beobachtet Murat, dass die beiden in ihren Monaten in der Türkei aufblühen und sehr glücklich sind, in der Winterzeit in Saarbrücken in der Wohnung zurückgezogener leben, weniger aktiv sind und mehr fernsehen. Sie sind hier nicht unglücklich, aber man spüre, wo ihr Herz aufgehe. Also pendeln sie weiter zwischen den Ländern und überbrücken mit ihrer Mobilität die weiten Wege, die durch die Migration entstanden sind. Dazu komme, so Murat, nach und nach die Sorge um die eigene Gesundheit, wie sie alle alten Menschen haben: Wie wollen sie ihre letzten Lebensphasen gestalten? Und wie lange werden sie noch so unbeschwert reisen können?

Dass es generell wichtig ist, über den Bruch zu sprechen, der in vielen Familien der ersten Einwanderergeneration existiert, davon ist Murat überzeugt. »Die Elterngeneration ist sehr an die türkischen Werte, die Tradition und die Kultur gebunden, während ihre Kinder in Deutschland aufgewachsen sind und sich an dem orientieren, was sie hier lernen«, sagt er. Um zu veranschaulichen, welche Probleme dadurch entstehen, erzählt er aus seiner Teenagerzeit. Wie in vielen anderen Familien auch, nahmen in der Pubertät die Konflikte zwischen seinen Eltern und ihm zu. Nur verliefen die Sollbruchstellen zwischen den beiden Kulturen. Als Murat und seine Brüder selbstständiger wurden, war das den Eltern spürbar nicht recht. Sie wollten auf keinen Fall, dass die Söhne deutschstämmige Freundinnen »mit nach Hause bringen«. Doch Murats erste große Liebe war Deutsche. »Mir war es wichtig, ehrlich zu bleiben. Deshalb sprach ich mit meinen Eltern darüber«, sagt Murat. Vater und Mutter waren nicht begeistert. Sie fürchteten möglicherweise, dass sie ihren Sohn an die deutsche Kultur verlieren könnten. Wenn Murat von den Diskussionen am Abendbrottisch erzählt, wirkt das in der Rückschau lustig. Die verzweifelten Eltern, die schadenfrohen Brüder, die längst selbst heimlich deutsche Freundinnen hatten. Und Murat, der mittlere, der für die Brüder neue Freiheiten erstritt. Wir lachen herzlich. Damals fühlte sich Murat allerdings nicht so unbeschwert. Er wollte seinen Eltern keine Sorgen bereiten oder ihnen wehtun.

Zu diesem Thema fällt Murat ein passender Film ein: »Yasemin« von Hark Bohm.[120] Ein Spielfilm über eine in

Hamburg lebende türkische Schülerin, die sich nach längerem Zögern und einigen Gewissenskämpfen in einen Deutschen verliebt. Für ihre Eltern, Betreiber eines Gemüseladens, ist es undenkbar, dass Yasemin einen deutschen Freund hat; sie wollen sie zurück in die Heimat schicken. Doch das Liebespaar flüchtet – ein bisschen wie Bonnie & Clyde – auf einem Motorrad. »Der Film ist nicht allzu gut gealtert«, sagt Murat, der ihn sich vor unserem Gespräch noch einmal angeschaut hat. »Aber als ich ihn damals sah, war ich begeistert.« Das kluge, lebendige Mädchen Yasemin und die Liebe zu einem deutschen Jugendlichen, der den Ernst der Lage und Yasemins Schwierigkeiten mit den Eltern lange nicht begreift, das habe Murat damals angesprochen. Ende der 1980er-, Anfang der 1990er-Jahre seien vermehrt Filme gedreht worden, die auf Konflikte von Migranten und ihren Familien in Deutschland eingehen. Es war wichtig, die eigenen Themen reflektiert zu sehen, sagt Murat und fügt hinzu: »Das ist ja gerade das Tolle an Filmen. Sie zeigen immer spezifische Welten und machen kulturelle Unterschiede verständlich. Filme bewegen uns eben universell, zeigen das Verbindende und Gemeinsame.«

Ein schlechtes Gewissen bleibt

Mit seinen Eltern gab es zum Glück keinen ausufernden Streit oder Bruch wie im Film. Nach einer Weile hatten sich Vater und Mutter beruhigt und toleriert, dass die Liebe eben eigene Wege geht und dass Kinder über ihr

Leben selbst entscheiden. Heute, viele Jahrzehnte später, sind die deutschen Schwiegertöchter und der deutsche Schwiegersohn Teil der Familie. Murats Eltern haben verstanden, dass ihre erwachsenen Kinder sich zwar auch in der Türkei zu Hause fühlen, ihr Lebensmittelpunkt jedoch in Deutschland ist. »Meine Eltern haben ihre Situation bewundernswert gemeistert und uns, wie ich finde, auch auf einen ziemlich guten Weg gebracht«, sagt Murat. Er habe großen Respekt davor. Auch deshalb ist ihm das Verhältnis zu den beiden und zur Familie generell sehr wichtig.

Und doch: »Ich habe oft eine bestimmte Art von Schuldgefühlen, wenn ich über meine Eltern nachdenke«, sagt Murat. »Sie haben vieles geopfert, um uns ein gutes, ein besseres Leben zu ermöglichen. Sie haben sehr viel auf sich genommen und auf vieles verzichtet.« Die Schuldgefühle plagen ihn nicht, begleiten ihn aber. Immer mal wieder muss er daran denken, dass seine Eltern in Deutschland ein Leben aufgebaut haben, das seinen Geschwistern und ihm ungleich größere Bildungs- und Entwicklungschancen ermöglicht hat. Da Murat regelmäßig in die Türkei reist, zu türkischen Freunden aus Kindertagen immer noch Kontakt hält, weiß er, wie unsicher sie inzwischen dort leben, wie oft sie Jobs verlieren, immer wieder vor großen wirtschaftlichen Herausforderungen stehen. Ein Leben als freier Berater in der Filmbranche hätte er in der Türkei wahrscheinlich nicht realisieren können, schätzt Murat, der seinen Beruf so liebt, dass er derzeit mit einem Freund ein kleines, ambitioniertes Unternehmen aufbaut, das deutschsprachige

Veröffentlichungsrechte internationaler Filme kauft und vertreibt.

In unserem Gespräch – auch über die Filme »Yasemin« und die Dokumentation von Fatih Akin – ist häufiger von Schuld und von einem schlechten Gewissen die Rede. Themen, die in sehr vielen Familien mit und ohne Migrationshintergrund eine Rolle spielen. Eine Studie der Psychologin Sigrun-Heide Filipp und des Sozialwissenschaftlers Thomas Boll untersuchte, was die Voraussetzungen für ein schlechtes Gewissen erwachsener Kinder gegenüber ihren Eltern sind, und befragte dazu 300 Töchter und Söhne im Alter von 41 bis 51 Jahren.[121] Es zeigte sich, dass offene Vorwürfe und Anklagen von Seiten der Eltern die Schuldgefühle befeuern. Auch Normverletzungen spielen eine Rolle: Wenn Kinder das Gefühl haben, die Werte und Normen der Eltern oder in der Familie geltende Regeln missachtet zu haben, entstehen starke Gewissensbisse, die sich nicht so leicht auflösen lassen. Eine solche Normverletzung kann es sein, wenn man die Eltern nicht so häufig besucht, wie es in der Familie üblich ist. Oder wenn Kinder andere Berufswege einschlagen oder sich andere kulturelle Werte aneignen, was für unser Thema relevant ist. Ein solches schlechtes Gewissen ist nicht unbedingt quälend, aber prägend.

Wir haben schon in zwei vorhergehenden Kapiteln festgestellt, dass ein schlechtes Gewissen kein guter Ratgeber ist. Weder im Umgang mit Partnern und Geschwistern noch in Bezug auf die eigenen Eltern, wenn es zum Beispiel um Entscheidungen rund um Pflege und Betreuung geht. Es kann also sinnvoll sein, wiederkehrende Schuldgefühle den Eltern gegenüber einmal ruhen zu lassen. Es ist jedoch nicht so leicht, das Gefühl von Schuld abzubauen. In der Psychologie gibt es verschiedene konkrete Ansätze, um das komplexe Gefühl der Schuld tatsächlich zu verringern. Einen davon beschreibt die Psychotherapeutin Helga Kernstock-Redl in ihrem aktuellen Buch.[122] Als einen ersten Schritt rät sie, zu unterscheiden, ob ein Schuldgefühl realistisch ist, ob also wirklich eine Schieflage entstanden ist, für die man selbst verantwortlich ist. Oder ob es eher irrationale Schuldgefühle sind, die einen quälen und durch die man bestimmte »innere Gesetzestexte« erfüllen will, die aber einer realen Grundlage entbehren. Sätze wie »Ich darf Menschen, die mir nahestehen, nie enttäuschen« oder »Ich muss immer für andere da sein« sind solche inneren Gesetzestexte, die letztlich unerfüllbar und deshalb kontraproduktiv sind. In Bezug auf das Verhältnis zu den Eltern findet man häufig solche irrationalen Schuldgefühle. Um diese zu verändern, lohne es sich, zu überprüfen, welche »Ich muss«- oder »Ich sollte«-Sätze eine innere Verpflichtung nähren. In Bezug auf die Pflege alter Eltern sagt Helga Kernstock-Redl in einem Interview mit »Psychologie Heute«: »Meist kümmern wir uns um Kinder, Freundinnen oder alte Eltern, weil wir sie gernhaben. Das Motiv ist Liebe und kein Regelwerk, schuldig fühle ich mich erst, wenn ich mich verpflichtet fühle.«[123]

Kernstock-Redl empfiehlt, innerlich einen Schritt zurückzutreten, die inneren Sätze neu zu justieren und neben der Verpflichtung, die man spürt, auch ein Recht für sich selbst zu formulieren. Ein Satz, der dazu passt, könnte lauten: »Ich habe die Pflicht, mich um dich zu kümmern, aber ich habe auch ein Recht auf mein eigenes Leben.« Solche erweiterten inneren Gesetze schaffen eine Balance, mit der man bestehenden Schuldgefühlen etwas entgegensetzt und sie so entkräftet – ohne gegen sie zu kämpfen. Wenn das nicht helfe, kann man noch einen Schritt weiter gehen, rät Kernstock-Redl: »Menschen mit starken Schuldgefühlen empfehle ich, das Wort Recht durch Pflicht zu ersetzen.« Dann heißt der ergänzende innere Gesetzestext zum Beispiel: »Ich habe auch eine Pflicht gegenüber meinen Kindern, meinem Partner und gegenüber der Person, die ich mit 80 sein werde und die eine Rente braucht.« So stellt man quasi einer Verpflichtung für andere eine Verpflichtung für sich selbst gegenüber. Auch das kann dafür sorgen, dass Menschen sich mehr um sich selbst kümmern und nicht haltlos von alten inneren Gesetzen und Schuldgefühlen getrieben werden.

Wichtig dabei ist, dass Sie Schuldgefühle gar nicht mit Macht auflösen müssen, sondern diesen einfach etwas Neues entgegensetzen können. Ganz aus Schuldgefühlen auszusteigen ist nicht notwendig. Es kann auch ein Zeichen von Stärke sein, wenn Sie sich trauen, das Spannungsfeld auszuhalten, indem man sich sagt »Ja, ich habe manchmal ein schlechtes Gewissen meinen Eltern gegenüber …« und »Ja, ich gestalte mein Leben, wie es mir guttut und werde damit meine Eltern auch mal verletzen«. Gerade in Bezug auf alte und kranke Eltern kann es sehr einfühlsam und empathisch sein, wenn man sich bewusst ist, dass es beide Wahrheiten gibt. Auch wenn das eine fragile Balance ist – sie berücksichtigt alle Positionen und Perspektiven.

Murat Isgüder kann das schlechte Gewissen aushalten und findet es manchmal sogar wertvoll. Es erinnert ihn daran, dankbar zu sein und die eigene Familiengeschichte immer im Blick zu haben.

Türkisch für Anfänger

In seinen Schilderungen wird immer wieder deutlich, dass auch Murat das Leben in zwei Kulturen manchmal anspruchsvoll findet und deshalb nachvollziehen kann, wie es seinen Eltern zeitweise ergangen sein muss. Zwar habe er im Saarland selbst nie Anfeindungen erfahren, doch die Fragen »Wo kommst du her?« und »Wer bist du?« haben ihn immer begleitet. Und seine Eltern natürlich auch. Dass man sich dauernd erklären müsse, sei anstrengend. Auch deshalb genießt Murat die international geprägte Atmosphäre beim Film, wo meist Englisch gesprochen wird und ab einer bestimmten Projektgröße ohnehin Menschen aus unzähligen Nationen zusammenarbeiten. Besonders beeindruckt habe ihn die Zeit, als er in New York lebte. Zum ersten Mal habe ihn bei der Arbeit oder auf Partys niemand auf seine Herkunft angesprochen. Er stammte einfach aus »Europe«. Das habe ihm ein Gefühl von selbstverständlicher Zugehörigkeit gegeben, das er nicht kannte. Womöglich ist das auch der Grund, warum Murat entsetzt abwinkt, als ich ihm als Beispiel für eine gute Integrations-Komödie die Serie

»Türkisch für Anfänger« nenne, in der das Aufeinanderprallen von Kulturen als Slapstick erzählt wird. Für seinen Geschmack sei das zu viel Klamauk. Kein Mensch, der tatsächlich zwischen zwei Kulturen lebe, würde die Unterschiede und ihre Folgen so oberflächlich erleben. Außerdem habe gerade diese Serie keinen tieferen Bezug zur türkischen Kultur, weshalb er stattdessen die Komödie »Almanya – Willkommen in Deutschland« empfiehlt. Ein Film der Schwestern Yasemin und Nesrin Şamdereli aus dem Jahr 2011, eine turbulente Familiengeschichte über drei Generationen.

In Rückblenden wird die Liebesgeschichte der Großeltern erzählt, die sich in einem anatolischen Dorf trafen und dann als Gastarbeiter nach »Almanya« gingen. In der BRD wird der Großvater als der 1000001. Gastarbeiter begrüßt und wird Zeuge, wie der Mann vor ihm – der Millionste Gastarbeiter – ein Moped als Willkommensgeschenk bekommt. Die Szene verweist auf die tatsächliche Begebenheit aus dem Jahr 1964, als der Portugiese Armando Rodrigues de Sá ein Moped und einen Strauß Nelken erhielt. Der Film nimmt Bezug auf die Herkunftsgeschichte, die Entwicklungen und Verstrickungen der drei Generationen. Sie alle fühlen sich unterschiedlich stark zugehörig und zu Hause in »Almanya«. Zum Schluss fährt die Großfamilie gemeinsam in die Türkei, wo der Großvater ein baufälliges Haus gekauft hat. Er will zurück zu seinen Wurzeln, es zieht ihn in die Türkei. Dass er auf der Reise schließlich stirbt und in seinem Dorf begraben wird, ist ein unerwarteter und rührender Abschluss dieser Familiengeschichte.

Murat mag diesen Film, vor allem, weil er historische und aktuelle Bilder aus Deutschland und Anatolien kombiniert. Er habe darin seine eigene Familiengeschichte am ehesten wiedergefunden. Als er den Film damals im Kino sah, spürte er, dass er ihn anders als das deutsche Publikum wahrnahm: »In dem Film gibt es eine Szene, als die Familie noch in einem anatolischen Dorf lebt und nachts die Ratten aus dem Schlafzimmer scheucht«, erzählt Murat. »Im Kino wurde damals an der Stelle gelacht. Ich wusste hingegen von meiner Mutter, dass sie manchmal nachts an meinem Babybett wachen musste, um mich vor Ratten oder Skorpionen zu beschützen, die es in unserem Dorf durchaus gab.« Der Film schildert die Schönheiten und Schwierigkeiten des Lebens, denen man in Deutschland und in der Türkei begegnet. Und dass es sich lohnt, diese unterschiedlichen Lebenswelten zu kennen.

Das letzte Alter

Der Film »Almanya« endet mit dem Tod des Großvaters in der Türkei. Viele Migrantinnen und Migranten werden allerdings in Deutschland alt, erleben auch ihre letzten Jahre der Hilfe- und Pflegebedürftigkeit in einer Kultur, in der sie nicht aufgewachsen sind. Im Interview zu ihrer Dokumentation »Bittersüße Reise« sagt die damals 47-jährige Nilgün Tasman: »Ich muss feststellen: Back to the Roots. Je älter ich werde, desto mehr Sehnsüchte habe ich. Ich möchte zwar weiter in Stuttgart, aber ich möchte in einer bunten Gesellschaft leben, ich möchte türkisch essen, (…) die türkische Musik hören.« Auch weil sie die kulturellen Aspekte für ein gutes Altern in Deutschland so wichtig findet, hat sie den Film realisiert, der die Chancen und Facetten kultursensibler Pflege in Deutschland beleuchtet. Darunter versteht man eine Begleitung alter und hilfebedürftiger Menschen, die es ihnen ermöglicht, auch weiterhin ihre Kultur auszuüben, ihre Sprache zu sprechen, ihr gewohntes Essen zu genießen, Rituale und religiöse Bräuche weiterhin zu leben. Der Eindruck, der entsteht: Das Pflegepersonal ist überall sehr engagiert. Doch die Strukturen sind häufig noch nicht auf alte Menschen aus anderen Ländern eingestellt. Man sieht etwa einen alten türkischen Herrn, der an Demenz leidet. Im Zuge der Erkrankung hat er, obwohl er früher Deutsch sprach, seine Zweitsprache komplett vergessen. Nun sitzt er in einem Altenheim im Schwäbischen in einem Sitzkreis mit anderen Senioren und versucht, sich mit diesen auf Türkisch zu unterhalten. Obwohl die anderen versuchen, ihn einzubinden, bleibt eine Distanz, vielleicht sogar ein Moment der Scham auf allen Seiten. Und zum Mittagessen gibt es Schweinefleisch, so dass der türkische Bewohner nur die Beilagen isst, sprich: ein bisschen im Kartoffelbrei herumstochert. Zum Glück gibt es einen türkischsprachigen Pfleger, der den alten Herrn um die kulturellen Klippen herumzumanövrieren versucht.

»Wir brauchen viel mehr kultursensible Pflege in Deutschland«, sagt auch Paul Schwarz, der den Film zusammen mit Nilgün Tasman realisiert hat. Erste Ansätze gibt es bereits in der Ausbildung. Für den Film drehten sie in einer Pflegeschule, die »kultursensible Pflege« bereits in ihren Lehrplan aufgenommen hat. Die Schülerinnen und Schüler, die zu 80 Prozent einen Migrationshintergrund haben, überlegen in einer Unterrichtsstunde beispielsweise, wie sie sich selbst ein Leben im Alter vorstellen. Eine Schülerin, die aus der Dominikanischen Republik stammt, sagt, sie wolle auch weiter mit ihrer Herkunftskultur zu tun haben. Wichtig für sie seien das Essen, die Telenovelas und die Musik. Wenn zukünftige Pflegerinnen und Pfleger ein Gefühl dafür bekommen, was ihnen selbst im Alter wichtig sein könnte, können sie auch kulturell anders geprägte Menschen empathischer begleiten. »Kultursensible Pflege ist keine Einbahnstraße«, sagt Paul Schwarz. »Es ist einfach wichtig, dass alle Seiten einander kennenlernen und aufeinander eingehen.« Auch von einer Person mit Migrationshintergrund, die seit 30 oder 40 Jahren in Deutschland lebt, könne man erwarten, dass sie sich zum Teil auf die hiesige Kultur zubewege. Es dürfe jedoch nicht vergessen werden, dass diese Menschen fern der Heimat ein neues Leben angefangen haben und Teile der Kultur, mit der sie aufgewachsen sind, auch weiterhin leben wollen.

Einen kultursensiblen Umgang mit Pflegethemen müssen alle Akteure neu lernen: professionelle Pflegende, aber auch erwachsene Kinder von Migrantinnen und Migranten, schließlich die Senioren selbst. »Diese Menschen sind jetzt in einem Alter zwischen 70 und 90 Jahren«, sagt Nilgün Tasman: »Sie haben keine Vorbilder, wie sie alt werden sollen.« Es gibt keine Generation, die das vorgelebt hat, niemand, der vorangegangen ist. Für Migrantinnen und Migranten im Seniorenalter verschärfen sich die Folgen des demografischen Wandels: Sie sind die erste Generation, die in einem anderen Land viele zusätzliche Jahre Lebenszeit gestalten kann und muss. Ihre erwachsenen Kinder sind die erste Generation, für die eine Pflege durch die Familie zu Hause nicht mehr gut möglich ist.

In Murat Isgüders Familie ist dies noch kein Thema. Murat ist sich aber sicher, dass er gemeinsam mit seinen Geschwistern eine gute Lösung finden wird. Eine Entscheidung für eine der beiden Heimaten – Türkei oder Deutschland – wird es für die Eltern wahrscheinlich nicht geben, man braucht sie auch nicht zu forcieren. Dass es jedenfalls keine Lösung sein kann, betagte Senioren in Heime in der Türkei, in Griechenland oder in Italien zu bringen, betont auch die Expertin für kultursensible Pflege Nilgün Tasman: »Das Wort Heimat hat sich für diese Menschen verändert. Heimat ist nicht nur ein Ort. Heimat, das sind die Kinder, das sind die Enkel. Es ist das Essen, die Kultur, die Musik. Man muss damit anders umgehen. Es hat sich vieles gewandelt.« Murat würde dem zustimmen.

Den Blick weiten: Die Kraft der Kulturen

Die Themen Alter, Generationenkonflikte und Migration wurden hier nicht nur durch die Schilderungen einzelner Personen beleuchtet, sondern mit Hilfe von Filmen, vor allem aus den Jahren zwischen 1990 und 2010. Sie bilden die Realität von unterschiedlichen Familien mit Migrationshintergrund ab. Wir haben diese filmischen Jahrzehnte ausgewählt, weil in dieser Zeit häufig die Geschichten der ersten und zweiten Generation Einwanderer geschildert werden. Es sind die Menschen, die heute mittelalt oder alt sind. Aktuelle Filmstoffe und Romane der letzten Jahre beleuchten meist die Lebenswelt der dritten und zum Teil vierten Generation, oft geht es auch nicht mehr vornehmlich um zum Beispiel türkische, bosnische oder aserbaidschanische Wurzeln, sondern um Identitätsfragen vor dem Hintergrund multikultureller Einflüsse.

Warum ist diese zusätzliche Ebene für ein Sachbuch interessant? Ganz einfach: Weil Kultur und fiktionale Erzählungen eine Vielfalt und Pluralität zeigen können, die anders kaum möglich wäre. Aber das ist nicht alles: Wer Filme schaut oder Bücher liest, der schult auch die eigene Empathiefähigkeit und die Fähigkeit zur Perspektivübernahme. Das zeigen verschiedene Studien, wie zum Beispiel ein Experiment von Bonnie Raingruber von der California State University, die herausfand, dass Studierende empathischer werden und ethische Dilemmata differenzierter reflektieren, wenn sie vorher Filme geschaut hatten.[124] Wenn man Protagonistinnen agieren sieht oder sich beim Lesen in sie hineinversetzt, findet eine »Erlebnisübernahme« statt. Man identifiziert sich mit handelnden Figuren, auch wenn sie ganz anders sind als man selbst und andere Dinge tun. Die Erlebnisübernahme kann so stark nachwirken, dass Menschen nach der Lektüre ihr eigenes Verhalten ändern, was eine Studie der Psychologen Lisa Libby und Geoff Kaufman von der Ohio State University nahelegt.[125] Die beiden ließen Versuchsteilnehmer eine Kurzgeschichte lesen, in der ein Protagonist unter widrigen Umständen zur Wahl ging. Ein Teil der Versuchsteilnehmerinnen und -teilnehmer bekam eine bewegende Ich-Erzählung zu lesen, mit der sich die meisten sofort identifizierten. Die andere Gruppe las eine neutrale Version der Geschichte. Die emotionale Beteiligung wirkte sich auf deren Verhalten im Alltag aus: 65 Prozent der Teilnehmer, die die emotionale Erzählung gelesen hatten und bei denen eine Erlebnisübernahme stattfand, ging ein paar Tage später zu einer real stattfindenden Wahl. In der Gruppe, die den neutralen Text gelesen hatte, waren es nur 29 Prozent. Wenn man sich mit Filmfiguren oder Romanhelden identifiziert, verändert das unsere Einstellung und beeinflusst unser Handeln, weil wir etwas gelernt haben.

Solche Studien mögen bekräftigen, was der Hamburger Kultursenator Carsten Brosda im Januar 2022 in einem Interview mit der Schriftstellerin Simone Buchholz im »Freitag« sagte: »Kultur ist die Grundlage dafür, dass Demokratie überhaupt gelingen kann.« Denn Kulturräume wie Theater oder Kinos eröffnen Möglichkeiten, sich miteinander auszutauschen und unterschiedliche Perspektiven einzunehmen. »Wir sind hier in einem Theater …«, sagt Brosda im Gespräch. »Mir geht es hier regelmäßig so, dass ich dasitze und irgendwas trifft mich. Ich erkenne irgendwas, ich begreife etwas, ich bekomme eine Antwort auf eine Frage, die ich mir bisher nicht gestellt habe (…) So, und dann geh ich raus, in die Pause und steh da mit anderen, und wir fangen an, darüber zu reden, und ich stelle fest, den meisten ging es an dieser für mich entscheidenden Stelle ganz anders, für die waren es andere Stellen, die wiederum an mir vorbeigerauscht sind. Wir lernen dann ganz praktisch: Wir sehen vielleicht das Gleiche, nehmen aber völlig Unterschiedliches wahr.«[126] Es geht darum, sich über das Gesehene auszutauschen, nicht nur zu sagen: Deins ist falsch und meins ist richtig. Eine Pluralität von Stimmen entsteht eher, wenn Menschen sich – so unterschiedlich sie sind – auf verschiedene Erzählungen, Filme, Theaterproduktionen oder Romane einlassen. Und sich davon verändern lassen.

So können auch bei den hier behandelten Themen fiktionale Stoffe eine wichtige Erweiterung bieten. Dort, wo die Fakten und Zahlen aufhören, fangen die unterschiedlichsten Geschichten an. Sie ergänzen historische und gesellschaftliche Gegebenheiten, öffnen Perspektiven und ermöglichen das Verstehen und das Verständnis. An dieser Stelle sei deshalb nicht nur auf die Kraft der Kultur hingewiesen, die hilft, uns in Situationen hineinzuversetzen und sie in abgeschwächter Form selbst zu durchleben. Sie bekommen hier nun auch ein paar konkrete Anregungen, welche Bücher Sie lesen oder welche Filme Sie ansehen könnten.

▶ Migration und Familienkonstellationen

Dilek Güngör: »Vater und ich«. Eine Berlinerin fährt ihren Vater in der schwäbischen Provinz besuchen, für ein langes Wochenende. Die Mutter ist mit den Tanten zu einem Wellness-Wochenende gefahren. Der Vater, ein Handwerker und Einwanderer der ersten Generation, der langsam älter wird, und seine Tochter loten gemeinsam aus, welcher Kontakt für sie passend ist, wie sie überhaupt Nähe herstellen können. Im Laufe des Wochenendes gelingt es den beiden, eine bestehende Fremdheit im Ansatz zu überwinden. Die Geschichte ist knapp und zum Teil auch humorvoll erzählt und zeigt eine Vater-Tochter-Liebe mit versöhnlichen Momenten. (Verbrecher Verlag)

Deniz Ohde: »Streulicht«. Die Ich-Erzählerin des 2020 erschienenen und hochgelobten Romans beschreibt das Aufwachsen mit einer türkischen Mutter und einem deutschen Vater, der sich zum schweren Alkoholiker entwickelt hat. Die Erzählerin ringt nicht nur mit ihrer Angst vor dem Vater, mit der Scham vor dem, was mit ihm passiert, sondern auch damit, dass man sie immer wieder als Migrantin wahrnimmt. Sie selbst hat aber ganz andere Probleme als eine multikulturelle Identitätssuche. Ein Roman zwischen Emanzipation von der eigenen Familie und Gebundensein durch eine familiäre Prägung. (Suhrkamp Verlag)

Marco Balzano: »Wenn ich wiederkomme«. Die Rumänin Daniela verlässt ihren Mann und die zwei Kinder, um in Italien als Pflegekraft zu arbeiten. Die schwere Arbeit, die Zerrissenheit zwischen der Verpflichtung, Geld zu verdienen, und dem schlechten Gewissen den eigenen Kindern gegenüber werden geschildert. Auch wenn einige Szenen in diesem Buch etwas kitschig und plakativ sind, werden die Missstände von Arbeitsmigrantinnen beleuchtet, die hauptsächlich in der Pflege alter Menschen arbeiten. Ein sehr aktuelles Thema, das für alle Menschen interessant sein kann, die ihre Eltern oder andere Familienmitglieder mit Hilfe ausländischer Pflegekräfte betreuen und besser verstehen wollen, in welcher Lage diese sich befinden. (Diogenes Verlag)

▶ Pflege alter und kranker Eltern

Arno Geiger: »Der alte König in seinem Exil«. Der Vater hat Alzheimer, der Sohn besucht ihn regelmäßig und schildert die verschiedenen Stadien der Erkrankung. Unter anderem notiert er immer wieder Sätze, die der Vater in Zuständen der Desorientierung und Verwirrung sagt. Diese Aussagen wirken oft wie aus der Welt und aus der Zeit gefallen – berührend und treffsicher sind sie trotzdem. Hier eine Passage aus den ersten Phasen der Demenz: »Eine Katze streift durch den Garten. Der Vater sagt: ›Früher hatte ich auch Katzen, nicht gerade für mich allein, aber als Teilhaber.‹ Und einmal als ich ihn frage, wie es ihm gehe, antwortet er: ›Es geschehen keine Wunder, aber Zeichen.‹« Die Art, wie Geiger erzählt, ist immer respektvoll, niemals verharmlosend, oft poetisch. Ein Demenzbuch, das Angst und Mut zugleich macht. (Hanser Verlag)

Michelle Zauner: »Tränen im Asia-Markt«. Als ihre Mutter an Krebs erkrankt, fährt Michelle, damals Mitte zwanzig, zurück nach Oregon in ihr abgelegenes Elternhaus, um Zeit mit ihr zu verbringen und sie zu umsorgen. Doch die Mutter stirbt bald darauf. Die Tochter verarbeitet ihre Trauer, ihre Angst und ihren Schmerz, indem sie anfängt, die asiatischen Gerichte zu kochen, die sie aus ihrer Kindheit und Jugend kennt und die sie an die Mutter erinnern. (Ullstein Verlag)

Forian Zeller: »The Father«. Der Film mit Anthony Hopkins in der Hauptrolle erzählt, wie eine Tochter ihren dementen Vater begleitet. Der Vater Anthony ist bereits sehr verwirrt und kann sich kaum mehr erinnern, dass er nicht in seiner eigenen Wohnung, sondern in der seiner Tochter lebt. Die Besonderheit des Films: Er wird lange aus der Sicht des dementen Vaters erzählt, die Zuschauer erfahren erst nach und nach, wie die Beziehungen und Konstellationen wirklich sind. So wird ein Perspektivwechsel mit dem dementen Vater möglich.

▶ Familienverstrickungen mit Eltern, Ablösung und Erwachsenwerden

Anna Katharina Hahn: »Das Kleid meiner Mutter«. Anita ist eine Endzwanzigerin, die noch bei ihren Eltern lebt. Eines Tages kommt sie nach Hause, ihre Eltern liegen tot im Bett. Die Atmosphäre gleicht der eines Traumes oder einer Schauergeschichte. Die Eltern schrumpfen in den nächsten Tagen, bis sie wie Puppen aussehen, die Tochter fängt gleichzeitig an, sich mit der Geschichte der Eltern auseinanderzusetzen. Sie findet heraus, was Vater und Mutter noch ausgemacht hat, abgesehen davon, dass sie Eltern waren. Und so versteht sie besser, wer sie selbst ist – abgesehen davon, dass sie ihre Tochter ist. Ein dichter und lesenswerter Roman für alle, die sich von ihren Eltern emanzipieren wollen. (Suhrkamp Verlag)

Anselm Neft: »Späte Kinder«. Nach dem Tod der Eltern macht sich ein Zwillingspaar daran, die eigene Familiengeschichte zu verstehen. Bruder und Schwester versuchen sich dazu unter anderem in Rollenspielen und nachgestellten Dialogen, schaffen sich ein quasi-therapeutisches Setting. Eine schmerzhafte Annäherung an die Prozesse, die stattfinden, wenn Menschen versuchen, sich von familiären Aufträgen zu lösen und Familiengeheimnisse zu lüften. In diesem 2022 erschienenen Roman steht auch die Gewalt des cholerischen Vaters im Fokus. (Rowohlt Verlag)

Helga Schubert: »Vom Aufstehen«. In ihrem preisgekrönten Erzählband skizziert die 80-jährige Autorin nicht nur Geschichten, die vom Altwerden und von einer Auseinandersetzung mit dem Ende des Lebens erzählen, sie beschreibt auch das Verhältnis zu ihrer eigenen Mutter. Diese war ihr gegenüber immer kalt und desinteressiert, nur die Großeltern haben ihr eine tiefe Bindung geboten. Ein Buch für alle, die sich mit dem Älterwerden beschäftigen wollen. Oder die eine belastete Beziehung zur eigenen Mutter haben. (dtv)

▶▶ Was kann ich selbst tun?

1. Lebensgeschichten berücksichtigen. Woher unsere Eltern kommen, was sie im Leben erlebt haben, welche Plätze sie als Heimat ansehen, all das spielt eine Rolle, wenn es darum geht, sie zu verstehen, sich von ihnen angemessen abzugrenzen und sie im Alter zu begleiten. Es lohnt, sich immer mal wieder zu fragen, ob Eltern möglicherweise Heimweh haben nach einem Ort, einer Region, einem Land, in dem sie aufgewachsen sind. In therapeutischen Gruppen habe ich häufiger gesehen, dass Beziehungskonflikte oder auch depressive Symptome vor allem bei älteren Generationen auch mit einer »Sehnsucht nach der Heimat« zu tun hatten. Diese Erkenntnis hat die Betroffenen selbst in der Regel überrascht – sie erlebten sich und ihre Familien weitgehend zufrieden und verwurzelt in Deutschland. Zu wissen, dass alle kulturellen Prägungen weiterwirken und auch eine Berechtigung haben, kann eine wichtige Orientierung sein.

2. Schuldgefühlen etwas entgegensetzen. Viele Erwachsene leiden unter einem chronisch schlechten Gewissen ihren Eltern gegenüber. Beschrieben wird dies oft als »stummer Begleiter«, nicht als Drama oder Qual. Wenn Sie lästigen und alten Schuldgefühlen etwas entgegensetzen wollen, können Sie sich zum Beispiel fragen, zu was Sie sich den Eltern gegenüber verpflichtet fühlen. Und aus welchen Gründen Sie das Gefühl haben, in deren Schuld zu stehen. Haben Sie sich von den Eltern entfernt, haben Sie die Eltern in deren Augen enttäuscht? Oder spielt etwas anderes eine Rolle? Im Coaching-Teil am Schluss des Buches finden Sie dazu eine konkrete Übung.

3. Kultursensibel leben. In diesem Kapitel ging es um die Frage, wie Menschen in einer Gesellschaft alt werden, in der sie einer vermeintlichen Minderheit angehören. Um kultursensibel zu leben, ein Gespür für die Traditionen und Bedürfnisse von Menschen mit unterschiedlichen Lebensgeschichten zu bekommen, kann es sich lohnen, die Begriffe Mehrheitsgesellschaft und Minderheit einmal in Frage zu stellen. Überlegen Sie sich dazu in einer ruhigen Minute, an welchen Punkten in der Biografie oder in welchen Einstellungen und Werten Sie selbst ebenfalls eine Minderheit sind, also nicht dem Konsens der Gesellschaft entsprechen. So gelingt es eher, sich in andere einzufühlen, die häufiger mit Fremdheitserfahrung oder sogar Ausgrenzung zu tun haben. Der veränderte Blickwinkel hilft auch dabei, grundsätzliche Gemeinsamkeiten zu entdecken.

4. Kultur hilft verstehen. Lesen für mehr Empathie? Filme schauen für das Verständnis anderen gegenüber? Die Kraft der Kultur ist groß, wenn es darum geht, empathischer zu werden. Auch in

Bezug auf die Themen dieses Kapitels kann Ihnen das Lesen von Romanen und die Auseinandersetzung mit Filmen helfen. Wer sich mit Protagonisten und Erzählerinnen identifiziert, versetzt sich in eine andere Person, in eine zukünftige Zeit und bereitet sich so auf Lebensphasen vor, in denen es um Alter und Abschied geht. Nutzen Sie diese Möglichkeit bewusst für Ihre eigenen Fragen und Themen.

7. Kapitel

»Ich will selbst entscheiden.«

Oder: Hilfebedürftige Eltern begleiten

Wenn alte Eltern mehr Hilfe brauchen oder pflegebedürftig werden, ist das oft für alle Beteiligten eine Herausforderung. Die betagten Eltern wollen meistens möglichst selbstständig bleiben. Die begleitenden Kinder wollen den Bedürfnissen der Eltern gerecht werden, möchten sich aber auch nicht verausgaben und ihr eigenes Leben weiterführen. Ein Balanceakt auf beiden Seiten!

Es gibt außerdem zahlreiche logistische, psychologische und kommunikative Hürden, zu denen Eltern und Kinder eine Haltung entwickeln müssen. In diesem Kapitel werden einige prototypische Faktoren herausgegriffen, Konfliktpunkte ausgelotet und konkrete Lösungsansätze entwickelt. Außerdem erzählt der 53-jährige Jens, wie er seine Mutter Luise Schritt für Schritt begleitet, welche Schwierigkeiten es dabei gibt – und welche Lösungen Mutter und Sohn gefunden haben.

»Zwischen 20 und 40 waren die Eltern gefühlt irgendwie weg. Mit 25 habe ich noch gedacht: Ab jetzt macht jeder seins. Und dann kommt plötzlich eine Phase, wo man sich den Eltern wieder annähert. Auch viele Freunde fangen plötzlich an, erstaunlich liebevoll über ihre Eltern zu sprechen. (…) Gespräche fangen oft mit der Frage an: ›Wie geht es deinen Eltern?‹ Ich finde das schön. Ich war nur überhaupt nicht darauf vorbereitet.«

LUCY FRICKE, SCHRIFTSTELLERIN

Oft beginnt die neue Phase mit einem Sturz. So auch für Jens Plöninger, 53, und seine Mutter Luise.[127] Die 84-Jährige, die bisher allein in ihrem Haus in Würzburg lebte, war im Wohnzimmer gefallen und konnte nicht mehr aufstehen. Den Notrufknopf, den Sohn und Tochter ihr besorgt hatten, trug Luise nicht bei sich. Das lästige Ding störte sie. Zum Glück stand das Fenster auf Kipp, so dass Nachbarn nach mehreren Stunden Luises Hilferufe hörten und den Notarzt verständigten. Abends rief dann das Krankenhaus bei Jens an. Die Mutter sei wegen eines Oberschenkelhalsbruchs operiert worden, es ginge ihr soweit gut. Jens setzte sich in Hamburg sofort in den Zug. »Im Kopf hatte ich nur einen Satz: Es ist eine Zumutung! Für meine Mutter. Aber auch für mich.« Jens hat sich bereit erklärt, mir zu erzählen, wie er die Begleitung seiner Mutter gestaltet, die nun schrittweise hilfebedürftiger wird. Sein Wunsch ist es, Luise zu helfen. Da er aber eine Psychotherapiepraxis betreibt und Familie in Hamburg hat, braucht er klare Entscheidungen und Planbarkeit. Nur so, sagt er, kann er seine Mutter weiterhin angemessen unterstützen – ohne sich selbst dabei zu verausgaben.

Würde man seine Mutter fragen, würde diese wohl sagen: »Nein, so ist es nicht, ich komme sehr gut allein zurecht.« Luise würde ins Feld führen, dass sie ihren Sohn kaum behellige, alles selbst regele. Und aus ihrer Sicht stimmt das auch. Bis zum Sturz konnte sie zu Hause für sich selbst sorgen. Doch jetzt hat sich die Situation geändert. Luise kann das aber nicht so schnell realisieren wie ihr Sohn. Nicht, dass sie senil wäre. Sie braucht dazu schlicht Zeit. Sie möchte noch nicht wahrhaben, dass eine neue Lebensphase anbricht, der vertraute Status der Selbstständigkeit nicht mehr besteht.

Nun steht erst einmal Wahrnehmung gegen Wahrnehmung im Raum. Und Mutter und Sohn kommen nicht weiter, befinden sich in einem Zustand der Ungewissheit. Innerlich verfluchen wohl beide, dass sie sich jetzt mit den letzten Lebensphasen befassen müssen, in denen Abbauprozesse immer mehr in den Vordergrund rücken. Damit sind Jens und Luise nicht allein. Die Angst vor den Einschränkungen des hohen Alters treibt viele Menschen um. Manchmal Jahrzehnte im Vorfeld. Fragt man hierzulande beispielsweise nach den größten Sorgen in Bezug auf das Altwerden, so fürchten sich um die 70 Prozent der zwischen 40- und 49-jährigen Befragten jeweils vor Pflegebedürftigkeit, dem Verlust der Selbstständigkeit und vor einem schlechten Gesundheitszustand.[128] In einer aktuellen Umfrage der Techniker Krankenkasse geben außerdem 87 Prozent der Befragten aller Altersgruppen an, dass sie in den eigenen vier Wänden alt werden wollen.[129]

Die Ergebnisse weisen alle in eine ähnliche Richtung: Mittelalte und alte Menschen sorgen sich um ihre Selbstständigkeit. Doch irgendwann kommt der Zeitpunkt, an dem diese nicht mehr bestehen kann. Jedenfalls nicht ohne funktionierende Hilfsnetze.

Besonders schwierig bei alldem: Altwerden ist ein Prozess. Oft sehen die Kinder bereits große Schwierigkeiten für Vater oder Mutter, während diese sich weiter durchwurschteln, so gut sie können. Sie sehen Beschränkungen nicht als dramatisch an. Und zum Teil stimmt das auch tatsächlich. Denn die Älteren arrangieren sich mit ihren Einschränkungen und Gebrechen oft lange Zeit gut und finden sogar neue, kreative Lösungen. Paul Baltes, ein wichtiger Vertreter der Alterspsychologie, hat ein Modell entwickelt, mit dem er erklärt, wie alte Menschen Einschränkungen gekonnt kompensieren und trotz hohem Alter noch Dinge dazulernen: Viele nutzen bisher unvertraute technische Hilfsmittel, um in Kontakt und beweglich zu bleiben – ob Smartphone, Hörgerät oder Gehhilfe. Oder sie konzentrieren sich mehr auf ihre größten Stärken, um Ziele zu erreichen, verlassen sich noch bewusster auf ihre Klugheit, ihre Beharrlichkeit oder Geselligkeit.[130] Doch trotz solcher oft cleveren Strategien werden im Alterungsprozess Grenzen erreicht. Das anzuerkennen ist schmerzhaft. Auch deshalb sind offene oder vorausschauende Gespräche über einen Umgang mit der Hilfebedürftigkeit der Eltern eine ziemliche Anstrengung für alle: Wer traut sich, die Themen auf den Tisch zu legen? Wer macht bewusst, dass eine neue Phase des Alters ansteht? Wer spricht die wunden Punkte an? Häufig halten alle Generationen mit ihren Bedenken und ihren Erwartungen hinterm Berg. Viele Familien sitzen die Schwierigkeiten mehr oder weniger bewusst aus, bis markante Kipppunkte auftauchen, man Einschränkungen nicht mehr ignorieren und Gespräche nicht mehr verschieben kann. Sie warten bis zu dem Tag, an dem ein Elternteil stürzt. Oder an dem klar wird, dass Vater oder Mutter die Treppe nicht mehr allein hochsteigen können. Oder bis Diagnosen wie Demenz oder Schlaganfall vieles verändern.

Die Psychologin Katja Werheid, Professorin für Klinische Neuropsychologie und Psychotherapie an der Universität Bielefeld, rät in ihrem Sachbuch »Nicht mehr wie immer. Wie wir unsere Eltern im Alter begleiten können«, die Themen Gesundheit im Alter, Patientenverfügung, Wohnen im Alter, Testament, Erwartungen an die Kinder im Pflegefall und viele andere vermeintliche Tabus möglichst schon früh gemeinsam zu besprechen.[131] Es lohnt sich, damit auf eine unbefangene Weise schon anzufangen, wenn die Eltern im »ersten« Alter, also etwa ab 60 Jahre alt sind. Dann haben alle genug Zeit, sich ohne Druck diesen schwierigen Themen anzunähern, Haltungen und Planungssicherheit zu finden. Außerdem ist es wichtig, sich mit Geschwistern und anderen Familienmitgliedern der gleichen Generation frühzeitig zu beraten. Werheid schreibt: »Wer erst dann direkt miteinander in Kontakt tritt, wenn ein Pflegeheim gesucht und finanziert werden muss, hat Entscheidendes versäumt. Dann sind nämlich Missverständnisse und Misstrauen vorprogrammiert, und die Gefahr ist groß, dass kleine Irritationen eskalieren.«[132]

Verhandlungen werden normaler

Wir haben das Reden über diese späten Lebensphasen nicht gelernt. Doch offene Gespräche in Familien sind essenziell geworden. Der Hauptgrund dafür ist natürlich auch hier die zunehmende Langlebigkeit aller. »Die Menschen erleben ein Problem, das es in dieser Schärfe noch nie gegeben hat«[133], sagt Birgit Lambers, Sozialpädagogin, Coach und Autorin des Ratgebers »Wenn Eltern plötzlich alt sind«.[134] »Der Generationenvertrag sieht vor, dass wir heute unsere Eltern versorgen und sich morgen unsere Kinder um uns kümmern. Das hat viele Jahrhunderte lang funktioniert. Aber das tut es nicht mehr. Die Kümmerer kommen schlicht an ihre Grenzen.« Natürlich auch, weil erwachsene Kinder selbst schon recht alt sind, wenn sie anfangen, sich um alte Eltern zu kümmern. So sei es laut Lambers heute keine Seltenheit mehr, dass eine 70-jährige Tochter einen 95-jährigen Vater betreut. Meistens ist das für beide Parteien eine Überforderung. Außerdem sagt Lambers: »Viele sind zwar bis ins hohe Alter fit – aber dann sind sie eben auch noch einige Jahre krank und hilfebedürftig.«[135]

Diese Aussichten können Angst machen. Expertinnen wie Birgit Lambers und Katja Werheid betonen allerdings immer wieder, dass es sehr helfen kann, wenn Sie sich die veränderte Lage und die Fakten vergegenwärtigen und sich aufgrund dieser Sachlage orientieren. Dann haben Sie auch bereits eine Grundlage für anstehende Gespräche.

Dass jede Familie letztlich gemeinsam – allerdings oft auch einsam – entscheidet, wie sie mit Pflegethemen umgehen will, hat noch einen anderen Grund: Die soziale Organisation von Familien hat sich verändert. Der Berliner Sozialwissenschaftler Hans Bertram umreißt diese Veränderungen in seinem Aufsatz »Die drei Revolutionen: Krise und Wandel der Familie«.[136] Dort skizziert er wichtige psychosoziale und demografische Umwälzungen während der letzten Jahrzehnte. Als eine der gravierenden Veränderungen sieht Bertram die offenere Kommunikations- und Gesprächskultur in Familien. So gab es zu Beginn des letzten Jahrhunderts strikte Regeln, oft repräsentiert durch einen strengen Patriarchen. In den 1950er- und 1960er-Jahren stand dann der Konflikt der Generationen im Vordergrund. Es wurde gestritten, man kam aber oft nicht zu Einigungen. Heute ist das Verhältnis von Familienmitgliedern verschiedener Generationen nicht mehr so hierarchisch unversöhnlich. Alle dürfen mitreden. Es ist eine sogenannte »Verhandlungsfamilie« entstanden. »Beziehungen, Aufgaben und die innerfamiliäre Arbeitsteilung werden zunehmend ausgehandelt«, schreibt Bertram. Dieses gemeinschaftliche Besprechen von Konflikten gibt es heute nicht nur zwischen Eltern und Jugendlichen oder zwischen den beiden Elternteilen. Auch im Kontakt mit der älteren Generation werden Optionen und Positionen verhandelt. Die Stimmen aller zählen. So kann Reden helfen.

Das ist einerseits anstrengend. Andererseits bietet die neue Verhandlungskultur auch neue Möglichkeiten. Noch haben wir diese Chancen nicht erkannt, können sie noch nicht sicher nutzen. Es überwiegt in den meisten Familien ein Gefühl der Unsicherheit und des Unbehagens – weil die Themen oft neu, noch nicht geklärt und individuelle Wege gefragt sind. Konfektion war gestern. Wir können nicht in vorgefertigte Lösungen schlüpfen wie in einen Anzug oder ein Kostüm von der Stange. Wir müssen selbst mitschneidern, bis sie für uns passen.

Drei oder mehr Schwierigkeiten

Hinzu kommt: Es gibt mittlerweile ein paar prototypische Hürden, die das Planen erschweren, die Verhandlungen verkomplizieren. Eine ist die räumliche Distanz. Die Statistiken des Deutschen Alterssurveys haben ermittelt, dass die Entfernung der Wohnorte von alten Eltern und Kindern immer größer wird.[137] Nur noch 25,8 Prozent der Senioren wohnen heute in nächster Nähe zu ihren erwachsenen Kindern. In den 1990er-Jahren waren es 38,4 Prozent. Auffällig ist auch, dass in den höheren Bildungsschichten die erwachsenen Kinder immer weiter wegziehen. Heute wohnen 30 Prozent der erwachsenen Kinder mehr als zwei Stunden von ihren Eltern entfernt. In den 1990er-Jahren waren es halb so viele. Einerseits helfen heute natürlich Telefon, Messenger- und Video-Dienste, den Kontakt zwischen Eltern und Kindern, Großeltern und Enkeln auch über Distanz aufrechtzuerhalten. Andererseits gilt: Je gebrechlicher alte Eltern werden, desto schwerer wird es, mit dem räumlichen Abstand zurecht zu kommen. Wohnen erwachsene Kinder mehr als 25 Kilometer entfernt, wird es bereits schwierig, hilfebedürftige Eltern angemessen zu begleiten, erklärt Sozialpädagogin Birgit Lambers. Bei zunehmender Hinfälligkeit müssen dann andere Lösungen her: Die Kinder können einen Pflegedienst oder eine feste Pflegekraft beauftragen und gleichzeitig die Frequenz der Besuche erhöhen. Oder sie aktivieren die Hilfe in der Nachbarschaft, sprechen sich gut ab, wer von den Geschwistern, Enkeln, Cousins oder Onkeln wann einen Besuch macht. Viele regen auch einen Umzug der Eltern an. Alle Lösungen können passend sein. Man muss sie aber finden.

Ein zweites Thema sind die sehr unterschiedlichen Phasen des Abbaus im Alter. Weil die medizinischen Möglichkeiten sehr gut sind, differenzieren sich die Altersphasen immer weiter. Von sehr fit bis halbwegs fit. Von ein bisschen klapprig bis nicht mehr gut zu Fuß. Von pflegebedürftig bis palliativ. Jede neue Phase im Alterungsprozess der Eltern erfordert auch Anpassungen und neue Organisation von Seiten der Kinder. Das weiß jeder, der in den letzten Jahren ein Elternteil auf diesem Weg begleitet hat. Besonders bei Demenzen, an denen hierzulande etwa 1,7 Millionen Menschen leiden, ändern sich die Dinge oft rasant, stellen sich immer neue Fragen.[138] Hier kann man im Vorfeld gar nicht alles planen. Angehörige müssen sich dann immer wieder sehr flexibel zeigen. Oft ist allein diese ständige Unsicherheit extrem belastend.

Dazu kommt der bereits erwähnte Anspruch, dass diese Dinge individuell verhandelt werden müssen. Alte Menschen entscheiden mit, wollen sich von ihren Kindern nicht bevormunden lassen. Weil die Themen und Fragen, um die es geht, oft so neu sind, gibt es auch hier nur sehr wenige Vorbilder und Best-Practice-Beispiele, an denen man sich orientieren kann. Falls Sie gerade selbst vor der Frage stehen, welches Modell von Hilfestellung oder Pflege die Familie umsetzen will, kann es helfen, sich mit anderen Menschen zu unterhalten, die diese Lebensphase gerade mit ihren eigenen Angehörigen durchlebt haben. Sie können oft Orientierung bieten, die zeitgemäß ist. Und auch wenn Sie das gerade nicht im Blick haben: Unglaublich viele Familien müssen sich derzeit mit diesen Themen beschäftigen. Sobald Sie sich ein wenig umschauen, finden Sie Ansprechpartner.

Auf Augenhöhe, bitte

Bei Jens und Luise spielen alle hier genannten Hürden eine Rolle: Mutter und Sohn trennen etwa 600 Kilometer. Eine Entfernung, bei der man nicht mal eben bei einem Kaffee nach dem Rechten schauen kann. Außerdem ist Luise gesundheitlich und mental lange so stabil gewesen, dass alle in der Familie schon hofften, es würde immer so bleiben – und kaum darüber gesprochen haben, was passiert, wenn Hilfe nötig wird. Bisher flog Luise beispielsweise jedes zweite Jahr nach Brasilien, wo ihre Tochter mit ihrem Mann und den Kindern lebt. Auch nach dem Tod ihres Mannes vor über zehn Jahren kümmerte sie sich gut um sich und ihre Kontakte, lud regelmäßig Freunde ein. Diese sehr aktive Phase ging jedoch unmerklich in eine andere über. Zwei enge Freundinnen sind nicht mehr in Würzburg. Eine ist gestorben, die andere zu ihrer Tochter an den Ammersee gezogen. Jens hat lange nicht mitbekommen, dass Luise mit den Jahren einsamer wurde und in Würzburg weniger Menschen um sich hatte. Irgendwann wurde ihm bewusst, dass Luise oft tagelang niemanden traf, dass niemand nach ihr sah. Daraufhin schaffte er den Nothilfeknopf an. Heute macht Jens sich deshalb Vorwürfe. »Vielleicht hätte ich früher merken müssen, dass meine Mutter zu viel allein ist. Und dass ihr das generell nicht guttut«, sagt Jens. Luise habe sich dazu aber auch nie geäußert, sie sei sehr eigen und tapfer gewesen.

Dass seine Mutter bis ins hohe Alter im höchsten Maße auf Selbstbestimmung pocht, das scheint Jens ohnehin ein Kernkonflikt zu sein: »Luise ist eine stolze Frau, und das zu Recht. Sie ist eine der ersten Frauen in ihrem Umfeld gewesen, die in den 1970er-Jahren allein durch Südamerika gereist ist, zusammen mit zwei kleinen Kindern, meiner Schwester und mir. Sie spricht drei Fremdsprachen, hat sich immer international bewegt. Sie liest, sie geht ins Theater. Sie ist keine Person, die in irgendeiner Form gesagt bekommen will: Hier geht es für dich lang«, sagt Jens. Seine Mutter bestünde auf einem ernsthaften Austausch. Für ihn selbst sei das aber immer wieder anstrengend. Ein schlechtes Verhältnis haben die beiden dennoch nicht. Luise sei in Ordnung. Dann grinst Jens und sagt: »Außerdem bin ich Psychotherapeut. Da muss man sich mit den Macken der eigenen Mutter zumindest ein bisschen auskennen.« Doch im selben Atemzug gibt er zu, dass diese Art von Wissen auch nicht hilft, wenn existenzielle Krisen auftreten.

Denn die Umwälzungen sind gewaltig. Wenn Eltern, die einmal stark gewesen sind, abhängig und hilfebedürftig werden, kommen erwachsene Kinder oft seelisch ins Wanken und praktisch an ihre Grenzen. Alle Beteiligten müssen neue Rollen einnehmen. Und stehen gemeinsam vor bisher unbekannten medizinischen, logistischen oder finanziellen Problemen. Oft hört man, es gebe dann sogar einen kompletten Rollentausch, bei dem Eltern zu Kindern werden und die Kinder zu Eltern. Sozialpädagogin Birgit Lambers hält das allerdings für ein irreführendes Bild. Eltern sind und bleiben erwachsen. Und: Man begleitet sie nicht ins Leben, sondern in den Tod. »Wer sich um seine alternden Eltern kümmert, sollte mit ihnen auf Augenhöhe bleiben. Nehmen Sie sich und Ihre Grenzen ernst – und nehmen Sie Ihre Eltern ernst«, sagt Lambers.[139] Das ist nicht ganz einfach. Wenn die alten Eltern sich zum Beispiel selbst latent gefährden, wird es schwer. In Interviews und Hintergrundgesprächen zu diesem Buch wurde immer wieder deutlich, dass solche Momente schnell zu Zerreißproben werden: Wenn die alte Mutter Auto fährt, obwohl sie dement ist. Wenn der Stiefvater sein Haus von außen streicht und auf einem Gerüst herumklettert, auch wenn man ihn als sehr gebrechlich wahrnimmt. Wenn der Vater Arztbesuche verweigert, obwohl sie für seine Gesundheit wichtig wären. In der Familie einer Bekannten wollte der alte Vater, der kaum mehr sehen konnte, den Führerschein partout nicht abgeben. Der Bruder der Bekannten war darüber so verzweifelt, dass er den Vater anschrie und beinahe geschlagen hätte. Später hat er sich dafür entschuldigt.

»Man sollte sich mit der Ohnmacht anfreunden«, sagt Birgit Lambers. Das sei die Aufgabe der erwachsenen Kinder. Allerdings brauche man auch nicht alles kommentarlos hinzunehmen. Im Gegenteil. Erwachsene Kinder können beispielsweise ansprechen, dass sie bei ihren Eltern eine größere Unsicherheit wahrnehmen und dass sie sich grundsätzliche Entscheidungen zum Thema Wohnen und Betreuung wünschen. Sie können auch sagen, was ihnen Angst macht, und die Eltern bitten, das Autofahren oder aufwendige Heimwerkeraktionen einzustellen. Nach solchen Gesprächen müsse man den Eltern ein bisschen Zeit lassen. Auch weil das, was man ihnen sagt, für sie oft weitreichende Konsequenzen hat. »Wir überbringen den Eltern ständig schlechte Nachrichten. Du schaffst es nicht mehr allein. Du isst zu wenig. Du bist krank und alt«, erklärt Lambers. Natürlich hören sie das nicht gern.

Es sei aber noch mal angemerkt, dass es Grenzen dieser Grundhaltung gibt. Sie stimmt für den Kontakt mit alten Menschen, die Situationen selbst beurteilen können und mental halbwegs fit sind. Sie gilt auch für alle frühen Phasen der Hilfe- und Pflegebedürftigkeit. Bei schwersten körperlichen Einschränkungen, in den letzten Phasen des Lebens und bei Demenzen im fortgeschrittenen Stadium ist es allerdings nicht mehr angebracht, das auszuhalten, was Eltern entscheiden. Nicht selten geht es dann schon konkret um die Frage, wer die Betreuung über bestimmte Lebensbereiche übernimmt und in welchem Maße diese Sinn macht. Falls Sie selbst gerade alte Eltern begleiten, die Unterstützung oder Pflege brauchen, werden Sie schon häufig gespürt haben, dass die Frage, wer etwas entscheiden darf, eine Gratwanderung werden kann. Auch hier hilft es, sich mit anderen Betroffenen oder mit Profis aus dem Pflege- und Betreuungsbereich auszutauschen. Denn für Übergangszeiten und Notfälle gibt es Tricks, wie man beispielsweise schwer eingeschränkte Menschen daran hindern kann, sich ans Steuer zu setzen – wenn sie etwa nicht nur sich selbst, sondern auch andere gefährden würden. So kann man für eine Weile die Schlüssel verschwinden lassen. Oder das Auto zur Inspektion in eine Werkstatt bringen, bis beispielsweise betreuungsrechtliche Fragen geklärt sind. Das wirkt übergriffig, kann aber manchmal unhaltbare Zustände kurzfristig verändern. All das gilt natürlich nicht für Menschen wie Jens' Mutter Luise. Bei ihr geht es für die Angehörigen tatsächlich darum, deren Entscheidungen auszuhalten – auch wenn man andere Wünsche und Einschätzungen hat.

Jens fühlt sich im Kontakt mit seiner Mutter in den letzten Jahren immer wieder ohnmächtig. Das Gefühl belastet ihn mehr als alles andere. Sich vorzustellen, dass seine Mutter am Boden liegt, nicht allein wieder aufstehen kann und er davon nichts weiß, ist für ihn unerträglich, weil er ihr nicht helfen kann. Außerdem ärgert es ihn, dass Luise nicht wie vereinbart den Nothilfeknopf trug, als sie hinfiel. In einem Gespräch sagt er ihr das. Luise zeigt dafür wenig Verständnis. Er solle sich nicht so aufregen. Jens sei schon immer ängstlicher gewesen als alle anderen in der Familie. Jens lässt das so nicht stehen und sagt ihr, dass sich Dinge bei ihr geändert haben, dass man auf die neue Lage nun gemeinsam reagieren müsse.

Luise bleibt bei ihrer Sichtweise. Auch weil sie sich physisch nach der Operation wieder vollständig erholt hat. Sie kann sich weiter selbst versorgen. Mental ist sie aber angeschlagen. Sie hat insgeheim Angst, alleine zu bleiben, fühlt sich zunehmend einsam. Dass sie das Alleinsein nicht mehr so gut aushält, merkt Jens an Kleinigkeiten: Zu Weihnachten bleibt Luise nun ein paar Tage länger als sonst. Auch Silvester sitzt sie noch auf dem Sofa im Wohnzimmer mit Jens und seiner Frau. Und von Würzburg aus ruft sie jetzt tagsüber häufiger an – und wenn niemand ans Telefon geht, versucht sie es mehrmals hintereinander. Jens schlägt ihr daraufhin vor, in eine Altenresidenz nach Hamburg zu ziehen. Auch diese Idee lehnt Luise erst einmal ab. Doch ein halbes Jahr später kommt sie tatsächlich darauf zurück. Sie wolle es sich überlegen, sagt sie. Die Einrichtung suche sie sich aber selbst aus. Danach passiert mehrere Monate nichts. Jens ist zunehmend genervt und findet seine Mutter anstrengend.

Das Wunder der Selbstwirksamkeit

Wenn Sie selbst ebenfalls viel mit der Begleitung der Eltern zu tun haben, nicken Sie nun vielleicht grimmig und erkennen das Dilemma wieder: Es kann Nerven kosten, dass alte Eltern alles selbst machen wollen und sich nichts sagen lassen. Aus der Perspektive von Altersforschern würde die Einschätzung wahrscheinlich weniger negativ ausfallen: Die eigene Entscheidungsfähigkeit und Eigenständigkeit möglichst konsequent zu bewahren – das könnte der Tipp aus einem Lehrbuch der Gerontopsychologie sein. Zahlreiche Studien zeigen: Die Motivation, selbst nach Lösungen zu suchen, und die Überzeugung, dass die Umsetzung auch klappt, ist ein wichtiger Faktor für gelingendes Altern. Studien zeigen immer wieder, dass ein positives Gefühl von Selbstwirksamkeit dazu führt, dass Menschen im Alter zuversichtlich bleiben, Selbstvertrauen behalten, sich wohl fühlen, auch wenn sie körperlich eingeschränkt sind.[140] Auch in den Pflegewissenschaften wird das Thema häufig aufgegriffen. Wer hilfebedürftig ist, sollte nicht alles abgenommen bekommen, sondern möglichst selbst weiter mittun. Alten Menschen zu viel abzunehmen ist kontraproduktiv.

An dieser Stelle sei ein Exkurs mit der Zeitmaschine erlaubt – zurück in das höhere Erwachsenen- und frühe Rentenalter. Mit der Art, wie Menschen die Jahre ab 50 gestalten, stellen sie oft Weichen für ihre psychische und physische Gesundheit im höheren Alter. Wer in dieser Zeit aktiv und selbstbestimmt bleibt, dazulernt und immer wieder neue Herausforderungen annimmt, bleibt körperlich und geistig eher fit. Die Psychologin Ursula Staudinger, Rektorin der Technischen Universität Dresden und jahrelang Forscherin am Robert N. Butler Columbia Aging Center in New York City, beschäftigt sich in ihren Arbeiten mit der Frage, wie Menschen sich über die gesamte Lebensspanne weiterentwickeln, dazulernen, offen bleiben und sich so optimale Bedingungen fürs Altern schaffen können: »Wenn man sich immer wieder in neue Aspekte einarbeitet, zum Beispiel bei der Arbeit, fordert man das Gedächtnis optimal«, sagt Staudinger. Das viel zitierte lebenslange Lernen bezieht sich für die Wissenschaftlerin nicht nur darauf, nach der Erwerbstätigkeit noch gelegentlich einen Volkshochschulkurs zu besuchen. Bereits während der Berufstätigkeit stellen sich die Weichen für ein gesundes Altern. Staudinger und ihre Kollegen haben beispielsweise Erwerbsbiografien untersucht und herausgefunden, dass Berufstätige, die regelmäßig zu Fortbildungen gehen oder sich in ihrer Arbeitssituation immer weiter entwickeln, viel bessere kognitive Leistungen zeigen als solche, die im Job immer wieder die gleichen Routinen abspulen.[141]

Ergebnisse wie diese weisen darauf hin, dass es wichtig ist, aktiv zu sein, sich nicht zu viel abnehmen zu lassen, sondern sich selbst zu fragen, was man für Wünsche und Ziele hat. Eigenständige Menschen wie Jens' Mutter Luise haben wahrscheinlich jahrzehntelang gute Erfahrungen mit ihrer Haltung gemacht. Und sind sicher, dass sie auch weiterhin richtig ist. Wenn man seine alten Eltern unter diesem Gesichtspunkt betrachtet, kann es helfen, das Hin und Her, den Eigensinn oder die Langsamkeit bei den anstehenden Entscheidungen besser auszuhalten. Birgit Lambers sagt dazu: Die Alten »sind in der Regel wahre Überlebenskünstler und haben viele schwere Zeiten gemeistert«. Es ist klar, dass sie dabei heute nicht immer eine perfekte Figur machen, dass sie wackelig und kauzig wirken. Aber sie können und sie wollen selbst entscheiden.

Wie stimmig es ist, wenn Eltern diese eigenständigen Impulse beibehalten, wird bei Familien deutlich, in denen gegenteilige Tendenzen auftreten. Viele alte Menschen neigen dazu, sich eher zu unterschätzen. Sie trauen sich im Alter vieles nicht mehr alleine zu. Auch hier steht dann oft Wahrnehmung gegen Wahrnehmung: Die Kinder denken, dass die ältere Mutter und der ältere Vater alltägliche Dinge wie Einkaufen, Arztbesuche oder Bahnfahrten durchaus noch allein schaffen. Doch die alten Eltern fühlen sich zu alt, schränken den eigenen Radius übermäßig ein. Häufig spielen dann mangelndes Selbstvertrauen oder Ängste eine Rolle. Oder Lebensgeschichten, die von chronischen psychischen oder körperlichen Einschränkungen geprägt sind. In diesem Fall hat das mangelnde Zutrauen oft nicht primär mit dem Alter zu tun, sondern ist ein schon lange eingeübtes Verhalten. Dieses wird aber im Alter oft raumgreifender und hat weitreichendere Folgen. In solchen Familienkonstellationen geht es für Söhne und Töchter oft darum, sich in Pflege und Hilfe nicht aufzuopfern, sondern klar zu sagen, was geht und was nicht. Eltern werden dann oft entrüstet oder enttäuscht sein. Aber es ist ratsam, der eigenen Wahrnehmung zu glauben und den Eltern zu sagen, was sie selbst tun können. Auch hier gilt natürlich: Wenn sie das nicht wollen, kann man sie nicht dazu zwingen. Als Kind können Sie nur deutlich machen, was Sie selbst leisten können und was nicht.

Werte und Antriebe ermitteln

Aber wie kann man alte Eltern bei Entscheidungsprozessen und anstehenden Planungen ins Boot holen? Um hier generell mehr Ressourcen nutzen zu können, hilft es, sich einmal zu fragen, welche Werte den Eltern im Leben wichtig sind und waren, welchen wichtigsten Antrieben und inneren Regeln sie folgen. Eine Arbeit mit inneren Antrieben wird oft als Technik im Umgang mit Demenzpatienten eingesetzt, um deren Lebenswelten besser zu verstehen, besser auf Hilfebedürftige eingehen zu können.[142] Beispiele hierfür sind etwa Familie, Nähe, Loyalität, Pflichtbewusstsein, Leistung, Macht, Liebe, Ordnungssinn, Freiheit, Eigenständigkeit, Kreativität, Offenheit, Hilfsbereitschaft und so weiter. Wenn Sie herausfinden, welche Art Antriebe bei den eigenen Eltern eine Rolle spielen, können Sie diese immer wieder mit einbeziehen und darauf achten, dass sie in den Planungen vorkommen. Bei einem eher unsicheren und ängstlichen älteren Angehörigen, der sich nicht viel zutraut, kann man zum Beispiel überlegen, was ihn bewegen könnte, sich bestimmte Dinge zuzutrauen: Ist es etwa eine sehr hilfsbereite Person, so kann sie sich vielleicht vorstellen, auf die Enkel aufzupassen oder eine Reise zum runden Geburtstag eines Verwandten zu machen. Der Antrieb, zu helfen und dazuzugehören, kann dann dazu führen, dass auch eine eher ängstliche Person doch eine Zugreise macht oder einen Tag mit den Enkeln allein verbringt. Dieses Einbeziehen der Werte der Älteren in die Konsensfindung klingt fast schon banal. Fragt man jedoch erwachsene Kinder, ob sie diese Antriebe und Werte der Eltern kennen, zeigen sich viele eher ratlos. Sich dieser Fragen anzunähern kann also sehr wichtig sein.

Passende Antriebe können Sie auch nutzen, um risikoreichem Verhalten der Eltern etwas entgegenzusetzen: Einem alten Vater, der gern weiter Auto fahren will, kann man ins Gewissen reden. Haben für ihn Kinder und Familie einen hohen Stellenwert, kann man vielleicht sagen: »Hey, stell dir vor, du hast einen Unfall und ein Kind kommt zu Schaden.« Leitet den Vater eher ein Machtmotiv, kann man anders herangehen: »Du würdest mir persönlich einen sehr großen Gefallen tun, wenn du das Auto stehen lässt. Ich mache mir Sorgen.« Und wenn ihm vor allem Freiheit wichtig ist, würde man Möglichkeiten aufzeigen, wie er sich frei und unabhängig bewegen kann, auch wenn er nicht mehr selbst Auto fährt. Der Bezug auf Antriebe und Werte ist keine Erfolgsgarantie, doch die Chancen steigen, dass Eltern und Kinder eine friedliche und passende Einigung finden. Auch für Pflegende und Gepflegte, die nicht verwandt sind, kann es im täglichen Miteinander helfen, diese Ebenen einzubeziehen.

Jens hat in den letzten Monaten ebenfalls versucht, Luises Antrieb – ihren Wunsch nach Selbstbestimmung – als Ressource zu sehen. Die neue Perspektive darauf hilft ihm, sich weniger ohnmächtig zu fühlen. Und nicht alles sofort selbst in die Hand zu nehmen. Vor ein paar Monaten hat er zum ersten Mal ganz bewusst gespürt, wie sehr es ihn entlastet, wenn er den Eigensinn seiner Mutter einfach mal so stehen lässt. Jens war bei Luise in Würzburg und wollte ihr ein E-Mobil für Senioren kaufen, damit sie nach wie vor allein in die Stadt kommt. Luise lehnte »das Rentnerding« ab. Jens kommentierte das nicht weiter, fuhr nach Hause, ohne das Thema noch mal zur Sprache zu bringen. Einige Wochen später gab Luise ihm am Telefon zu verstehen, dass sie »so ein Gefährt« nun doch gern hätte. Normalerweise wäre Jens entweder beleidigt gewesen, dass sie ihm das nicht früher gesagt hat. Oder er hätte seine Pläne umgeworfen und wäre sofort losgefahren, um in Würzburg mit Luise ein E-Mobil zu kaufen und das Fahren zu üben. Dieses Mal war es anders: »Ich habe ihr gesagt, dass ich es gut finde, dass sie darüber nachgedacht hat. Aber auch, dass sie nun noch ein paar Wochen warten müsse. Ich könne nun nicht gleich losfahren«, erzählt Jens. Luise war einverstanden. »Dass ich Luises Eigensinn nicht persönlich genommen habe, hat mir geholfen, ruhiger zu bleiben, mich nicht so aufzureiben«, sagt Jens.

Sich selbst im Blick haben

Denn eins soll hier noch betont werden: Erwachsene Kinder haben das Recht, sich und ihre eigenen Bedürfnisse immer wieder in den Blick zu nehmen und dazu zu stehen. So schön es ist, wenn eine alte Dame wie Luise sich immer wieder den Raum nimmt, halbwegs souverän zu bleiben. Die Kinder müssen auch schauen, dass es für sie selbst nicht zu kompliziert wird. Jens fiel das früher schwer. Der Sturz der Mutter war für ihn ein persönlicher Wendepunkt. »Ich handelte da sicher zum Teil aus Notwehr heraus«, sagt er scherzhaft. Weil die Lage mit Luise nun anstrengender wurde, er sich mehr kümmern musste als bisher, wurde es für ihn wichtiger, klar zu sagen, was er sich selbst vorstellen kann. Und wo seine Grenzen sind.

»Ich spreche mit meiner Mutter jetzt mehr von meinen eigenen Lösungsideen. Sage ihr, was ich ihr anbieten kann und was nicht«, erzählt Jens. Immer wieder hat er betont, dass er sich wünscht, Luise stelle eine Haushaltshilfe oder Pflegekraft ein, wenn sie in Würzburg bleibt. Oder dass sie nach Hamburg kommt. Dort würde er sie regelmäßig besuchen. Nachdem das klar war, lag die letzte Entscheidung bei Luise. »Mir hat das gutgetan, ich habe mich danach freier gefühlt, hatte weniger Schuldgefühle.« Jens konnte sich auch wieder besser auf sein eigenes Leben konzentrieren. Er dachte im Alltag nicht ständig daran, wie es Luise wohl geht.

Natürlich ist es gerade in belastenden Zeiten sehr schwer, einen solchen Überblick zu behalten. In der Psychologie wird dabei auf die Bedeutung von Achtsamkeit und Selbstsorge hingewiesen. Es geht darum, eine grundsätzlich mitfühlende Haltung den eigenen Gefühlen, Gedanken und Problemen gegenüber einzunehmen und das bewusst zu üben. Der Grundgedanke dahinter: Sehr viele Menschen sind ständig abgelenkt durch Medien, Arbeit, Aufgaben, Sorgen. Sie verzetteln sich und achten kaum auf sich selbst. Auch Erziehung macht es vielen Menschen schwer, Rücksicht auf die eigenen Bedürfnisse zu nehmen. Selbstmitgefühl zu üben bedeutet deshalb, eine innere Haltung einzunehmen, in der man sich anderen

Menschen und auch sich selbst mit Wohlwollen zuwenden kann.

»Selbstmitgefühl wirkt sich positiv auf die psychische Gesundheit aus und kann seelische Entwicklungsprozesse stärken«, sagt Christine Brähler, Psychotherapeutin und Ausbilderin für Mitgefühltrainings im Klinischen Bereich.[143] Für einen Aufsatz in der Zeitschrift des Verbands Deutscher Psychologen hat Brähler verschiedene Studien ausgewertet und konnte feststellen, dass Mitgefühl mit sich selbst bei Menschen mit Borderline-Syndrom, Essstörungen, Depressionen oder Ängsten dazu führten, dass die Symptome sich verbesserten.[144] Heute, erklärt Brähler weiter, geht man davon aus, dass Selbstmitgefühl in psychischen Krisen generell die Seele stabilisieren kann.

Dass diese Art der Selbstfürsorge auch den erwachsenen Kindern helfen kann, die gerade mit ihren Eltern durch schwere Entscheidungen, Abschiede und Einschnitte gehen, ist naheliegend. Entscheidend ist, dass man es sich zugesteht und eine freundliche Haltung sich selbst gegenüber zulässt.

»Man kann systematisch üben, sich selbst freundlich zu begegnen«, erklärt Psychologin Christine Brähler. Ein Weg dorthin ist das »gelassene Gewahrsein«, in dem man lernt, sich allen schönen und leidvollen Gefühlen und Situationen, die man gerade erlebt, grundsätzlich zu öffnen. Wenn Christine Brähler beschreibt, um was für eine innere Stimmung es hier geht, wechselt sie ein wenig die Stimmlage, spricht mit mehr Wohlwollen und sagt zum Beispiel so etwas wie »Okay, ich fühle mich ohnmächtig, aber ich bleibe freundlich mir selbst gegenüber«. Oder auch »Hey, ich fühle mich belastet, aber auch das ist jetzt gerade in Ordnung«. Was auf den ersten Blick wie eine oberflächliche Aufmunterung klingt, umfasst letztlich die Fähigkeit, sich selbst bedingungslos fürsorglich zu behandeln. Ein Schritt, der weitreichende innerseelische Veränderungen nach sich zieht. Verschiedene Studien – zum Beispiel des Psychologen Tobias Krieger von der Universität Bern – legen nahe, dass Selbstmitgefühl ungünstige innere Mechanismen wie Schuldgefühle, Selbstverurteilung, Grübelei, Scham und Vermeidung abschwächen kann.[145]

Jens ist für solche Ansätze aufgeschlossen. Weil er gemerkt hat, dass er nach dem Sturz seiner Mutter sehr gestresst und belastet war, hat er in den letzten Monaten versucht, Übungen für mehr Selbstfürsorge zu machen. Einer der Klassiker ist die sogenannte »Metta-Meditation«, eine Innenreise, bei der man sowohl sich selbst als auch anderen Menschen Liebe, Fürsorge und Frieden wünscht. Der Effekt der regelmäßigen Meditation hat ihn selbst überrascht: »Ich fühlte mich weicher und ruhiger. Aber auch trauriger. Ich habe einmal sogar geheult. An dem Tag wurde mir klar, dass es mir auch deshalb so elend geht, weil ich meine Mutter gerade auf ihren letzten Wegen begleite«, sagt Jens. Indem er sich selbst mitfühlend begegnete, spürte er alles, was für ihn gerade wichtig ist. Ein solcher Gefühlsausbruch kann Angst machen. Erfreulicherweise fühlte sich Jens aber danach wohler und konnte seine Mutter besser verstehen. Die Fürsorge für sich selbst hat mittelfristig sein Mitgefühl für Luise leichter gemacht. Das ist keine rein individuelle Erfahrung.

Studien belegen, dass eine Fürsorge für sich selbst auch die Empathie für andere erhöht.[146]

Aufs Timing achten

Aber was nützt Gelassenheit, wenn drängende Entscheidungen anstehen? Wenn Eltern und Kinder zu keiner Einigung kommen, wie es weitergeht? Direkte, messbare Auswirkungen hat all das natürlich nicht. Aber die Stimmung verändert sich, die Entscheidungsprozesse laufen mit mehr Ruhe ab. Und das ist ratsam, denn es nützt meistens nichts, Eltern zu drängen. Gerade wenn für sie sehr schwere Abschiede anstehen oder sie in Trauerprozessen stecken, kann es viel verändern, Geduld zu haben. Das ist keine Selbstverständlichkeit: Mittelalte Kinder wie Jens sind oft in einem recht hohen Tempo unterwegs, hasten in Beruf oder im Familienleben von Termin zu Termin und haben eine ganz andere Vorstellung davon, welcher Zeitraum angemessen ist, um Nägel mit Köpfen zu machen. Kinder kalkulieren oft nicht ein, dass diese Entscheidungen für sie selbst nicht so weitreichend sind wie für die Eltern. Wenn ein alter Vater sein Haus aufgibt, verabschiedet er sich von einem Zuhause, in dem er seit Jahrzehnten lebt, in dem er erfüllte Phasen seines Lebens verbracht hat. Wenn eine betagte Mutter einen Rollator braucht, quält sie sich mit der Vorstellung, jetzt zu den Menschen zu gehören, die sich ohne Hilfsmittel nicht fortbewegen können. Es geht bei vielen dieser Fragen um Identität. Um die Schwierigkeit, ein bisheriges Selbstbild abzulegen und in ein neues Selbstbild hineinzuwachsen. Ein Bild, das eher mit der Sicht der anderen übereinstimmt. Dass Kinder in der Tempofrage oft falsch liegen, merkt auch Birgit Lambers an: »Wir sind immer viel zu schnell. Wir suchen das Gespräch – und sind darauf vorbereitet, haben vielleicht schon Lösungen. Dann erhöhen wir die Schlagzahl unserer Argumente und erwarten allen Ernstes, dass die Eltern sagen: Ja, stimmt. Ab morgen fahre ich kein Auto mehr, und nächste Woche ziehe ich in ein Pflegeheim. Das funktioniert so aber nicht.«[147]

Jens hat sich nach einer gewissen Zeit mehr auf das Abwarten verlegt. Und tatsächlich breitete Luise irgendwann verschiedene Prospekte von Seniorenresidenzen vor ihm aus. Sie würde nach Norddeutschland ziehen. Über die Wahl der Unterkunft haben die beiden sich dann aber noch einmal gestritten: Jens wollte etwas in Hamburg, in der Nähe der Familie. Luise wollte nicht in der Großstadt wohnen, wählte ein Heim in einer nahegelegenen Kleinstadt in Schleswig-Holstein mit Blick in den Wald. Trotz allem war es für Jens eine riesige Erleichterung, die räumliche Distanz, die es so schwer machte, hinter sich lassen. Für ihn liegt der neue Wohnort seiner Mutter für die letzte gemeinsame Zeit in stimmiger Entfernung. Sie wird noch herausfordernd genug werden.

Den Blick weiten: Enge Verbindungen pflegen

Gibt es neben der biologischen Familie auch eine »logische« Familie? Der Autor Armistead Maupin hat diese Unterscheidung immer wieder gemacht. In den 1970er-Jahren schrieb er die »Stadtgeschichten« über ein WG-Haus in San Francisco, in dem Menschen aller Geschlechter, Schichten und sexuellen Orientierungen Platz finden, verschiedene Altersgruppen zusammentreffen.[148] Maupin hat mit der Geschichtenserie – die zunächst in der Zeitung »San Francisco Chronicle« als Fortsetzung erschien – die Utopie einer vielfältigen, queeren und selbstbestimmten Wahlfamilie geschaffen. Die Erzählung passt zum Zeitgeist der Dekade, in der überall starre und bürgerliche Familienbilder der 1950er- und 1960er-Jahre aufbrachen – vielfältige Beziehungen und Freundschaften wichtiger wurden.[149] In einem Interview bekennt sich Maupin auch für sein eigenes Leben zu ähnlichen sozialen Prioritäten: »Ich bin gar nicht sicher, ob ich einen Liebhaber brauche, ob männlich oder weiblich. Manchmal denke ich mir, ich begnüge mich einfach mit fünf richtig guten Freunden.«[150]

Mit dieser Weltsicht steht der Schriftsteller nicht allein: Viele Menschen finden heute Freundschaften ebenso wichtig wie Liebesbeziehungen oder Familie – manchmal sogar wichtiger. In einer Umfrage des Instituts für Demoskopie Allensbach geben beispielsweise 85 Prozent der Befragten an, dass sie gute Freundinnen und Freunde besonders schätzen. »Für die Familie da zu sein« ist für 78 Prozent zentral, eine glückliche Partnerschaft für 75 Prozent von hoher Bedeutung.[151] Enge Freundschaften stehen also hoch im Kurs, scheinen manchem verlässlicher oder haltbarer als andere Beziehungsformen. Es macht allerdings keinen Sinn, verschiedene Arten der engen Bindung gegeneinander auszuspielen. Eher wäre es passend zu sagen: Wahlverwandtschaften müssen Familien nicht ersetzen, können sie aber erweitern und ergänzen. Wenn Menschen sich zunehmend für verbindliche Beziehungen über die Familie hinaus öffnen, hat das natürlich auch mit der demografischen Entwicklung zu tun. Der Soziologe Janosch Schobin, Lehrbeauftragter an der Universität Kassel, sagt dazu in einem Interview: »Die Verwandtschaftssysteme in unserer Gesellschaft verändern sich rapide. Aufgrund niedriger Geburtenraten besitzen immer mehr Menschen nur noch Eltern und Großeltern. Sinkt die Zahl von Geschwistern, Tanten, Onkeln, Cousinen, Cousins und so weiter, dünnt das Verwandtschaftsnetz aus. Hinzu kommen Scheidungsquoten um die 50 Prozent. Ein Leben mit Freunden als ›Wahlverwandte‹ wird daher zu einer attraktiven Option.«[152]

Vielleicht spüren auch Sie in Ihrem Leben, wie sehr es sich lohnt, Freundschaften im sozialen Gefüge Raum zu geben. Das gilt übrigens für alle Altersgruppen: Wie wichtig und hilfreich es für Ältere ist, soziale Verbindungen über die Verwandtschaft hinaus zu pflegen, kam in den letzten Kapiteln schon einige Male zur Sprache. Wenn wir uns auf »sorgende Gemeinschaften« verlassen wollen, in der Senioren Hilfe und Betreuung finden, ist es wichtig, nachbarschaftliche und freundschaftliche Bande bereits in den mittleren Jahren zu festigen. So entsteht ein tragfähiges Netz, das im Alter Sicherheit geben kann. Auch Freundschaftsforscher Schobin betont die Bedeutung von lang anhaltenden Freundschaften fürs hohe Alter und sieht in ihnen eine Alternative zu einem »vereinsamten und fremdbestimmten Leben«, beispielsweise in einem Altenheim.[153]

Es geht in Freundschaften aber nicht nur um praktischen Nutzwert. Freunde sind eine Bereicherung für die Seele, stabilisieren das Wohlbefinden. In einer Längsschnittstudie konnte der Psychologe William Chopik von der Michigan State University belegen, dass es Menschen, die langjährige Freundschaften haben, gesundheitlich und seelisch besser geht als anderen. Die wohltuende Wirkung von Freundschaftsbeziehungen wurde in zunehmendem Alter immer stärker.[154] Gerade in den letzten Lebensjahrzehnten scheinen Freunde also psychisch sehr stabilisierend zu sein.

Für jüngere und mittelalte Menschen sind Freunde natürlich ebenfalls wichtig. Sie stärken oft den Teil der Identität, den wir in der Familie noch nicht entwickeln konnten: Freundinnen und Freunde suchen wir uns selbst aus. Ob in der Jugend oder im Erwachsenenalter – mit ihnen teilen wir häufig Persönlichkeitsanteile oder Interessen, die sich von denen der Eltern oder Großeltern unterscheiden. Selbst gewählte Weggefährten ähneln uns außerdem oft im Lebensstil oder in den Werten und versichern uns allein durch ihre Präsenz: »Ich sehe dich so, wie du bist« oder auch »Du hast viele Eigenschaften, die andere vielleicht nicht sehen«. Wahlverwandte helfen uns deshalb oft dabei, mehr Ich-Stärke zu entwickeln – unabhängig von der Familie. Es liegt auf der Hand, dass dieser erweiterte und oft auch korrigierende Blick gerade dann eine Wohltat ist, wenn es in der Familie Konflikte gibt, man beispielsweise um Lösungen in der Frage von Versorgung und Pflege alter Eltern ringt.

Freundschaften und langjährigen Kontakten einen Platz einzuräumen, der dem von Familie nahekommt, stabilisiert darüber hinaus die offene Gesellschaft: Denn wenn wir uns mit vielen verschiedenen Menschen verbunden fühlen, die unterschiedliche Biografien und Erfahrungen haben, werden wir empathischer und solidarischer, können andere Lebensentwürfe besser verstehen. Dass diese Haltung gesellschaftlich nicht selbstverständlich ist, zeigt beispielsweise die Forschungsreihe »Deutsche Zustände« von Wilhelm Heitmeyer zu politischen Einstellungen und Haltungen. Der Sozialwissenschaftler beobachtete in den letzten zwei Jahrzehnten eine Entsolidarisierung der Gesellschaft. Im Jahr 2007 befürworteten zum Beispiel 40 Prozent der Befragten die Aussage »Wir nehmen in unserer Gesellschaft zu viel Rücksicht auf Versager«.[155] Solche Einstellungen führen dazu, dass Menschen sich gegenüber allen, die schwächer wirken oder Hilfe brauchen, harsch abgrenzen oder ihnen die Empathie verweigern. Für eine Gesellschaft des langen Lebens ist eine solche Haltung problematisch: Es wird immer mehr ältere Menschen geben, die zum Teil schwach und bedürftig sind. Für diese Schwächen, die uns alle betreffen, brauchen wir eine echte Offenheit für gute

Verbindungen und Beziehungen – auch außerhalb der Familie.

▶▶ Was kann ich selbst tun?

1. Sich selbst fürsorglich behandeln. Ob es um die Begleitung und die Pflege alter Eltern geht oder um das Leben mit Kindern: Immer wieder gibt es Lebensphasen, in denen die Bedürfnisse anderer wichtiger sind und wichtiger wirken als die eigenen. Wenn Sie gerade viel mit Menschen zu tun haben, die auf Ihre Hilfe angewiesen sind, ist es umso wichtiger, dass Sie sich auch immer wieder auf sich selbst besinnen. Wenn Sie sich selbst fürsorglich behandeln wollen, reicht es oft schon, sich gelegentlich bewusst zu fragen, wie es Ihnen gerade geht, was Sie brauchen, was Sie überfordert oder belastet. Ganz praktisch kann es helfen, sich kleine Auszeiten und Termine im Kalender zu blocken – und dann vor allem Dinge zu tun, die Sie stärken, die Ihnen guttun. Das kann ein Tag im Wald, ein Popkonzert oder ein Abend mit einem Krimi auf dem Sofa sein. Erinnern Sie sich regelmäßig an diese Wege zur Selbstfürsorge und nehmen Sie sich dafür Zeit.

2. Geduldig bleiben – und auf Augenhöhe. Geht es um die Begleitung der eigenen Eltern, ist die Gefahr groß, diese zu bevormunden oder genervt zu sein, wenn Vater oder Mutter nicht sofort Lösungen finden. Wenn Sie gerade in Entscheidungsprozessen feststecken: Äußern Sie Ihre Pläne, Vorstellungen und den Rahmen, in dem Sie Hilfe leisten können – und warten Sie dann auf Antworten. Ihre Eltern können so selbst Lösungen entwickeln. Wichtig ist, dass Sie für diesen Prozess etwas Zeit einräumen. Denn die brauchen die Eltern oft für derart existenzielle Entscheidungen.

3. Auf die Antriebe der Eltern achten. Ihre Eltern zeigen sich extrem uneinsichtig oder gefährden sich selbst? In solchen belastenden Situationen kann es helfen, wenn Sie sich einmal fragen, welche Antriebe Ihre Eltern haben, was Ihnen im Leben immer wieder wichtig war und bis heute ist. Geht es Ihnen um Sicherheit, Kontakt, Freiheit oder Familie? Versuchen Sie, solche Antriebe und Werte herauszufiltern, und binden Sie diese in die Gespräche und Planungen mit ein. Oft wird es dann leichter, Lösungen zu finden, die für alle passend sind.

4. Selbstwirksamkeit stärken. Das Gefühl, etwas selbst bewältigen zu können und zu schaffen, ist eine wichtige Voraussetzung für Selbstwertgefühl und Wohlbefinden. Die Tendenz mancher Eltern, auch im hohen Alter noch alles selbst machen zu wollen, hat also auch positive Seiten. Daran immer mal wieder zu denken kann Ihnen helfen, es besser auszuhalten, wenn Ihre Eltern keine Ratschläge annehmen oder Dinge selbst in die Hand nehmen wollen.

5. Frühzeitig Regelungen treffen. Wer darf den Papierkram und die Finanzen regeln, wenn Sie selbst das nicht mehr können? Wer darf es für Ihre Eltern tun? Hat jedes erwachsene Familienmitglied eine Patientenverfügung? Es gibt ein paar wichtige rechtliche und bürokratische Fragen, die man in einer Familie bereits im Vorfeld von großen altersbedingten Veränderungen beantworten kann. Hilfe bei diesen Schritten geben Broschüren oder VHS-Kurse über Themen wie Vorsorge- und Betreuungsvollmacht und Patientenverfügung. Wenn Familien gemeinsam beginnen, diese Fragen zu klären und Formulare zu bearbeiten, ergeben sich oft hilfreiche Gespräche. Falls in Ihrer Familie ein sachlicher Umgang miteinander geschätzt wird, kann der Weg »über die Papiere« empfehlenswert sein.[156]

Erwachsen werden

Schwangere, heißt es, sehen an jeder Ecke andere Schwangere. Wer ein E-Bike gekauft hat, dem fallen ähnliche Modelle plötzlich alle fünf Minuten im Straßenverkehr auf. Und sobald man sich intensiv mit alt werdenden Eltern und älteren Menschen beschäftigt, tauchen auch sie überall auf: Da sind die beiden älteren Herren, die regelmäßig nachmittags im Trubel der Fußgängerzone vor dem Coffee-Shop sitzen und sich, auf ihre Stöcke gestützt, unterhalten. Oder die 82-Jährige aus dem Haus gegenüber, die jeden Freitag die Fenster ihrer Wohnung putzt, weil nachmittags Sohn und Enkelin zu Besuch kommen. Auch in Gesprächen mit Freunden höre ich mittlerweile anders zu, wenn es um hilfebedürftige Eltern geht, die auf Bauernhöfen, in Pflegeheimen oder in eigenen Häusern leben – mal in der Nachbarschaft, mal Hunderte Kilometer entfernt. Kurz, das Altern der anderen und auch das eigene Altern rückt in den Vordergrund – und das in einer Lebensphase, in der Friseurbesuche primär dazu dienen, den eigenen grauen Haaransatz zu überfärben.

Das sollte kein Problem sein? Stimmt. Das mit den grauen Haaren ist zu vernachlässigen. Bemerkenswert ist aber, wie wenig ich bisher im Alltag übers Alter nachgedacht habe. Die Fragen und Schwierigkeiten dieser Lebensphase habe ich nur punktuell an mich herangelassen, immer dann, wenn ich durch Artikel, eigene Verwandte oder in Beratungen mit dem Thema in Kontakt gekommen war. Durch die vielen Gespräche und Recherchen für dieses Buch sind mir alternde Familien und das damit verbundene eigene, endgültige Erwachsenwerden noch einmal näher gekommen. Und nicht nur das: Frei nach dem Prinzip »Hinterher ist man immer schlauer« sehe ich einige Aspekte zum Umgang mit alternden Eltern jetzt klarer. Meine Haltung hat sich verändert, die Sicht hat sich erweitert. So habe ich einige Trampelpfade und gangbare Lösungen gefunden und zum Teil auch im letzten Jahr selbst erprobt. Drei wichtige Erkenntnisse würde ich gern abschließend mit Ihnen teilen. Wenn Sie diese in Ihren Beutel für Take-home-Messages packen, würde mich das freuen.

Starten wir das Fazit mit einem ersten zentralen Punkt: Es lohnt, sich dem Alter zu nähern. Und es als eine Lebensphase zu sehen, die ebenso gestaltet werden will wie alle anderen zuvor. Es macht also Sinn, alle Phasen des Älterwerdens bewusst und mit Wohlwollen wahrzunehmen. Dazu gehört nicht nur, die oben beschriebenen Senioren im Straßenbild zu bemerken oder den eigenen älteren Verwandten zuzuhören und ihre Gedanken ernst zu nehmen. Wichtig ist auch, sich zu überlegen, welche Wünsche, Ziele und Vorstellungen man eigentlich fürs eigene Alter hat. Warum diese Tuchfühlung mit dem Altwerden? Weil sie dazu führt, dass wir die letzten Lebensjahrzehnte, die wir durch den demografischen Wandel gewonnen haben, aktiver angehen und weniger fürchten. Das hilft anderen, die wir lieben. Und das hilft uns selbst. Schließlich trägt laut Studien eine zuversichtliche Einstellung zum Altern dazu bei, dass die letzten Lebensjahrzehnte seelisch und körperlich leichter werden. Das klingt unspektakulär. Doch Sie betreten damit Neuland: Die Bilder vom Altwerden sind von der Antike bis heute oft negativ. Das beklagt etwa die Philosophin Susan Neiman in ihrem Buch »Warum erwachsen werden? Eine philosophische Ermutigung«.[157] Anhand zahlreicher Beispiele aus Kultur und Gesellschaft belegt sie, wie viel Spott aktive, eigensinnige oder schlicht lebenszugewandte alte Menschen ernten. Diese Häme erschwert auch allen jüngeren Generationen einen Weg in ein würdiges Altern.

Neiman zitiert beispielsweise einen Konzertbericht, in dem alternde Rockstars und ihre Fans beschrieben werden als »Pot rauchende Graubärte und Omas«, deren »Körper von der Schwerkraft und erbärmlichen Exzessen verunstaltet« sind.[158] Die Philosophin argumentiert dagegen, dass sie Konzerte von alten Musikern wie Bob Dylan oder Bruce Springsteen oft alles andere als lächerlich findet, sie sieht dort eher Menschen, die gezeigt haben, »wie lange die menschliche und schöpferische Entwicklung trotz Abstürzen, Exzessen und Fehlern weitergehen kann, so dass jeder dieser Künstlerinnen und Künstler ein Vorbild für das Altwerden darstellt«. Sie fragt sich außerdem, ob es sein könnte, dass diese Menschen »Ressentiments auslösen, weil wir selbst zu faul oder zu ängstlich sind, erwachsen zu werden?«.[159] Letztlich kritisiert Neiman hier

Vorurteile gegenüber Seniorinnen und Senioren. Ihr Appell gegen Altersdiskriminierung richtet sich somit an die Gesellschaft. Sie schlägt vor, mehr positive Altersbilder zu entwickeln und Altersvorbilder bewusst aufzubauen. Dazu können Sie im Alltag selbst beitragen: Zum Beispiel, indem Sie einen Schritt auf die Themen und Lebenswelten von alten Menschen zugehen und die künstliche Distanz zwischen »uns Leuten im mittleren Alter« und »den Alten« auch mal überwinden.

Das führt zur zweiten wichtigen Take-home-Message: »Nähe, Kontakt und Verbindung sind viel wichtiger, als wir denken.« Egal, ob es in der Familie gerade um Pflegestufen, runde Geburtstage, Erbschaften oder unterdrückte Konflikte geht: Es hilft, in einen aufrichtigen Kontakt zu gehen, sich für alle Positionen zu interessieren und stimmige Lösungen zu finden – und das jeweilige Ausmaß an Nähe, das für diese Familie stimmt. Diese Art der subjektiv passenden Nähe kann auch eine Orientierungshilfe rund um die Begleitung hilfebedürftiger Eltern sein. Nähe ist die Basis? Verbundenheit ist der Schlüssel? Love is the answer? Falls Ihnen das zu hippiesk oder emotional klingt, ist das verständlich. Es lässt sich auch nüchterner ausdrücken, zum Beispiel mit der im zweiten Kapitel beschriebenen Unterscheidung von »generischen Gütern« und »universellen Gütern«. Die Philosophin Barbara Bleisch betont, dass es im Kontakt mit alt werdenden Familienmitgliedern darauf ankommt, sich auf »generische Güter« zu konzentrieren, also den Verwandten die Hilfe zukommen zu lassen, die aus der gemeinsamen Beziehung entsteht. Dazu gehören Festtagstraditionen, das

Teilen von Erinnerungen oder die emotionale Unterstützung in Krisensituationen. Die eher allgemeinen, nicht auf Beziehung basierenden »universellen Güter«, dazu gehören Nahrung bereitstellen oder körperliche Pflege gewährleisten, könnten auch andere Menschen übernehmen.[160] Die familiäre Beziehung und Verbundenheit aber – wie auch immer sie in Ihrem Fall aussehen mag – ist unersetzbar.

Vereinfacht gesagt: Es könnte sich lohnen, bei der Begleitung von hilfebedürftigen Eltern den Maßstab »Was erwarten andere von mir?« oder »Was gehört sich im Umgang mit alten Eltern?« ganz bewusst beiseite zu lassen und sich eher zu fragen: »Welche Lösung trägt dazu bei, dass wir als Familie in einem guten, passenden Kontakt sein können?« Beziehungsfragen an die erste Stelle zu setzen und Sachfragen nachzuordnen ist für viele Menschen erst einmal ungewohnt. Die psychologische Perspektive geht aber davon aus, dass sich die Sachebene oft leichter klären lässt, wenn die Beziehungsebene halbwegs trägt. Sie können sich das vorstellen wie bei dem Kompass ohne Nadel, den der Pirat Jack Sparrow im Film »Fluch der Karibik« bei sich trägt: Das Gerät wirkt anfangs lächerlich, denn es gibt keine greifbaren Orientierungspunkte. Doch der Kompass bringt den Besitzer letztlich ans Ziel seiner Wünsche und Bedürfnisse.

Nähe um jeden Preis bedeutet all das nicht. Nur selten ist es angemessen, »alles für die Eltern zu tun«. Es ist auch nicht erstrebenswert, plötzlich alle familiären Konflikte über Bord zu werfen und »endlich mal zu 100 Prozent für die Eltern da zu sein«. Im Gegenteil – und das führt uns zur dritten zentralen Erkenntnis: Es ist wichtig, Hilfe für alte Eltern neu zu denken. Und individuelle Lösungen zu finden, die für beide Seiten passen. Es ist vielfach nicht mehr möglich, sich bei der Begleitung alter Eltern am traditionellen Generationenvertrag auszurichten. Wer sich heute vornimmt, die alten Eltern ohne Hilfe von Dienstleistern, anderen Verwandten oder einem Netzwerk aus Helfern zu pflegen, setzt sich einem hohen Burnout-Risiko aus.[161] Die verlängerten Pflegezeiten, die gesellschaftliche Doppel- und Dreifachbelastung und oft auch das bereits höhere Alter der Pflegenden stehen diesem Vorsatz im Weg. Es lohnt, den Gedanken an eine Fremdbetreuung zuzulassen und die eigenen Grenzen ernst zu nehmen. Wer in der Kinderbetreuung bereits die Erfahrung gemacht hat, dass Kitas oder Tagesväter auch einen Teil übernehmen, kann vielleicht auch bei den alten Eltern an dieses Prinzip anknüpfen. Doch auch das ist kein Muss. Jede Familie kann in der Vielfalt der Möglichkeiten einen passenden Weg finden. Oder, wie die Familientherapeutin Kerstin Erl-Hegel sagte: »In Krisenmomenten mit Kindern, Partnern oder alten Eltern geht es doch immer darum, sich an die Stärke und Eigenarten der Verbindung zu erinnern. Dann kann man sich sagen: Wir finden auch in dieser Frage einen guten, einen individuellen Weg. Wir finden eine Lösung, die zu uns passt. Das ist uns bisher immer gelungen.«[162]

Haben Sie Ihren Beutel für die »Erkenntnisse zum Mitnehmen« gefüllt? Ganz gleich, wo Sie gerade in Ihrer Lebensgeschichte stehen, ob Sie 35, 45 oder 55 Jahre alt sind, Sie können von diesen Faustregeln für den Kontakt mit Ihren Eltern, mit Ihrer Familie profitieren. Um sie konkret für sich zu nutzen und aufzugreifen, brauchen Sie vor allem eins: eine gewisse Zustimmung zum eigenen Erwachsensein. So können Sie sich Ihren Eltern gegenüber so eigenständig und fürsorglich zeigen, wie es zu Ihrer Familie passt. So kann auch Ihre Beziehung zu den Eltern erwachsen werden. Schritt für Schritt. Ich wünsche Ihnen dabei von Herzen gutes Gelingen.

Praxis-Coaching

Wie unsere Beziehung zu den Eltern erwachsen wird

Erwachsene Menschen beschreiben die Beziehung zu ihren Eltern oft als gut und tragfähig. Dennoch sehnen sich viele danach, den Eltern gegenüber selbstbestimmter zu agieren, offener zu kommunizieren. Das ist für jede Lebensphase wichtig. Besonders aber in Zeiten, in denen alte Eltern hilfe- oder pflegebedürftig werden.

Zum Abschluss bekommen Sie hier deshalb ein Coaching in acht Etappen, in dem Sie lernen, sich Ihren Eltern gegenüber noch erwachsener zu verhalten als bisher. In jedem Schritt gibt es psychologische Tipps und Übungen, mit denen Sie sich und Ihr Verhältnis zu Ihren Eltern besser verstehen lernen – und praktisch üben können, eine selbstverantwortliche Sicht aufs Thema Familie einzunehmen. Nutzen Sie die Erkenntnisse für sich und Ihren Alltag. Sie bekommen aber auch in jedem Schritt Anregungen, wie Sie das Gelernte im direkten Kontakt mit Ihren Eltern anwenden können. Einige der Übungen am Ende des Coachings befassen sich ausschließlich mit der Gestaltung der Phase, in der die Eltern mehr Hilfe oder Pflege brauchen. Falls Pflegethemen in Ihrer Familie gerade aktuell sind, lohnt es dennoch, auch die ersten Schritte des Coachings zu nutzen und sich so selbst zu stärken. Kurz: Es ist wie bei der Sicherheitseinweisung im Flugzeug – zunächst helfen Sie sich selbst, dann helfen Sie anderen.

»Es ist eine große Stärke, im Erwachsenenalter selbstbestimmt handeln zu können«, erklärt auch die Pädagogin Petra van Husen. »Doch irgendwann geht es darum, eine Entscheidung zu treffen – und einen Teil der gewonnenen Eigenständigkeit aktiv in die Beziehung zu den Eltern einzubringen.« Als Leiterin der Kolping-Bildungsstätte Coesfeld schult sie pflegende Angehörige im Umgang mit den alten Eltern. Und Familien im Umgang miteinander. Sie hat die Entwicklung des Coachings beratend begleitet.

Wenn Sie lernen wollen, sich selbst und Ihren Eltern gegenüber erwachsener zu agieren, dann probieren Sie gern diese Übungen aus. Je nach eigener Lebenssituation können Sie die Aufgaben primär für sich selbst, für die aktuelle Situation mit Ihren Eltern oder für beide Aspekte nutzen.

Bei einigen Reflexionsaufgaben bietet es sich an, Papier und Stift zur Hand zu nehmen. Sie können aber auch in die freien Zeilen und Kästen im Text schreiben. Und: Lassen Sie sich beim Bearbeiten Zeit. Passend wären zwei bis vier Wochen. Wenn Sie umblättern, beginnen Sie mit dem ersten Schritt.

1. Schritt: Schätze und Belastungen erkennen

Unsere Eltern prägen uns, beeinflussen unsere emotionalen Muster, Stärken und Schwächen. Viele Menschen werfen ihnen eklatante Fehler und Versäumnisse vor. Doch unseren Eltern haben wir oft auch Fähigkeiten zu verdanken. In diesem ersten Schritt machen Sie nun einen kurzen Ausflug in die Vergangenheit, um klarer zu sehen, welche Prägungen Sie »von zu Hause« mitbringen – und wie Sie heute damit umgehen können.

Es geht dabei einerseits um das Erinnern von stärkenden Momenten, andererseits um belastende Prägungen. Versuchen Sie beim Blick zurück eine Balance zu finden: In fast allen Familien gibt es positive und negative Seiten.

Wichtig: Falls Sie in der Kindheit und Jugend so viel Belastendes erlebt haben, dass Sie überhaupt nicht zurückschauen wollen, nehmen Sie Ihr Gefühl ernst. Sie können diese erste Übung trotzdem durchführen: Reisen Sie in Gedanken nicht in Ihre Kindheit zurück, sondern erinnern Sie sich an Erlebnisse mit Ihren Eltern im Erwachsenenalter ab etwa 20 Jahren. Auch hier können Sie wertvolle Erkenntnisse gewinnen.

Übung: Einen Blick zurück wagen

1. Teil: Schätze aus der Familie. Blicken Sie einmal zurück in eine Zeit, als Sie etwa neun oder zehn Jahre alt waren, und überlegen Sie, wie Sie damals Ihre Eltern erlebten. Damit das gelingt, stellen Sie sich zunächst vor, wie die Wohnung aussah, in der Sie lebten, welche Zimmer es gab, wie diese eingerichtet waren, welche Geräusche Sie erinnern. Dann stellen Sie sich typische Situationen mit Vater und Mutter vor. Lenken Sie Ihre Gedanken dabei zunächst bewusst in eine positive Richtung, denken Sie an Situationen, in denen Vater oder Mutter Ihnen Stärkendes mitgegeben haben. Beantworten Sie dazu im Geiste – oder auch mit Zettel und Stift – folgende Fragen: Was haben Mutter oder Vater getan oder gesagt, das Sie positiv geprägt hat? Gibt es Sätze oder Gesten, die Ihnen geholfen haben und die Sie sich gemerkt haben? Was für eine Botschaft lag darin? Wie hilft diese Ihnen heute?

Schreiben Sie zusammenfassend drei bis vier Wörter auf, mit denen Sie diese Stärke, diese Ermutigung, diese positive Prägung beschreiben können.

Schätze aus der Familie

Nehmen Sie diese positiven Prägungen als einen Schatz mit. Für sich, in Ihr Leben. Damit Sie daran immer mal wieder denken, können Sie die Stichworte auf einen schönen Zettel schreiben und an einen gut sichtbaren Platz in Ihrer Wohnung hängen.

2. Teil: Belastungen aus der Familie. Wenden Sie sich jetzt vorsichtig der belastenden Seite zu. Denken Sie an eine Situation, in der Ihnen etwas Zuspruch oder Hilfe gefehlt hat. Oder in der Sie eine Prägung erlebt haben, die nicht hilfreich war. Beantworten Sie auch hier – mit Hilfe von Zettel und Stift oder im Geiste – die folgenden Fragen: Was haben Mutter oder Vater getan oder gesagt, das Sie verunsichert oder gehemmt hat? Gibt es einen Satz oder eine Geste, die Sie noch immer erinnern, die Sie blockiert oder Ihnen Schwierigkeiten gemacht hat? Was hat Ihnen gefehlt, was hätten Sie sich anders gewünscht?

Schreiben Sie auch hier abschließend drei bis vier Wörter auf, mit denen Sie diese Verunsicherung, die negativen Glaubenssätze oder die belastende Prägung beschreiben können.

Belastungen aus der Familie

Behalten Sie auch diese Stichpunkte als Erinnerungshilfe: Wann immer Sie im Alltag eine Situation erleben, in der Sie emotional und betroffen reagieren und eine ähnliche Belastung wie früher spüren, könnten Sie sich daran erinnern, wo dieses Gefühl herrührt. Sie können sich dann sagen: »Das ist alt. Heute ist es anders«. Schmerzen oder Belastungen verschwinden dann zwar nicht – aber Sie können besser verstehen, was mit Ihnen gerade geschieht.

▶ Tipp für den Kontakt mit den Eltern

Sie haben »Schätze aus der Familie« gesammelt. Wenn Sie das nächste Mal Ihre Eltern treffen, achten Sie einmal bewusst darauf, in welchen Situationen diese stärkenden Anteile heute sichtbar werden. Wenn Ihnen »Schätze« im aktuellen Kontakt mit den Eltern auffallen, etwa eine besondere Sorgfalt, mit der sie den Alltag gestalten, Herzlichkeit oder Humor, können Sie Ihren Eltern konkret von dieser Entdeckung erzählen und auch, welche Erinnerungen Sie damit verbinden, z. B. »Früher warst du auch so ordentlich, das fand ich immer schön« oder »Irgendwie finde ich, wir haben alle einen guten Humor«. Sie könnten auch sagen, dass Sie sich über diese Prägung freuen und dankbar sind. Achten Sie dabei darauf, wie Ihre Eltern reagieren. Vielleicht erzählen diese selbst etwas oder sind gerührt. Wenn eine Resonanz entsteht, können Sie versuchen, diese familiären Stärken oder schönen Erinnerungen im Kontakt immer mal wieder zu betonen. Zwingen Sie sich aber nicht, etwas Positives zu sagen oder Dankbarkeit zu zeigen. Sagen Sie nur, was Ihnen leichtfällt.

2. Schritt: Selbstverantwortlich denken und handeln

Der Eindruck, dass unsere Eltern »an allem schuld« sind, ist angesichts vieler Lebensgeschichten zunächst verständlich und richtig. Es gilt, entstandene Verletzungen und Schmerzen anzuerkennen. Doch es kann Sie dauerhaft blockieren, wenn Sie die eigene Kindheit auch im Erwachsenenalter noch als übermächtig einschätzen. Studien aus der Resilienzforschung geben begründete Hoffnung, dass sich viele Menschen trotz schwieriger Kindheit und Jugend erstaunlich gut weiterentwickeln und die Prägungen des Elternhauses hinter sich lassen. Wir können unser Leben selbst gestalten, ganz gleich, was wir erlebt haben. Es kann sich lohnen, diese Sichtweise einmal zuzulassen: Versuchen Sie eigenständig zu entscheiden, nehmen Sie Ihr Leben und Ihre Beziehungen selbst in die Hand, gestalten Sie diese so, wie es für Sie richtig ist. Falls Ihnen diese Haltung schwerfällt, Sie es aber gern ausprobieren wollen, hier noch ein Tipp: Machen Sie die beiden hier beschriebenen Übungen in einer Haltung, als wären Sie bereits eine Person, der es gelungen ist, die Muster und Prägungen der Kindheit hinter sich zu lassen.

Übung: Sich selbst gut behandeln

1. Teil: Sich selbst helfen. Gehen Sie noch mal zurück zum Thema Belastungen, das Sie schon im ersten Schritt bearbeitet haben. Schreiben Sie ein paar Punkte dazu auf, was Ihre Eltern damals hätten anders machen sollen. Hätten sie liebevoller sein sollen? Hätten sie mehr Zeit oder Interesse haben sollen? Hätten sie überhaupt da sein sollen? Notieren Sie Stichworte, z. B. »Meine Eltern hätten mich mehr fördern sollen« oder »Meine Mutter hätte mir mehr zuhören sollen« oder »Meinem Vater war ich nie gut genug, er hätte zufriedener sein sollen«.

Das hätten meine Eltern tun sollen:

Der folgende Vorschlag klingt vielleicht zunächst paradox: Formulieren Sie nun jeden Satz, den Sie oben notiert haben, in etwas um, das Sie ab jetzt für sich selbst tun werden. Schreiben Sie z. B. auf: »Ich werde mich selbst mehr fördern« oder »Ich werde mir mehr zuhören/mehr auf mich hören« oder »Ich will mit meinen Leistungen und mir selbst zufriedener sein. Ich bin gut genug«.

Das werde ich selbst tun:

2. Teil: Anders handeln im Alltag. Sie haben nun eine grundlegende Richtung, was Sie selbst für sich tun könnten, was Ihnen guttun würde. Doch oft sind solche allgemeinen Sätze sehr abstrakt – ein Transfer in den Alltag ist nicht leicht. Deshalb folgen nun sehr konkrete Anregungen, die dazu führen, dass Sie sich selbst fürsorglich, aufmerksam, freundlich oder gelassen behandeln können. Wählen Sie einen Ihrer »Das sollte ich selbst tun …«-Sätze und schauen Sie auf den folgenden Spickzettel, welche Handlungen, Haltungen und Aktivitäten dazu passen würden. Unterstreichen Sie zwei oder drei von diesen:

Fürsorgliche Gesten

Jeden Tag ein Lieblingsmusikstück hören + Morgens ein paar Sätze zu den eigenen Empfindungen und Bedürfnissen aufschreiben + Nach Bedenkzeit fragen, bevor man zu einer Bitte »Ja« sagt + Jeden Tag eine halbe Stunde Zeit für Bewegung oder Sport reservieren + Mini-Spaziergang in der Natur unternehmen + kurze Achtsamkeitsübungen in den Tagesablauf integrieren + Herzensvorhaben notieren und erste Vorbereitungen treffen + Quatsch machen + öfter die Menschen treffen, die einem guttun + sich selbst trösten, wenn man sich schwach und verzweifelt fühlt + sich erlauben, müde zu sein und früh zur Ruhe zu kommen + etwas Neues machen, das spannend klingt + eine Beratung oder Therapie aufsuchen + ein Wochenende allein verbringen + ein Wochenende mit einer Gruppe wegfahren + Meditation oder Yoga machen + ein kurzes Morgenritual einführen + eigene Grenzen wahrnehmen und ernst nehmen + ein Leibgericht für sich selbst kochen + eine Massage buchen + ohne Druck werkeln und basteln + sich einen Lieblingsplatz im Haus einrichten

Haben Sie ein paar wenige Handlungen, Haltungen, Ideen gefunden, die für Sie passen? Dann schauen Sie, dass Sie in der kommenden Woche etwa drei Mal darauf zurückkommen. Falls Ihnen diese guttun, können Sie diese für die Zeit des Coachings weiterführen.

▶ Tipp für den Kontakt mit den Eltern

Nun haben Sie herausgefunden, was Sie sich von Ihren Eltern gewünscht hätten und wie Sie sich diese Qualitäten heute zumindest zum Teil selbst geben können. Ganz gleich, ob Sie sich mehr Sicherheit, Wärme, Anerkennung oder Orientierung gewünscht hätten, machen Sie nun einen ungewohnten Schritt: Wenn Sie das nächste Mal mit Ihren Eltern telefonieren oder sie treffen, dann begegnen Sie Ihnen ebenfalls mit dieser neugefundenen Qualität. Behandeln Sie Ihre Mutter warmherziger als bisher. Geben Sie Ihrem Vater Anerkennung für etwas, das er tut, hören Sie zu oder umsorgen Sie die Eltern. Auch wenn Ihrem ersten Impuls nach Ihre Eltern das gar nicht verdient haben – probieren Sie es aus! Sehen Sie es als Experiment. Achten Sie darauf, was sich verändert, wenn Sie Ihren Eltern in dieser neuen, fürsorglicheren Weise begegnen. **Wichtig:** Es geht darum, eine emotionale Qualität in den Kontakt zu bringen, die Ihre Eltern vielleicht so nicht geben konnten und möglicherweise auch selbst vermissen. Besonders wenn Eltern bereits hilfe- oder pflegebedürftig sind, kann das Sinn machen.

3. Schritt: Die Geschichte der Eltern verstehen

Bis zu einem bestimmten Alter sehen wir Vater und Mutter vor allem in ihrer Elternrolle, also in ihrer Beziehung zu uns als Kinder. In diesem Schritt geht es nun darum, die Eltern aus einer erweiterten Perspektive zu betrachten, sie mit all ihren Facetten, Rollen und Eigenschaften zu betrachten, sie als Partnerinnen, Freunde, Chefinnen, Arbeitnehmer zu sehen. Oder heute, als Rentner oder pflegebedürftige Greise. Warum das wichtig ist? Wenn Sie die Biografie und Persönlichkeit der Eltern umfassender sehen, bekommen Sie automatisch mehr Abstand. Sie üben einen erwachsenen Blick auf Ihre Eltern.

Übung: Vater und Mutter anders sehen

Nehmen Sie sich für diese Übung zehn Minuten Zeit. Beantworten Sie die folgenden Fragen im Geiste oder machen Sie sich Notizen. Schauen Sie, was für Bilder und Ideen, was für Gefühle und Erinnerungen entstehen, wenn Sie sich Folgendes fragen:

> Wie sahen Vater und Mutter zu der Zeit aus, als sie Eltern wurden? Welche Kleidung trugen sie? Wie war ihre Körperhaltung? Welchen Gesichtsausdruck haben Sie in Erinnerung?

> Was hat Ihrem Vater oder Ihrer Mutter damals Freude gemacht? Was war für sie schön und erfüllend?

Was war ihm oder ihr wichtig? Was hat Vater oder Mutter belastet, was hat ihnen Sorgen bereitet?

Gehen Sie zurück in die Kindheit der Eltern: Wie sind Vater und Mutter aufgewachsen? Was haben sie in ihrer Erziehung gelernt oder erlebt? Was war davon gut und hilfreich? Was war schwierig und schwächend?

Welche anderen Menschen waren wichtig für Ihre Eltern und warum? Welche Erfahrungen haben sie in Beziehungen gemacht, welche Konflikte haben sie erlebt? Welche Art von Kontakt war wichtig?

Wie ging es den Eltern in der Zeit, als sie Eltern wurden? Wie ging es den Eltern, als die Kinder Jugendliche wurden und aus dem Haus gingen? Was haben sie damals erlebt und gefühlt? Wie geht es Ihrem Vater oder Ihrer Mutter heute?

Notieren Sie ein paar Stichworte im Kasten unten. Halten Sie auch fest, was Sie beim Beantworten der Fragen erstaunt hat, was Sie berührt, was Sie beunruhigt hat, welche Blickwinkel für Sie neu sind.

Meine Mutter ist …

»

Mein Vater ist ...

Beachten Sie: Je facettenreicher das Bild ist, das Sie von Ihren Eltern haben, desto eher können Sie diese auf eine erwachsene Art sehen. Es wird so leichter, empathisch zu sein. Oft sehen Sie auch, dass viele Verhaltensweisen der Eltern kaum etwas mit Ihnen zu tun haben oder hatten – obwohl Sie diese früher auf sich bezogen haben. Diese Erkenntnis kann entlastend sein.

▶ Tipp für den Kontakt mit den Eltern

Nutzen Sie die Spuren, Bilder und Erkenntnisse, die Sie gewonnen haben, ganz konkret in der nächsten Begegnung mit Vater oder Mutter. Greifen Sie zum Beispiel einige wenige der oben gestellten Fragen auf und sprechen Sie mit Ihren Eltern darüber. Oft sind Phasen wie die Kindheit oder die Zeit, »als die Kinder klein waren«, solche, über die Eltern gern und auch offen reden. Man kann auch ein Fotoalbum zu Hilfe nehmen. Dann erzählen Eltern zwar häufig die immer gleichen Geschichten, doch kann man diese dann als Grundlage für weitere Frage nutzen und sich anders und gezielter interessieren als bisher. Probieren Sie aus, ob Sie so mehr über Ihre Eltern erfahren können.

4. Schritt: Erwartungen der Familie hinter sich lassen

Die Eltern enttäuschen? Das passiert schnell. Zum Beispiel immer dann, wenn man Traditionen und Familienaufträge nicht annimmt und stattdessen etwas ganz anders macht, als die Eltern sich gedacht haben. An solchen Sollbruchstellen entsteht Eigenständigkeit. Sie können daraus Kraft schöpfen – für sich selbst und natürlich auch für aktuelle Konflikte mit den Eltern. Im Folgenden bekommen Sie eine Übung, mit deren Hilfe Sie erkennen können, an welchen Weggabelungen in Ihrem Leben Sie bereits eigenständige Entscheidungen getroffen haben und es gewagt haben, die Eltern zumindest ein bisschen »zu enttäuschen«. Die Kraft dieser eigenständigen Schritte können Sie auch heute noch spüren und nutzen.

Übung: Mein eigener Weg

Stellen Sie sich Ihr Leben einmal als Weg vor. Ihre Kindheit, Freundschaften, Schulzeit, Ihre Jugend mit der ersten Liebe, Hobbys, dann Ausbildung, Studium und Beruf, erste Beziehungen, Reisen, das Erwachsenenalter, weitere Beziehungen, berufliche Orientierung. Dann Ihr weiteres Erwachsenenalter mit seinen wichtigsten Stationen, vielleicht berufliche Veränderungen, Krisen, Umzüge, Kinder. Nehmen Sie einen Zettel und einen Stift und malen Sie einen Weg. Doch, das können Sie! Beginnen

Sie etwa mit neun Jahren und skizzieren Sie ganz grob fünf bis zehn wichtige Stationen, an denen Sie eigene Entscheidungen getroffen, eigene Wünsche durchgesetzt oder sich anders entschieden haben, als Ihre Eltern es wollten.

Hier ein Beispiel von einem Weg als einfacher Zeitstrahl:

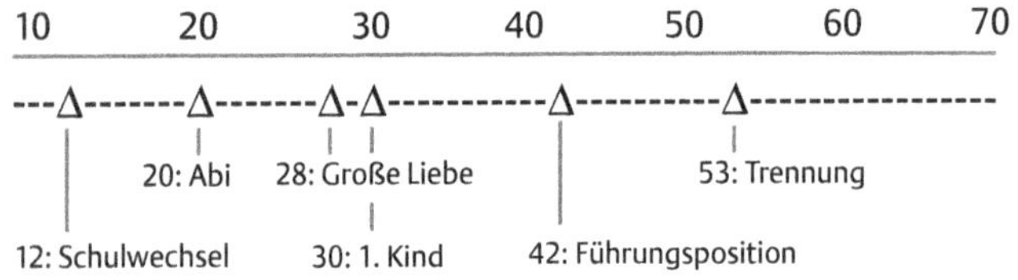

Schauen Sie sich Ihre Lebensschritte an und überlegen Sie, welche Entscheidung Sie wirklich als eigenständig ansehen, als eine, die Sie selbst für sich so gefühlt und gewollt haben – auch wenn Ihre Eltern oder Ihr Umfeld nicht einverstanden waren. *Wichtig*: Wenn die Anzahl der eigenständigen Entscheidungen nicht besonders hoch ist, machen Sie sich nichts daraus. Menschen sind soziale Wesen und treffen viele Entscheidungen immer auch in Bezug zu den Menschen, mit denen sie verbunden sind. Suchen Sie sich hier trotzdem einen Punkt auf Ihrem Lebensweg aus, den Sie von heute aus gesehen besonders kraftvoll, eigenständig und stimmig fanden. Notieren Sie, welche Lebenssituation das war:

____

____

Versuchen Sie sich nun in diese Situation hineinzuversetzen. Und in das Gefühl, das Sie hatten, als Sie diese gute, stimmige und eigenständige Entscheidung getroffen haben. Probieren Sie einmal, sich an das Körpergefühl zu erinnern, das Sie hatten, als Sie diese freie, eigenständige Entscheidung getroffen haben. Was für eine Empfindung war es? Wo haben Sie diese im Körper gespürt? Schreiben Sie auch hierzu ein Stichwort auf.

____

____

Haben Sie eine Körperregion und/oder eine Empfindung gefunden? Dann erinnern Sie sich an dieses Gefühl, aktivieren Sie diesen »Anker«, wenn Sie im Alltag in neuen Entscheidungssituationen stecken. Denken Sie immer mal wieder an diese Emotion, wenn Sie Eigenständigkeit brauchen oder erwachsen agieren wollen.

▶ Tipp für den Kontakt mit den Eltern

Eigenständigkeit ist auch im Umgang mit den alt werdenden Eltern hilfreich. Wenn Sie ihnen das nächste Mal begegnen, dann aktiveren Sie vorher bewusst den »Anker« – das körperliche Gefühl von Eigenständigkeit, das Sie für sich entwickelt haben. Wie empfinden Sie den Kontakt zu Ihren Eltern, wenn Sie sich während der Begegnung auch an Ihre Eigenständigkeit erinnern? Wie verhalten Sie sich, wenn Sie sich einerseits als erwachsenes Kind sehen, das sich verantwortlich fühlt, andererseits als eine eigenständige Person mit eigenen Interessen? Probieren Sie aus, ob das im Kontakt mit den Eltern etwas verändert. **Wichtig:** Mit alten Eltern gibt es häufig Konflikte rund um die Frage, welche Hilfe und Pflege erwachsene Kinder leisten wollen und sollen. Nutzen Sie in solchen schwierigen Situationen die Erfahrung auf Ihrem bisherigen Lebensweg – und erinnern Sie sich daran, dass es lohnt, für sich selbst und die eigene Sichtweise einzustehen. Überlegen Sie abschließend:

Was würden Sie Ihren Eltern, aus Ihrer Eigenständigkeit heraus, gern einmal über sich selbst sagen:

____

____

Was würden Sie Ihren Eltern gern einmal über die Planung von Pflege, Hilfe und Versorgung, aus der Position der Eigenständigkeit heraus, sagen:

____

____

5. Schritt: Die späten Lebensphasen der Eltern mitgestalten

Jetzt wird es praktisch: Hier entwickeln Sie mit Hilfe der folgenden Übungen eine Idee, wie Sie sich Ihre Hilfe und Unterstützung für die alten Eltern konkret vorstellen können. Wenn Ihre Familie die Phase bereits erreicht hat, werden die Überlegungen für Sie nicht ganz neu sein – für Ihr Standing in der Begleitung der alten Eltern ist eine bewusste Reflexion dennoch hilfreich. Falls Ihre Eltern noch fit, Sie vom Thema noch Jahre und Jahrzehnte entfernt sind, kann es trotzdem helfen, hier einen vorausschauenden Blick auf das Thema Begleitung und Pflege zu werfen.

Übung: Wie stellen Sie sich das vor?

In diesem Buch ist beschrieben worden, wie Pflegezeiten heute üblicherweise aussehen und wie die Begleitung alter Eltern gelingen kann. Hier habe ich noch mal einige wichtige Fakten zusammengefasst. Nehmen Sie sich Zeit und lassen Sie diese auf sich wirken:

Fakten und Zahlen

Pflegezeiten im Alter dauern heute im Durchschnitt etwa sechs Jahre + alte Eltern sind oft lange fit, dann aber auch einige Zeit schwach und hilfebedürftig + 95 Prozent der

Menschen wollen in den eigenen vier Wänden alt werden + erwachsene Kinder wollen und können laut Einschätzung von Expertinnen die komplette Pflege oft nicht mehr übernehmen + hierzulande wird nur ein Fünftel aller Pflegebedürftigen in Heimen versorgt. Die anderen bleiben in den eigenen vier Wänden und werden vor allem von Familienangehörigen gepflegt + es gibt gerade ein Umdenken: Immer mehr Angehörige holen sich Hilfe von Pflegeprofis und anderen Dienstleistern + Netzwerke von Nachbarinnen, Freunden und Verwandten sind zu Beginn der hilfebedürftigen Phase passend, reichen später jedoch oft nicht mehr aus + es sind vorwiegend Frauen, die ihre alten Eltern oder Schwiegereltern pflegen

Mit diesem Wissen können Sie nun vorläufige Antworten auf folgende Fragen suchen: Wie wollen Sie Ihre Eltern im Alter begleiten? Was können Sie sich gut vorstellen? Was ist Ihnen wichtig? Wer könnte helfen? Was macht Ihnen Angst? Was geht auf keinen Fall?

Vervollständigen Sie die folgenden Sätze:

Ich kann meinen alten Eltern anbieten, dass …

Was ich mir gar nicht vorstellen kann:

Das erwarten meine Eltern für die Phase der Pflegebedürftigkeit:

Es könnte Konflikte mit den Eltern geben, und zwar ...

Mit meinen Geschwistern sollte ich unbedingt reden über ...

▶ **Tipp für den Kontakt mit den Eltern**

Mit diesem Wissen über Begleitung und Pflege der Eltern können Sie während der nächsten Begegnungen beginnen, zumindest ein paar Eckdaten gemeinsam zu besprechen oder in Erfahrung zu bringen, welche Vorstellungen Ihre Eltern haben. Fragen Sie unverbindlich nach, ob Ihre Einschätzungen zu den Wünschen und Erwartungen Ihrer Eltern überhaupt zutreffen. Im nächsten Schritt dieses Coachings bekommen Sie weitere Tipps für eine gute Art der Kommunikation über diese oft schwierigen Themen.

6. Schritt: Mit Eltern übers Altwerden und alte Konflikte sprechen

Für den familiären Frieden ist es wichtig, gemeinsam über die Phasen der Hilfebedürftigkeit alter Eltern sprechen zu können. Vor allem, wenn Sie als Kinder wollen, dass sowohl die Bedürfnisse Ihrer Eltern als auch Ihre eigenen Wünsche und Belange einbezogen werden. Dabei lohnt es sich, auch andere alte Konflikte oder wiederholt auftauchende Vorwürfe anzusprechen. Die folgende Checkliste bietet Ihnen praktische Tipps für eine gelungene, taktisch kluge Kommunikation mit alten Eltern. Kreuzen Sie eine der Optionen für einen Gesprächseinstieg an, den Sie gern einmal ausprobieren wollen bzw. den Sie sich zutrauen und passend finden.

Checkliste: Reden hilft – aber wie?

❒ **Verbündete suchen.** Sprechen Sie mit Ihren Geschwistern über die anstehenden späten Lebensphasen der Eltern. **Gesprächseröffnung:** »Habt ihr euch schon Gedanken dazu gemacht, wie es später mit den Eltern wird?«, »Mir macht das manchmal Sorgen. Wie geht es euch?«, »Eine Freundin von mir hat sich mit Geschwistern deshalb verkracht. Ich möchte, dass uns das nicht passiert und wir vorausschauend planen. Was meint ihr?«.

- ❐ **Eine wichtige Frage nebenbei stellen.** Statt eine Familienkonferenz abzuhalten oder einen uralten Streit dramatisch aufs Tapet zu bringen, kann es helfen, schwierige Themen so ganz nebenbei anzusprechen, bei einem Spaziergang, beim Einkaufen, beim Vorbereiten des Abendessens. Stellen Sie eine wichtige Frage zu einem Pflegethema oder einem seit Jahren immer wieder aufkeimenden Konflikt. **Gesprächseröffnung:** »Wie stellst du es dir eigentlich vor, wenn du einmal mehr Hilfe brauchen solltest als jetzt?« oder »Warum betonst du immer, dass ich so selten da bin? Seit wann denkst du so?«.

- ❐ **Von sich selbst sprechen.** Um eine Sorge auszudrücken – sei es zu einem Pflegethema oder zu einem lange bestehenden Konflikt – kann es helfen, bewusst von sich selbst zu sprechen und das zu beschreiben, was man ganz konkret im Kontakt beobachtet. Manchen Leuten hilft es, sich vorzustellen, sie würden eine Art Video der Situation sehen und beschreiben. **Gesprächseröffnung:** »Ich habe bemerkt, du kommst die Treppe nicht mehr so gut hoch wie früher. Mir macht das Sorgen. Ich denke darüber nach, wie es weitergehen kann« oder »Du sprichst immer mal wieder an, dass wir dich so selten besuchen und du dich einsam fühlst. Ich verstehe das, aber wir schaffen einfach nicht mehr Besuche. Mir macht das Sorgen. Was könnten wir tun?« oder »Ich sehe, dass alle deine Nachbarn und Freundinnen sterben oder in Altenheime gehen. Ich freue mich, dass du so rüstig bist, frage mich aber, ob du noch genug

Kontakt hast und wie es für dich hier in der Gegend weitergeht«.

- ❐ **Pragmatisch vorgehen.** Gerade bei schwierigen, verletzenden Themen oder Streits, die bestimmte Eigenheiten der Eltern betreffen, die sich ohnehin nicht mehr ändern, hilft es, einen konkreten Vorschlag zu machen, sich dem Thema Pflege oder einem im Raum stehenden Konflikt anders zu nähern als bisher. **Gesprächseröffnung:** »Du sagst oft, dass du gern in deinen vier Wänden bleiben willst. Jetzt ist es ja noch nicht so weit, aber ich kann mir gut vorstellen, dir bei Buchhaltung und Einkauf zu helfen. Ich kann dich aber nicht pflegen. Ich würde Hilfe durch den Pflegedienst gut finden, der auch zu euren Nachbarn kommt. Was meinst du?« oder »Du sagst häufig, dass wir dich zu selten besuchen. Wir können nicht häufiger kommen. Könntest du dir vorstellen, zwischen unseren Besuchen deinen Patensohn / deine Nichte um einen Besuch zu bitten?«.

- ❐ **Raum lassen.** Wenn Vorschläge, die Sie konkret machen oder in der Vergangenheit gemacht haben, auf Widerstand stoßen, lohnt es, den Eltern ein bisschen Zeit und Luft zu lassen. **Gesprächseröffnung:** »Ich sehe, dir ist es zu viel, jetzt über das Thema zu reden. Denk doch mal drüber nach und sag mir ein anderes Mal, was du dazu denkst« oder »Ich sehe, das führt zu nichts. Lass es uns erst einmal ruhen lassen!«. Kommen Sie dann einige Wochen später darauf zurück.

Haben Sie sich eine der Gesprächsführungstechniken ausgesucht, die Sie beim nächsten Mal im Kontakt mit Ihren Eltern ausprobieren wollen? Dann wünsche ich Ihnen Freude beim Ausprobieren und das ein oder andere Erfolgserlebnis.

▶ Tipp für den Kontakt mit den Eltern

Besinnen Sie sich immer wieder darauf, welche Verbindungen, Gemeinsamkeiten oder geteilten Werte es in der Familie gibt. Suchen Sie in einer ruhigen Minute nach Familienwerten. Fragen Sie sich: Was ist uns allen wichtig? Welche Vorstellungen teilen wir? Wo sind wir uns ähnlich, denken oder empfinden ähnlich? Wo ist jeder auf seine Weise am gleichen Thema interessiert? Um die Suche zu erleichtern, folgen hier einige für Familien typische Werte: Ehrlichkeit, Ordnung, Genuss, Erfolg, Reichtum, Harmonie, Freude, Idealismus, Abenteuer, Schönheit, Bildung /Lernen, Unabhängigkeit, Sicherheit, Ruhe, Sparen, Sicherheit. Begeben Sie sich auf die Suche nach geteilten Werten und lenken Sie beim nächsten Treffen das Gespräch auf diese Themen und gemeinsamen Ansichten. **Wichtig:** Mit Hilfe der familiären Werte können Sie auch in schwierigen Fragen oft einen Konsens finden. Wenn Sie das interessiert, lesen Sie noch einmal das 7. Kapitel.

7. Schritt: Schuldgefühle überwinden

Fast alle erwachsenen Kinder haben ein gewisses Maß an Schuldgefühlen ihren Eltern gegenüber. Dabei gibt es Väter und Mütter, die schüren das schlechte Gewissen der Kinder kaum. Andere Eltern fachen passiv oder aktiv massive Schuldgefühle an. In diesem vorletzten Schritt des Coachings werfen Sie deshalb einen kritischen Blick auf die Kommunikations- und Beziehungsstrategien Ihrer Eltern. Im Folgenden bekommen Sie Anhaltspunkte, um herauszufinden, inwiefern Ihre Eltern, oft ohne Absicht, bei Ihnen Schuldgefühle schüren. Lesen Sie zunächst die Beschreibungen und entscheiden Sie dann, wo Sie in Ihrem Verhältnis mit Vater oder Mutter stehen. Es macht oft Sinn, die Eltern getrennt voneinander anzuschauen – die Strategien sind hier häufig verschieden. Entscheiden Sie sich abschließend: In welchem der drei Typen finden Sie Ihre Eltern am ehesten wieder?

Die Massiven

Wenn Eltern offensiv auf Kinder einwirken, vorwurfsvoll oder manipulativ kommunizieren, fallen oft typische Sätze wie »Du meldest dich aber auch nie«, »Du machst mich krank mit dieser Art«, »Ich kann das alles nicht mehr allein – und du weißt das auch«. »Ich leide wahnsinnig, aber dir ist das egal«, »Der Sohn der Nachbarin kümmert sich toll. Die hat es gut« etc. Auch offenes Zurschaustellen von Gekränktheit z. B. durch Schweigen, gehört zu den massiven elterlichen Strategien, um erwachsenen Kindern ein schlechtes Gewissen zu machen. Schwierig dabei ist: Obwohl sie sich dessen selbst nicht bewusst sind, wenden Eltern solche Kommunikationsstrategien meist schon seit Jahrzehnten an. Söhne und Töchter kennen diese Interaktionsmuster oft schon aus ihrer Kindheit und können sich ihnen deshalb nur schwer entziehen. Sie erkennen einen manipulativen Einfluss oft daran, dass das schlechte Gewissen im Kontakt meistens größer wird oder Sie sich sehr schlecht fühlen, wenn Sie nach dem Besuch wieder fahren.

Was tun im Kontakt? Klarheit und schlichte Regeln helfen bei Eltern, die Kindern ein schlechtes Gewissen machen. Überlegen Sie sich, was Sie für Ihre Eltern tun wollen und was nicht. Kommunizieren Sie offen, z.B. »Ich besuche dich gern jedes zweite Wochenende. Mehr schaffe ich zeitlich nicht« oder »Ich fahre dich morgen zu dieser Untersuchung. Das nächste Mal musst du ein Taxi nehmen«.

Was tun für sich? Machen Sie sich klar, dass die alten Eltern mit Ihrem Engagement vielleicht nie ganz zufrieden sein werden, Ihnen immer wieder ein schlechtes Gewissen machen werden. Bleiben Sie also im Rahmen, den Sie sich gesteckt haben. Schauen Sie sich dazu noch mal Ihre Erkenntnisse aus Schritt fünf an.

Die Indirekten

Es gibt Familien, in denen Forderungen und Wünsche nie offen ausgesprochen werden, sondern einzelne Familienmitglieder bestimmte undeutliche Zeichen setzen, die andere dann deuten müssen. Häufig ist das gut gemeint –

man will niemanden bedrängen –, doch kann diese Form der Kommunikation besonders in Umbruchphasen sehr anstrengend werden. Erwachsene Kinder etwa müssen dann erraten, was Mutter oder Vater wollen oder erwarten. Diese Art der Kommunikation verunsichert per se und ist allein deshalb ein Nährboden für ein schlechtes Gewissen. Im Gespräch stellen sich Kinder dann häufig die Fragen »Sollte ich mehr tun?«, »Was ist jetzt mit der Mutter/mit dem Vater? Geht es ihm nicht gut?« oder »Sind meine Eltern genervt von mir?«.

Was tun im Kontakt? Es ist wahrscheinlich Zeit, diese Fragen laut zu stellen, offener und konkreter zu werden. Fragen wie »Was brauchst du?« oder »Was stellst du dir vor?« wirken vielleicht wie ein Affront, sind aber in der Phase, in der alte Eltern hilfebedürftig werden, ausgesprochen wichtig.

Was tun für sich? Ob Ihre Eltern Ihnen absichtlich ein schlechtes Gewissen machen wollen oder ob sie durch übergroße Vorsicht eine unsichere, umständliche Gesprächsatmosphäre schaffen, können nur Sie selbst entscheiden. Vielleicht ist diese Unterscheidung aber gar nicht wichtig. Es geht eher darum, dass Sie sich immer wieder bewusst machen, wie wichtig Offenheit in Umbruch-, Krankheits- und Krisenzeiten ist. Schauen Sie sich dazu auch noch einmal die Gesprächseinstiege aus dem 6. Schritt an.

Die Gemäßigten

Viele alte Eltern fordern wenig Hilfe. Sie wirken einigermaßen zufrieden, obwohl sie Gebrechen oder Schmerzen haben. Oft sagen solche Mütter und Väter, dass sie gut zurecht kommen. Falls Sie trotzdem viele Schuldgefühle haben, kann es sein, dass sich diese bei Ihnen verselbstständigt haben – und gar nicht mehr zur Situation passen. Gewissensbisse dieser Art verlassen viele Kinder auch dann nicht, wenn sie bei der Arbeit oder in der Freizeit sind, die Eltern also gar nicht anwesend sind.

Was tun im Kontakt? Auch hier hilft es, die Eltern direkt zu fragen, ob ihnen der Einsatz reicht, den Sie zeigen. Versuchen Sie dabei möglichst konstruktiv zu fragen, wie z.B. »Ist alles in Ordnung oder brauchst du mehr?« oder »Solange ich hier bin: Sag mir mal, wobei ich dir helfen kann«. So können Eltern sagen, was sie brauchen und was ihnen fehlt. Wenn sie all das ohne Nörgeln oder Flehen vortragen, können Sie recht sicher sein, dass Ihre Eltern zufrieden mit dem sind, was Sie tun.

Was tun für sich selbst? Schuldgefühle haben oft mit dem eigenen Perfektionismus zu tun. Prüfen Sie unbedingt die eigenen Ansprüche: Kann es sein, dass Sie zu viel von sich erwarten? Denken Sie, ab jetzt vorbehaltlos und immer für die Eltern da sein zu müssen? Falls ja, versuchen Sie, freundlicher sich selbst gegenüber zu agieren und mehr als bisher Dinge »gut genug« sein zu lassen. Übungen zu mehr Selbstfürsorge und Gelassenheit können dabei helfen (in der Literaturliste im Anschluss finden Sie dazu Lesetipps).

▶ Tipp für den Kontakt mit den Eltern

Dies ist ein Tipp für die Zeit, wenn die alten Eltern bereits hilfebedürftig sind. Sehr oft besteht dann das Problem, dass man nach einem Treffen das Gefühl hat, nicht genug getan zu haben. Einfach, weil Dinge liegenbleiben, die außerhalb des normalen Ablaufs fällig oder wünschenswert sind. Es kann helfen, mit Stiften und Karteikärtchen zur Hand, die alte Mutter, den alten Vater zu befragen, was sie gern machen möchten, was ihnen wichtig ist, wenn Sie da sind und Zeit mit ihnen verbringen. Auf diese Karten könnte man zum Beispiel »Gardinen waschen« oder »Im Garten arbeiten«, »Karten spielen« oder »Spaziergang« schreiben. Bei jedem Besuch zieht man eine Karte und macht dann diese eine Extra-Sache gemeinsam. Der psychologische Effekt: Wenn Sie alle offenen Wünsche gemeinsam auf Kärtchen festgehalten haben, entsteht auf beiden Seiten das Gefühl, dass die Dinge nicht verloren gehen. Der Mini-Zettelkasten kann außerdem helfen, wenn man bei einem Besuch mal nicht weiß, was man nun gemeinsam reden oder unternehmen könnte.

8. Schritt: Zusammenfassung

Sie haben nun intensiv geübt, sich in der Beziehung zu den Eltern erwachsen zu verhalten. Da die Situationen in Familien unterschiedlich sind und auch das Lebensalter eine Rolle dabei spielt, welche der Übungen und Fragestellungen relevant sind, ist es sehr wahrscheinlich, dass ein paar Schritte dieses Coachings Sie sehr angesprochen haben, andere vielleicht gar nicht zu Ihnen passten. Blättern Sie zum Abschluss noch einmal durch die sieben Schritte und schauen Sie, welcher Tipp, welche Sichtweise, welche Etappe des Coachings Sie angesprochen hat und warum. Halten Sie dazu wieder ein paar Stichworte fest.

Beantworten Sie nun abschließend für sich im Geiste folgende Fragen:

Welche Stärken habe ich, wo bin ich »gut« im Erwachsensein?

____

Welche Knackpunkte sehe ich für mich beim Thema Erwachsensein?

____

____

Welche Stärken sehe ich im Kontakt zu meinen Eltern?

____

____

Welche Konflikte und Knackpunkte sehe ich im Augenblick mit meinen Eltern?

____

____

Welche Werte teilen wir in unserer Familie und wie könnte uns das helfen?

____

____

Literaturtipps

Erwachsen werden, eigenständig entscheiden

Peter Bartning: Auf dem Weg mit dem Inneren Kind. Leben im Einklang mit sich selbst. Herder, Freiburg 2015

Ursula Nuber: Lass die Kindheit hinter dir. Das Leben endlich selbst gestalten. Piper, München 2019

Heinz Peter Röhr: Wege aus der Abhängigkeit. Destruktive Beziehungen überwinden. Patmos, Mannheim 2015

Selbstfürsorge und Akzeptanz

Christine Brähler: Neue Wege aus der Einsamkeit. Mit Selbstmitgefühl zu mehr Verbundenheit finden. Irisiana, München 2020

Verena Carl/Anne Otto: Ich bin dann mal bei mir. 12 Auszeiten für die Seele. Ein Selbstversuch. Beltz, Weinheim 2021

Andreas Knuf: Widerstand zwecklos. Wie unser Leben leichter wird, wenn wir es annehmen, wie es ist. Kösel, München 2018

Schwierige Beziehungen zu den Eltern verstehen und verändern

Michael Bordt: Die Kunst, die Eltern zu enttäuschen. Vom Mut zum selbstbestimmten Leben. Elisabeth Sandmann, München 2017

Claudia Haarmann: Kontaktabbruch in Familien. Wenn ein gemeinsames Leben nicht mehr möglich scheint. Kösel, München 2019

Helga Kernstock-Redl: Schuldgefühle. Woher sie kommen, warum sie Ängste verursachen, wie sie unser Leben unterschwellig lenken und wie wir sie ablegen können. Goldegg, Wien 2020

Sandra Konrad: Das bleibt in der Familie. Von Liebe, Loyalität und uralten Lasten. Piper, München 2013

Alte Eltern begleiten

Markus Deggerich/Susanne Weingarten (Hrsg.): Die Eltern im Alter begleiten. Planen, helfen, pflegen – und sich selbst vor Überforderung schützen. Spiegel-Buchverlag/DVA, München 2019

Birgit Lambers: Wenn Eltern plötzlich alt sind. Wie wir ihnen helfen können, ohne uns selbst zu überfordern. Kösel, München 2016

Lorenz Wagner: Zusammen ist man weniger alt. Ein Mehrgenerationenhaus und die wissenschaftliche Antwort darauf, wie wir gesund und glücklich altern. Goldmann, München 2021

Katja Werheid: Nicht mehr wie immer. Wie wir unsere Eltern im Alter begleiten können. Ein Wegweiser für erwachsene Kinder. Piper, München 2017

Dank

Es gibt Menschen, die lesen die Danksagung in Büchern besonders gern. Ich gehöre dazu. Ich schreibe sie auch gern. Denn die Zeilen sind eine Chance, etwas von der Entstehungsgeschichte der Texte zu erzählen – und deutlich zu machen, dass sie nie nur aus den Ideen, Erfahrungen oder der Energie einer Person entstehen.

Mein Dank gilt zunächst meinen Interviewpartnerinnen und Interviewpartnern, die lebendig und offen von ihren Familiengeschichten und ihrem Umgang damit erzählt haben. Sie haben das Buch bereichert. Außerdem danke ich der Psychologin Katrin Brenner, die mich als Erste auf das Thema »Alt werdende Eltern und erwachsene Kinder« aufmerksam machte. Bernd Martin, Leiter der Edition Körber, danke ich herzlich für sein kluges und sorgfältiges Lektorat und für sein großes Interesse am Thema. Er und alle anderen bei der Edition Körber haben das Projekt sehr unterstützt.

Danken möchte ich auch den Kolleginnen und Kollegen der Redaktionen Spiegel Wissen, Psychologie Heute und Flow, für die und mit denen ich seit Jahren Texte zu psychologischen Themen und Formate für Selbstcoachings erarbeite. Viele Erkenntnisse, die in dieses Buch eingeflossen sind, konnte ich dort entwickeln.

Darüber hinaus gibt es Menschen, von denen ich hilfreiche Einschätzungen in fachlichen Fragen bekam, die mir Artikel schickten, erhellende Geschichten beisteuerten: Ich danke meinem Büro in der Bahrenfelder Straße, der kollegialen Coaching-Gruppe, der Reisegruppe Lexow, Sabrina Altenberend, Carola Kleinschmidt, Deniz Gharsi, Jörg Otto, Mila Bensch, Kerstin Erl-Hegel, Petra van Husen, Torsten Padberg. Und meiner Agentin Heike Wilhelmi, die sich stets Zeit für meine Fragen nimmt und konstruktive Antworten parat hat.

Zuletzt und vor allem danke ich meiner Familie – hallo Luk und Heide Otto! – und meinem Mann, Jochen Schmadtke, der mich durch ein Jahr des Vielschreibens, der Trauer um meinen Vater und der Pandemie begleitet hat.

Anmerkungen

1 Hans Bertram: Individuen in einer individualisierten Gesellschaft. In: Hans Bertram (Hrsg.): Das Individuum und seine Familie. Lebensformen, Familienbeziehungen und Lebensereignisse im Erwachsenenalter. DJI: Familien-Survey 4, Leske + Budrich, Opladen 1995, S. 9–34. Wolfgang Lauterbach: Die gemeinsame Lebenszeit von Familiengenerationen, Zeitschrift für Soziologie, F. Enke Verlag Stuttgart, 24 (1), 1995, S. 22-41.

2 Katharina Mahne u. a.: Altern im Wandel. Zwei Jahrzehnte Deutscher Alterssurvey (DEAS). Springer, Wiesbaden 2017, S. 11.

3 Bundesinstitut für Bevölkerungsforschung: Lebenserwartung bei Geburt in Deutschland nach Geschlecht (Sterbetafel 1871/1881-2019/2021) https://www.bib.bund.de/DE/Fakten/Fakt/S31-Lebenserwartung-Geburt-Geschlecht-ab-1871.html?nn=1216148, zuletzt aufgerufen am 24.1.2023.

4 Siegfried Greif u. a.: Handbuch Schlüsselkonzepte im Coaching. Springer, Berlin 2018.

5 Interview geführt im November 2021 via Zoom, Name geändert.

6 Psychologie Heute: Zwischen Liebe und Pflichtgefühl, 2/2019, Weinheim 2019, S. 18–25.

7 Zusammenfassung des Forschungsprogramms von Heike M. Buhl: Die Beziehung zwischen Erwachsenen und ihren Eltern. Individuation und biographische Übergänge, internes Paper (25.01.2007).

8 Heike M. Buhl: Significance of individuation in adult child-parent relationships. Journal of Family Issues, 29 (2), 2008, S. 262–281. Und: Heike M. Buhl, Peter Noack, Bärbel Kracke:

The role of parents and peers in the transition from university to work life. Journal of Career Development, 45 (6), 2018, S. 523–535.
9 Ebd.
10 Frieder R. Lang, Mike Martin, Martin Pinquart: Entwicklungspsychologie – Erwachsenenalter. Hogrefe, Göttingen 2011, S. 117–118.
11 Katharina Mahne, Julia Katharina Wolff, Julia Simonson, Clemens Tesch-Römer: Altern im Wandel. Zwei Jahrzehnte Deutscher Alterssurvey (DEAS). Springer VS, Wiesbaden, 2017.
12 Psychologie Heute: Zwischen Liebe und Pflichtgefühl, 2/2019, Weinheim 2019, S. 18–25.
13 Corinne N. Nydegger: The development of paternal and filial maturity. In: K. A. Pillemer & K. McCartney (Hrsg.): Parent-child relations throughout life. Lawrence Erlbaum Associates, Inc, Mahwah 1991, S. 93–112.
14 Psychologie Heute: Für sich einstehen, Interview mit Hans-Peter Röhr, 1/2021, Weinheim 2021, S. 19.
15 Anita Bisig-Theiler: Wege zu einem besseren Miteinander innerhalb der Mutter-Tochter-Beziehung im Erwachsenenalter: Seminarlehrgang für erwachsene Töchter auf dem Konzept der filialen Reife. Masterarbeit ZHAW 2013.
16 Psychologie Heute: Zwischen Liebe und Pflichtgefühl, 2/2019, Weinheim 2019, S. 18–25.
17 V. L. Bengtson, K. D. Black: Inter-generational relations and continuities in socialisation. In: P. B. Baltes, K. W. Schaie (Hrsg.): Life-span developmental psychology: Personality and socialization. Academic Press, Cambridge, Massachusetts 1973, S. 207–234.
18 Heike M. Buhl, Peter Noack: Erwachsene und ihre Eltern: Beziehung und verbale Interaktion. Abschlussbericht an die Deutsche Forschungsgemeinschaft. Friedrich-Schiller-Universität, Jena 2004.
19 Heike M. Buhl, Sabrina Sommer: Intergenerational transfers: Associations with adult children's emotional support of their parents. Journal of Adult Development, 25 (4), 2018, S. 286–296.
20 Toni Faltermaier u. a.: Entwicklungspsychologie des Erwachsenenalters. Kohlhammer, Stuttgart, Berlin, Köln 2014.

21 Hans Bertram: Individuen in einer individualisierten Gesellschaft. In: Hans Bertram (Hrsg.): Das Individuum und seine Familie. Lebensformen, Familienbeziehungen und Lebensereignisse im Erwachsenenalter. DJI: Familien-Survey 4, Leske + Budrich, Opladen 1995, S. 9–34.
22 Katharina Mahne u. a.: Altern im Wandel, a.a.O., S. 15.
23 Name geändert, Interview am Telefon im Oktober 2021.
24 Statistisches Bundesamt: Gesundheit, Pflege, https://www.destatis.de/DE/Themen/Gesellschaft-Umwelt/Gesundheit/Pflege/_inhalt.html, zuletzt aufgerufen am 03.04.2022.
25 Statistisches Bundesamt: Bevölkerung, Mehr Pflegebedürftige, https://www.destatis.de/DE/Themen/Querschnitt/Demografischer-Wandel/Hintergruende-Auswirkungen/demografie-pflege.html, zuletzt aufgerufen am 03.04.2022.
26 Deutliche Zunahme an Demenzkranken in Deutschland und Europa erwartet, Ärzteblatt, 18.02.2020, https://www.aerzteblatt.de/nachrichten/109460/Deutliche-Zunahme-an-Demenzkranken-in-Deutschland-und-Europa-erwartet, zuletzt aufgerufen am 03.04.2022.
27 Katja Werheid: Nicht mehr wie immer. Wie wir unsere Eltern im Alter begleiten können. Ein Wegweiser für erwachsene Kinder. Piper, München 2017.
28 Eni S. Becker, Jürgen Margraf: Vor lauter Sorgen … Selbsthilfe bei Generalisierter Angststörung. Beltz, Weinheim 2017.
29 Statistisches Bundesamt: Gesundheit, Pflege, https://www.destatis.de/DE/Themen/Gesellschaft-Umwelt/Gesundheit/Pflege/_inhalt.html, zuletzt aufgerufen am 03.04.2022.
30 Daniela Klaus, Felix Tesch-Römer: Pflege und Unterstützung bei gesundheitlichen Einschränkungen. Welchen Beitrag leisten Personen in der zweiten Lebenshälfte für andere? In: Katharina Mahne u. a. (Hrsg.): Altern im Wandel. Springer, Wiesbaden 2017.
31 Ebd.
32 Karl Stanjek: Altenpflege konkret. Sozialwissenschaften. Urban & Fischer, München 2017.
33 Barbara Bleisch: Warum wir unseren Eltern nichts schulden. Hanser, München 2018.
34 Psychologie Heute: Sorgende Gemeinschaft, Interview mit Karl Stanjek, 2/2019, Weinheim 2019, S. 26–27.

35 Interview mit Petra van Husen, Kolping-Bildungsstätte Coesfeld, Dezember 2021.

36 Daniela Klaus, Felix Tesch-Römer, ebd., S. 186: »Diese Ausrichtung der Pflegepolitik ist Ausdruck des Subsidiaritätsprinzips, einer der wesentlichen Grundsätze des deutschen Sozialstaats: Danach sind staatliche Leistungen erst dann vorgesehen, wenn Familienangehörige sie nicht erbringen können.«

37 Steven C. Hayes: Von der Kunst, anzunehmen, was ist, und innerlich frei zu werden. Beltz, Weinheim 2020.

38 Matthias Wengenroth: Das Leben annehmen. So hilft die Akzeptanz- und Commitmenttherapie. Hogrefe, Göttingen 2016.

39 Marianne Wellershoff: »Ein Feld voller Tretminen, dauernd geht etwas in die Luft«. In: Markus Deggerich, Susanne Weingarten (Hrsg.): Die Eltern im Alter begleiten. Planen, helfen, pflegen – und sich selbst vor Überforderung schützen. Spiegel-Buchverlag/DVA, München 2019.

40 Wirtschafts- und Sozialwissenschaftliches Institut: Pflegende Frauen und Männer 2001–2015, https://www.wsi.de/data/wsi_gdp_Pflege_2018-11-19_01_2018.pdf, zuletzt aufgerufen am 03.04.2022.

41 Bundesministerium für Familie, Senioren, Frauen und Jugend: Kinder, Haushalt, Pflege – wer kümmert sich?, Dossier, https://www.bmfsfj.de/resource/blob/160276/3186dde7aa7d20b08979e6a78700148a/kinder-haushalt-pflege-wer-kuemmert-sich-dossier-sorgearbeit-deutsch-data.pdf, zuletzt aufgerufen am 03.04.2022.

42 Barmer GEK, Pflegereport 2015, vorgestellt in Sozialpolitik aktuell: https://www.sozialpolitik-aktuell.de/files/sozialpolitik-aktuell/_Politikfelder/Gesundheitswesen/Dokumente/2015_11_BARMER_GEK_Pflegereport_2015.pdf, zuletzt aufgerufen am 03.04.2022.

43 Matthias Wengenroth, Ebd.

44 Ambros Waibel: Lasst uns keine Freunde bleiben. In: taz, 10.05.2019, https://taz.de/Eltern-und-Kinder/!5589416/, zuletzt aufgerufen am 03.04.2022.

45 Katharina Mahne u. a.: Altern im Wandel. Zwei Jahrzehnte Deutscher Alterssurvey (DEAS). Springer, Wiesbaden 2017.

46 Julia Friedrichs: Wir Erben. Warum Deutschland ungerechter wird. Piper, München 2016.
47 Carolin Seilbeck, Alexandra Langmeyer: Generationsübergreifende Zeitverwendung: Großeltern, Eltern, Enkel, Deutsches Jugendinstitut, November 2018, https://www.dji.de/fileadmin/user_upload/bibs2018/WEB_DJI_GenerationZeit.pdf, zuletzt aufgerufen am 03.04.2022.
48 Jefferey Jensen Arnett: Publikationen zu Emerging Adulthood, http://jeffreyarnett.com/index.html, zuletzt aufgerufen am 03.04.2022.
49 Jefferey Jensen Arnett: The Evidence of generation we and against generation me. Emerging Adulthood, 1 (1), 2013, https://www.researchgate.net/publication/275594368_The_Evidence_for_Generation_We_and_Against_Generation_Me, zuletzt aufgerufen am 03.04.2022.
50 Charlotte Roche: Du schuldest deinen Eltern nichts, Süddeutsche Zeitung Magazin, 11.04.2018, https://sz-magazin.sueddeutsche.de/charlotte-roche-jetzt-koennte-es-kurz-wehtun/du-schuldest-deinen-eltern-nichts-85546, zuletzt aufgerufen am 03.04.2022.
51 Howard M. Halpern: Abschied von den Eltern. Eine Anleitung für Erwachsene, die Beziehung zu den Eltern zu normalisieren. Iskopress, Salzhausen 2012.
52 Spiegel Coaching: »Neustart für mich«, 1/2021, Anne Otto: »Familienbande«, S. 195–200.
53 Zitate.eu: https://www.zitate.eu/autor/manfred-krug-zitate/101146, zuletzt aufgerufen am 03.04.2022.
54 Nicolas H. Wolfinger: Trends in the intergenerational transmission of divorce. Springer, Heidelberg 1999, https://link.springer.com/article/10.2307/2648064, zuletzt aufgerufen am 03.04.2022.
55 Kenneth S. Kendler, Henrik Ohlsson, Jan Sundquist, Kristina Sundquist: Within-family transmission of alcohol use disorder in parent-offspring, sibling, and cousin pairs: A contagion model. 2020, https://psycnet.apa.org/record/2020-85461-001, zuletzt aufgerufen am 03.04.2022.
56 Nicholas A. Christakis, James H. Fowler: The Spread of Obesity in a Large Social Network over 32 Years. 2007, https://www.nejm.org/doi/full/10.1056/NEJMsa066082, zuletzt aufgerufen am 03.04.2022.

57 Sandra Konrad: Das bleibt in der Familie. Von Liebe, Loyalität und uralten Lasten. Piper, München 2013.
58 Spiegel Coaching: »Neustart für mich«, 1/2021, Anne Otto: »Familienbande«, S. 195–200.
59 Interview Peter Bartning für Zeitschrift Psychologie Heute, »Zwischen Liebe und Pflichtgefühl«, 2/2019, Weinheim 2019, S. 18–25.
60 Stefanie Stahl: Das Kind in dir muss Heimat finden. Der Schlüssel zur Lösung (fast) aller Probleme. Kailash, München 2015.
61 Peter Bartning: Auf dem Weg mit dem Inneren Kind. Leben im Einklang mit sich selbst. Herder, Freiburg 2015.
62 Psychologie Heute: Zwischen Liebe und Pflichtgefühl, 2/2019, Weinheim 2019, S. 18–25.
63 Howard M. Halpern: Abschied von den Eltern. Anleitung für Erwachsene, die Beziehung zu den Eltern zu normalisieren. Iskopress, Salzhausen 2012.
64 Ambros Waibel: Lass uns keine Freunde bleiben, a.a.O, https://taz.de/Eltern-und-Kinder/!5589416/, zuletzt aufgerufen am 03.04.2022.
65 Interview mit Hans-Werner Wahl, »Netzwerk Altersforschung«, Universität Heidelberg, https://www.nar.uni-heidelberg.de/service/int_wahl.html, zuletzt aufgerufen am 03.04.2022.
66 Ebd.
67 Robert Harrison: Ewige Jugend. Eine Kulturgeschichte des Alterns. Hanser, München 2016.
68 Ebd.
69 Spiegel Wissen: »Fit im Kopf«, 4/2017, S. 70 ff.
70 Sven Voelpel: Entscheide selbst, wie alt du bist. Was die Forschung über das Jungbleiben weiß. Rowohlt, Reinbek 2016.
71 Becca R. Levy: Stereotype embodiment: A psychosocial approach to aging. Current Directions in Psychological Science, 18/2009, S. 332–336.
72 Name geändert.
73 Psychologie Heute: Toxische Beziehungen, 11/2020, Weinheim 2020, S. 12 ff.
74 Claudia Haarmann: Kontaktabbruch in Familien: Wenn ein gemeinsames Leben nicht mehr möglich scheint. Kösel, München 2019.

75 Emotionaler Missbrauch quälend wie sexueller, ORF Science, 31.07.2012, https://sciencev2.orf.at/stories/1702491//index.html, zuletzt aufgerufen 03.04.2022. Siehe auch: Helmut Remschmidt: Misshandlungen: Seelische Belastungen und Spuren im Gehirn. In: Ärzteblatt, Mai 2011, S. 229, https://www.aerzteblatt.de/archiv/89300/Misshandlungsfolgen-Seelische-Belastungen-und-Spuren-im-Gehirn#:~:text=Von%20den%20Befragten%20berichteten%201,k%C3%B6rperliche%20Vernachl%C3%A4ssigung%20in%20der%20Kindheit, zuletzt aufgerufen am 03.04.2022.

76 Polizeiliche Kriminalprävention: Zahlen und Fakten: Kindesmisshandlung, https://www.polizei-beratung.de/themen-und-tipps/gewalt/kindesmisshandlung/fakten/#:~:text=Die%20Polizeiliche%20Kriminalstatistik%20verzeichnet%20f%C3%BCr,unserer%20Infografik%20Kindesmisshandlung%20in%20Deutschland, zuletzt aufgerufen am 03.04.2022.

77 Psychologie Heute: Toxische Beziehungen, 11/2020, Weinheim 2020, S. 12 ff.

78 Ursula Nuber: Lass die Kindheit hinter dir. Das Leben endlich selbst gestalten. Piper, München 2019.

79 Ebd.

80 Ebd.

81 Michael Lewis: Altering Fade: Why the Past Does Not Predict the Future. Guilford, New York 1998.

82 Agniezka Aleksandra Hausser: Die Parentifizierung von Kindern bei psychisch kranken und psychisch gesunden Eltern und die psychische Gesundheit der parentifizierten Kinder. Dissertation 2013, S. 21, https://d-nb.info/1045024201/34, zuletzt aufgerufen am 03.04.2022.

83 Johns Hopkins Medicine: Forgiveness: Your Health Depends on It, https://www.hopkinsmedicine.org/health/wellness-and-prevention/forgiveness-your-health-depends-on-it, zuletzt aufgerufen am 03.04.2022.

84 Katrin Naechster: Verdeckte Spuren des Krieges. Beobachtungen einer Krankenhausseelsorgerin. In: Insa Fooken, Gereon Heuft (Hrsg.): Das späte Echo von Kriegskindheiten. Die Folgen des Zweiten Weltkriegs in Lebensverläufen und Zeitgeschichte. Vandenhoeck & Ruprecht, Göttingen 2014.

85 Hartmut Radebold, Gereon Heuft, Insa Fooken: Kindheiten im Zweiten Weltkrieg (2. Aufl.). Juventa, Weinheim 2009.

86 Carolin Wendt, Simone Freitag, Silke Schmidt: Zur Bedeutung des Lebensalters bei der Vertreibung. Erlebte Traumata und posttraumatische Belastungssymptome im höheren Alter. In: Insa Fooken, Gereon Heuft (Hrsg.): Das späte Echo von Kriegskindheiten. Die Folgen des Zweiten Weltkriegs in Lebensverläufen und Zeitgeschichte. Vanderhoeck & Ruprecht, Göttingen 2014.

87 Johanna Haarer: Die deutsche Mutter und ihr erstes Kind. Carl Gerber Verlag, München 1961.

88 Oliver Decker, Elmar Brähler: Vom Rand zur Mitte. Rechtsextreme Einstellungen und Einflussfaktoren in Deutschland. Friedrich Ebert Stiftung, Forum Berlin, https://library.fes.de/pdf-files/do/04088a.pdf, S. 51, zuletzt aufgerufen am 03.04.2022.

89 Wie tickt die junge Generation in puncto Beruf? Klaus Hurrelmann, Bundestag, 2019, https://www.bundestag.de/resource/blob/632022/25c83a6575b82cad9dd28cfbbfb33847/KDrs-19-28-37_Thesenpapier_Hurrelmann-data.pdf, zuletzt aufgerufen am 03.04.2022.

90 Katrin Naechster: Verdeckte Spuren des Krieges. Beobachtungen einer Krankenhausseelsorgerin. In: Insa Fooken, Gereon Heuft (Hrsg.): Das späte Echo von Kriegskindheiten. Die Folgen des Zweiten Weltkriegs in Lebensverläufen und Zeitgeschichte. Vandenhoeck & Ruprecht, Göttingen 2014.

91 Noch feinere Unterschiede? Das Denken Pierre Bourdieus im 21. Jahrhundert, Deutschlandfunk, 26.11.2017, https://www.deutschlandfunk.de/das-denken-pierre-bourdieus-im-21-jahrhundert-noch-feinere-100.html, zuletzt aufgerufen am 03.04.2022.

92 Statista: Wohnformen. Wünsche der Generation 50 plus, Januar 2011, https://de.statista.com/statistik/daten/studie/170431/umfrage/gewuenschte-wohnformen-der-generation-50-plus-mit-70-jahren/, zuletzt aufgerufen am 03.04.2022.

93 Statistisches Bundesamt: Pressemitteilung Nr. 263, 28.07.2016, https://www.destatis.de/DE/Presse/Pressemitteilungen/2016/07/PD16_263_122.html, zuletzt aufgerufen am 03.04.2022.

94 Katharina Mahne u. a.: Altern im Wandel. Zwei Jahrzehnte Deutscher Alterssurvey (DEAS). Springer, Wiesbaden 2017.

95 Baldo Blinkert: Versorgungssituation Pflegebedürftiger im EU-Projekt Tools. Ausgewählte Ergebnisse aus dem Tools-Bürgersurvey, 2013, Stadtforschung und Statistik, Heft 2, S. 41–48.

96 Deutschlandfunk Kultur: Gerontologe fordert mehr Miteinander von Alt und Jung, 29.12.2014, https://www.deutschlandfunkkultur.de/konflikt-der-generationen-gerontologe-fordert-mehr-100.html, zuletzt aufgerufen am 03.04.2022.

97 Dr. Ludger Klein, Hans-Georg Weigel: Sorgende Gemeinschaften. Vom Leitbild zu Handlungsansätzen. ISS-Aktuell, 03/2014, Frankfurt am Main 2014.

98 Ebd.

99 Yang Claire Yang, Courtney Boen, Karen Gerken, Ting Li, Kristen Schorpp, Kathleen Mullan Harris: Social relationships and physiological determinants of longevity across the human life span, 2019, S. 578–583, https://www.ncbi.nlm.nih.gov/pmc/articles/PMC4725506/, zuletzt aufgerufen am 03.04.2022.

100 Interview mit dem Kognitionspsychologen Hans Markowitsch für SpiegelClassic, 1/2017, S. 84–91.

101 Lorenz Wagner: Zusammen ist man weniger alt. Ein Mehrgenerationenhaus und die wissenschaftliche Antwort darauf, wie wir gesund und glücklich altern. Goldmann, München 2021.

102 Ebd., S. 222–223.

103 Falko von Ameln: Soziales Atom, Carl-Auer Verlag, https://www.carl-auer.de/magazin/systemisches-lexikon/soziales-atom; zuletzt aufgerufen am 03.04.2022.

104 Klaus A. Schneewind: https://www.pedocs.de/volltexte/2014/9039/pdf/ZSE_2002_1_Schneewind_Persoenlichkeits_und_Familienentwicklung.pdf, S. 31, zuletzt aufgerufen am 03.04.2022.

105 Julia Friedrichs: Wir Erben. Was Geld mit Menschen macht. Berlin Verlag, Berlin 2015, S. 42.

106 Hälfte aller Erbschaften und Schenkungen geht an die reichsten zehn Prozent aller Begünstigten. In: DIW Wochenbericht 5/2021, https://www.diw.de/documents/publikationen/73/diw_01.c.809828.de/21-5-1.pdf, zuletzt aufgerufen am 03.04.2022.

107 Julia Friedrichs: Wir Erben. Was Geld mit Menschen macht. Berlin Verlag, Berlin 2015, S. 42.

108 DIW Wochenbericht 5/2021, siehe Anmerk. 106.

109 Margarete Hucht: »Viele Erben fühlen sich schuldig«. Interview mit Julia Friedrichs. In: SpiegelWirtschaft, 14.03.2015, https://www.spiegel.de/wirtschaft/soziales/erbschaft-und-vermoegensteuer-julia-friedrich-ueber-die-last-mit-dem-erbe-a-1023477.html, zuletzt aufgerufen am 03.04.2022.

110 Wikipedia: Wir haben vergessen zurückzukehren, https://de.wikipedia.org/wiki/Wir_haben_vergessen_zur%C3%BCckzukehren, zuletzt aufgerufen am 03.04.2022.

111 Bundeszentrale für politische Bildung: Bevölkerung mit Migrationshintergrund, 01.01.2022, https://www.bpb.de/kurz-knapp/zahlen-und-fakten/soziale-situation-in-deutschland/61646/bevoelkerung-mit-migrationshintergrund/, zuletzt aufgerufen am 03.04.2022.

112 Bundeszentrale für politische Bildung: Erstes Anwerbeabkommen vor 65 Jahren, 17.12.2020, https://www.bpb.de/kurz-knapp/hintergrund-aktuell/324552/erstes-anwerbeabkommen-vor-65-jahren/, zuletzt aufgerufen am 03.04.2022.

113 Mediendienst Integration: 60 Jahre »Gastarbeiter*innen« in Deutschland, 28.10.2021, https://mediendienst-integration.de/artikel/60-jahre-gastarbeiterinnen-in-deutschland.html, zuletzt aufgerufen am 03.04.2022.

114 Daniela Klaus, Helen Baykara-Krumme: Die Lebenssituation von Personen in der zweiten Lebenshälfte mit und ohne Migrationshintergrund. In: Katharina Mahne u. a. (Hrsg.): Altern im Wandel. Zwei Jahrzehnte Deutscher Alterssurvey (DEAS). Springer, Wiesbaden 2017.

115 Ludker Fittkau: Körperlich verausgabt und oft ohne entsprechende Hilfen. In: Deutschlandfunk, 18.02.2022, https://www.deutschlandfunk.de/armut-und-alter-der-gastarbeitergeneration-100.html, zuletzt aufgerufen am 03.04.2022.

116 »Bittersüße Reise«, ein Film Paul Schwarz und Nilgün Tasman, https://www.youtube.com/watch?v=a0u8kM3PlUE, zuletzt aufgerufen am 03.04.2022.

117 BR: alpha-Forum: Paul Schwarz & Nilgün Tasman, 05.11.2015, https://www.br.de/fernsehen/ard-alpha/programmkalender/ausstrahlung-491250.html, zuletzt aufgerufen am 03.04.2022.

118 Ebd.
119 Daniela Klaus, Helen Baykara-Krumme: Die Lebenssituation von Personen in der zweiten Lebenshälfte mit und ohne Migrationshintergrund. In: Katharina Mahne u. a. (Hrsg.): Altern im Wandel. Zwei Jahrzehnte Deutscher Alterssurvey (DEAS). Springer, Wiesbaden 2017.
120 Youtube.com: Yasemin (BRD 1988) Trailer deutsch, 18.08.2019, https://www.youtube.com/watch?v=GO0OQdKUNms, zuletzt aufgerufen am 03.04.2022.
121 Thomas Boll, Sigrun-Heide Filipp: Vorhersage elternbezogener Schuldgefühle bei Kindern im mittleren Erwachsenenalter, Zeitschrift für Entwicklungspsychologie und Pädagogische Psychologie (hogrefe.com).
122 Helga Kernstock-Redl: Schuldgefühle. Woher sie kommen, welche Ängste sie verursachen, wie sie das Leben unterschwellig lenken und wie wir sie ablegen können. Goldegg, Wien 2020.
123 Birgit Schönberger: Sich von Schuldgefühlen befreien. In: Psychologie Heute, 7/2021.
124 Ryan Niemiec, Danny Wedding: Positive Psychology at the Movies: Using Films to build Virtues and Charakter Strength. Hogrefe, Göttingen 2008.
125 EurekAlert: »Losing yourself« in a fictional character can affect your real life, Ohio State University, 17.05.2012, eurekalert.org/news-releases/533929, zuletzt aufgerufen am 03.04.2022.
126 Simone Buchholz: »Wer appelliert, zeigt, dass er keine Macht hat«. In: Der Freitag, 5/2022, https://www.freitag.de/autoren/der-freitag/interview-ein-brutales-krisensignal, zuletzt aufgerufen am 02.05.2022.
127 Name geändert.
128 Statista Research Department: Was bereitet beim Gedanken an das Leben im Alter Sorgen?, 2022, https://de.statista.com/statistik/daten/studie/152503/umfrage/sorgen-bei-dem-gedanken-an-das-leben-im-alter-40-bis-49-jaehrige/#:~:text=Sorgen%20hinsichtlich%20des%20Lebens%20im%20Alter&text=Die%20Statistik%20bildet%20die%20Meinung,Wohnform%20im%20Alter%20Sorgen%20bereitet, zuletzt aufgerufen am 03.04.2022.

129 Große Mehrheit der Deutschen möchte zu Hause gepflegt werden, TK-Pressemitteilung 2021: https://www.tk.de/presse/themen/pflege/pflegeversicherung/mehrheit-fuer-pflege-zu-hause-2107248?tkcm=aaus, zuletzt aufgerufen am 03.04.2022.

130 Modell der Selektion, Optimierung und Kompensation. In: Dorsch: Lexikon der Psychologie. https://dorsch.hogrefe.com/stichwort/selektion-optimierung-und-kompensation-modell-der-sok-modell, zuletzt aufgerufen am 03.04.2022.

131 Katja Werheid: Nicht mehr wie immer. Wie wir unsere Eltern im Alter begleiten können. Ein Wegweiser für erwachsene Kinder. Piper, München 2017.

132 Ebd., S. 123–124.

133 Birgit Lambers: Man sollte sich mit der Ohnmacht anfreunden. In: Markus Deggerich, Susanne Weingarten (Hrsg.): Die Eltern im Alter begleiten. Planen, helfen, pflegen – und sich selbst vor Überforderung schützen. DVA, München 2019, S. 40–49.

134 Birgit Lambers: Wenn Eltern plötzlich alt sind. Wie wir ihnen helfen können, ohne uns selbst zu überfordern. Kösel, München 2016.

135 Ebd.

136 Hans Bertram: Die drei Revolutionen: Krise und Wandel der Familie, 2005, https://www.researchgate.net/publication/260134642_Die_drei_Revolutionen_Krise_und_Wandel_der_Familie, zuletzt aufgerufen am 03.04.2022.

137 Katharina Mahne u. a.: Altern im Wandel. Zwei Jahrzehnte Deutscher Alterssurvey (DEAS). Springer, Wiesbaden 2017.

138 Klinische Studien: Kompetenznetz Demenzen, http://kompetenznetz-demenzen.de/studien.html#:~:text=Aktuell%20leben%201%2C7%20Millionen,Demenz%20mehr%20als%20verdoppelt%20haben, zuletzt aufgerufen am 03.04.2022.

139 Birgit Lambers: Man sollte sich mit der Ohnmacht anfreunden, a.a.O., S. 46.

140 Jelena S. Siebert, Laura I. Schmidt: Motivation und Lernen im Alter. Springer, Wiesbaden 2021, https://www.researchgate.net/publication/340634517_Motivation_und_Lernen_im_Alter, oder auch: Gesundheitsförderung Schweiz:

Selbstwirksamkeit. Eine Orientierungshilfe für Projekt- und Programmleitende der kantonalen Aktionsprogramme zur Förderung von Selbstwirksamkeit und Lebenskompetenzen, Bern 2019, https://iguk.de/wp-content/uploads/KJ_Selbstwirksamkeit-1.pdf, beide zuletzt aufgerufen am 03.04.2022.

141 Anne Otto: Die Welt im Kopf. In: Spiegel Classic, 1/2017, S. 84–91.

142 »Sie sind sehr in Sorge.« Die Innenwelt von Menschen mit Demenz gelten lassen. Curaviva: http://www.integrative-validation.de/files/iva/pdf/Artikel%20Curaviva.pdf, zuletzt aufgerufen am 03.04.2022.

143 Psychologie Heute Compact, Nr. 62, 2020, Artikel: Die Seele stärken.

144 Christine Brähler: Selbstmitgefühl in der Psychotherapie. VPP Aktuell, Heft 41, Juni 2018, S. 4–10.

145 Tobias Krieger, David Altenstein, Isabelle Baettig, Nadja Doerig, Martin Grosse Holtforth: Self-compassion in depression: associations with depressive symptoms, rumination, and avoidance in depressed outpatients, 2013, https://pubmed.ncbi.nlm.nih.gov/23768676/, zuletzt aufgerufen am 03.04.2022.

146 Christoph Andre, Jon Kabat-Zinn, Matthieu Ricard, Pierre Rabhi: Wer sich verändert, verändert die Welt. Für ein achtsames Zusammenleben. Kösel, München 2014.

147 Birgit Lambers: Man sollte sich mit der Ohnmacht anfreunden, a.a.O., S. 48.

148 Armistead Maupin: Stadtgeschichten. Rowohlt, Reinbek 2005.

149 Norbert F. Schnider: Vielfalt der Familie, Bundeszentrale für politische Bildung, 2015, https://www.bpb.de/themen/familie/familienpolitik/207447/vielfalt-der-familie/, zuletzt aufgerufen am 03.04.2022.

150 »San Francisco schnuckelig: Armistead Maupins ›Stadtgeschichten‹ auf Netflix«, Wiener Zeitung, 06.06.2019, https://www.wienerzeitung.at/nachrichten/kultur/medien/2012639-San-Francisco-schnuckelig-Armistead-Maupins-Stadtgeschichten-auf-Netflix.html, zuletzt aufgerufen am 03.04.2022.

151 Institut für Demoskopie Allensbach: Freunde fürs Leben. 2014, https://www.ifd-allensbach.de/fileadmin/studien/Jacobs_Freunde_fuers_Leben_2013.pdf, zuletzt aufgerufen am 03.04.2022.

152 Janosch Schobin: »Eine attraktive Option«, Wiener Zeitung, 21.03.2014, https://www.wienerzeitung.at/nachrichten/reflexionen/zeitgenossen/616664_Eine-attraktive-Option.html, zuletzt aufgerufen am 03.04.2022.

153 Ebd.

154 William Chopik: Associations among relational values, support, health, and well-being across the adult lifespan, 2017, https://psycnet.apa.org/record/2017-17726-001, zuletzt aufgerufen am 03.04.2022.

155 Wilhelm Heitmeyer: Autoritäre Versuchungen. Suhrkamp, Berlin 2018.

156 Bundesministerium der Justiz: Vorsorgevollmacht Betreuungs- und Patientenverfügung, 2021, https://www.bmj.de/DE/Themen/VorsorgeUndPatientenrechte/Betreuungsrecht/Betreuungsrecht_node.html, zuletzt aufgerufen am 03.04.2022.

157 Susan Neiman: Warum erwachsen werden? Eine philosophische Ermutigung. Hanser, Berlin 2015.

158 Ebd., S. 222.

159 Ebd., S. 223.

160 Barbara Bleisch: Warum wir unseren Eltern nichts schulden. Hanser, Berlin 2018.

161 Interview mit Petra van Husen, November 2021, außerdem z. B. Birgit Lambers: Wenn die Eltern plötzlich alt sind. Kösel, München 2016.

162 Hintergrundgespräch mit Kerstin Erl-Hegel, Oktober 2021.

Foto: Claudia Höhne

Dieter Bednarz
Zu jung für alt
Vom Aufbruch in die Freiheit nach dem Arbeitsleben

272 Seiten | Gebunden mit Schutzumschlag
Euro 19,– (D)
ISBN 978-3-89684-265-7

Auf geht's in eine spannende Zukunft

Alt sind immer nur die anderen, dachte auch Dieter Bednarz. Nach über 30 Jahren beim SPIEGEL kommt er schwer ins Grübeln, als sein Chef ihn auf den Vorruhestand anspricht. Aber: Bange machen gilt nicht! Dieter Bednarz beschließt, sich dem Abenteuer Alter zu stellen. Er schildert die Krisen, die wir durchleben, wenn die Karriere an ihr Ende kommt, die körperlichen Malaisen nicht mehr wegzulächeln sind und die erste Rentenhochrechnung Ängste schürt. Und ermutigt uns alle, die guten Seiten des Älterwerdens zu sehen und auch zu leben.

www.edition-koerber.de

Mehr Bäume.
Weniger CO_2.
www.cpibooks.de/klimaneutral

MIX
Papier | Fördert
gute Waldnutzung
FSC® C083411
www.fsc.org